法律实务操作与案例研判文丛

张永忠　总主编

华南师范大学法学院出版基金资助

商事仲裁案例实践教程

主　编／马　聪　于　群

副主编／唐志勇

法律出版社
LAW PRESS · CHINA
北京

图书在版编目(CIP)数据

商事仲裁案例实践教程 / 马聪，于群主编. -- 北京：法律出版社，2024
(法律实务操作与案例研判文丛 / 张永忠总主编)
ISBN 978-7-5197-8430-0

Ⅰ. ①商… Ⅱ. ①马… ②于… Ⅲ. ①商事仲裁-案例-中国-教材 Ⅳ. ①D925.705

中国国家版本馆CIP数据核字(2023)第190412号

商事仲裁案例实践教程
SHANGSHI ZHONGCAI ANLI SHIJIAN JIAOCHENG

马 聪 于 群 主编

策划编辑 陈 妮
责任编辑 陈 妮 王 鸿
装帧设计 鲍龙卉

出版发行 法律出版社
编辑统筹 法治与经济出版分社
责任校对 王 丰
责任印制 吕亚莉
经 销 新华书店

开本 710毫米×1000毫米 1/16
印张 15.5 字数 327千
版本 2024年6月第1版
印次 2024年6月第1次印刷
印刷 固安华明印业有限公司

地址：北京市丰台区莲花池西里7号(100073)
网址：www.lawpress.com.cn
投稿邮箱：info@lawpress.com.cn
举报盗版邮箱：jbwq@lawpress.com.cn
销售电话：010-83938349
客服电话：010-83938350
咨询电话：010-63939796

书号：ISBN 978-7-5197-8430-0
定价：86.00元
凡购买本社图书，如有印装错误，我社负责退换。电话：010-83938349

《法律实务操作与案例研判文丛》
丛书编委会

主编简介

马　聪

法学博士。华南师范大学法学院副教授，美国华盛顿大学访问学者，兼任全国外国法制史研究会理事，广州仲裁委仲裁员。

主要研究领域为仲裁法学、近代中国法制史以及美国法、罗马法等。从事教学科研20余年，讲授中外法律史、法律思想史等课程。发表学术论文30余篇，出版专著《霍姆斯现实主义法学思想研究》，参编学术著作多部，主持或参与省部级课题10余项。

于　群

法学博士，中共深圳市委党校教授，兼任华南师范大学硕士生校外导师、广东省政府立法咨询专家，美国伊利诺伊香槟分校法学院访问学者。

主要研究领域为理论法学、民商法学。曾从事政府法制工作7年。在《新华文摘》《学术研究》《社会科学战线》《当代法学》《人民司法》等期刊发表论文30余篇，出版专著4部，主持科研课题30余项。

副主编简介

唐志勇

法学硕士，广东社会科学大学法学副教授、广东省社科联《南方智库专报》主编助理。

主要从事社会治理法学、民商法学、新型智库研究。在《法治社会》《东北财经大学学报》《南方》《南方日报》等报刊发表学术论文10余篇；撰写决策咨询报告10余篇，多篇获省部级领导批示；主持广东省社科规划课题2项。

前 言

法学是实践性很强的一门学科,在理论教学的同时培养学生的实践能力是法学院人才培养的重要内容。商事仲裁作为争端解决机制,不仅具有解决争端的核心功能,而且具有高效、保密性强、成本相对较低等优点。作为未来的法律从业者,法学生应深入研习仲裁相关知识,以便为客户提供更加全面、专业的法律服务。学习具体案例能够有效弥补学生理论和实践相脱节的不足,使学生能够通过接触和处理真实案件进一步掌握、理解与运用所学的法律专业知识,锻炼提升学生的法律思维和文书撰写能力,增强学生对法律职业伦理的认识和理解。

实践教材作为实践教学环节不可或缺的一部分,是实践教学科学、合理、有序开展的指导性依据。目前,模拟仲裁课程教材相对缺乏,为了能够更加系统、规范地开展模拟仲裁课程,特编写《商事仲裁案例实践教程》。本书有如下特点。

案例遴选具有新颖性和典型性。本书共收录了 18 个案例,包括对赌协议、员工持股计划份额转让、公司资产重组、股权转让、商业银行信托、股票质押式回购交易、保理融资、生物气化能源管理合同等新型商事仲裁案例及民间借贷、保险理赔、债权转让、货物买卖、商品房买卖、房地产中介服务、申请撤销仲裁裁决等典型商事仲裁案例。本书借由典型案例剖析,旨在帮助读者更好地理解仲裁的基本原理与具体规则;通过探讨新型仲裁案例,希望引领读者深入了解及掌握仲裁规则演变,洞察社会最新需求。

案例点评体现时效性和指导性。2020 年《中华人民共和国民法典》的颁布以及 2023 年《中华人民共和国民事诉讼法》的修改,标志着民商事规则迎来重大变革。与此同时,《中华人民共和国仲裁法》的修订工作加速推进,2022 年 4 月全国人大常委会将《中华人民共和国仲裁法》修改列入年度立法审议项目。最高人民法院公布一系列司法解释、指导意见及典型指导案例,加强仲裁司法保障、秉持司法谦抑原则,为仲裁事业的长足发展创造良好的司法氛围。本书中的每个案例均结合《中华人民共和国民法典》以及最高人民法院颁布的相关司法解释深入解析,并对相关知识点进行延伸解读,确保内容的时效性与实用性,使本书与最新立法及司法实践紧密衔接。

案例编排遵循科学性和体系性。每个案例包括案例研判和法律实务操作两个部分:前者设有基本案情、焦点分析、案例评析3个版块;后者设有重点难点问题、相关法律法规政策、思考与实践问题3个版块。其中,基本案情、焦点分析侧重对案件事实及当事人主张的真实反映;案例评析部分体现了法理探讨;相关法律法规政策侧重对案例涉及法律规定的延伸和拓展;重点难点问题、思考与实践问题两部分则围绕不同时期的学理观点和法律法规,引导读者作深入的理论思考和实践探索,内容剖析层层递进。通过对一系列案例的分析,让意思自治,仲裁协议有效性,仲裁庭组成,仲裁员职业伦理,仲裁程序,仲裁裁决的撤销、承认与执行等几乎所有商事仲裁的核心内容均得到体系化的呈现。体系科学的仲裁主线与逻辑严密的案例分析有机结合,更好地展现博大精深的仲裁理论和精彩纷呈的仲裁实践,使读者可以更深入和系统地理解商事仲裁机制,并掌握相应法律实务技能。

本书内容全面、实用性强,可供法律硕士案例教学使用,法学本科、民商法学硕士、社会法学硕士也可以参考使用,还可为从事仲裁法律实务的法律工作者提供案例分析思路与经验。

目　录

案例一
某网络公司与陈某、田某“对赌协议”纠纷仲裁案

案例二
员工持股计划份额转让及担保纠纷仲裁案

案例三
北京某公司资产重组纠纷仲裁案

案例四
某公司与股东股权转让纠纷仲裁案

案例五
甲公司与乙公司保理合同融资成本预扣纠纷仲裁案

案例六
某商业银行信托纠纷仲裁案

案例七
债权转让的管辖适用之非金融机构受让金融借款纠纷仲裁案

案例八
王某某等人借贷合同之连带担保责任纠纷仲裁案

案例九
袁某与刘某、苏某等民间借贷纠纷仲裁案

案例十
民间借贷的利率适用之某贷款公司借款合同利率纠纷仲裁案

案例十一
科创公司与亿达公司买卖合同纠纷仲裁案

案例十二
建筑工程材料三方买卖合同纠纷仲裁案

案例十三
某电气设备公司与某实业公司货物买卖合同纠纷仲裁案

案例十四
郝某与某地产公司商品房买卖合同纠纷仲裁案

案例十五
某房产咨询公司中介服务纠纷仲裁案

案例十六
甲公司与某保险公司保险合同理赔金纠纷仲裁案

案例十七
生物气化能源管理合同纠纷仲裁案

案例十八
某投资公司申请撤销仲裁裁决案

案例一　某网络公司与陈某、田某"对赌协议"纠纷仲裁案

"对赌协议"又称估值调整协议，是指投资方与融资方在达成股权融资协议时，为解决交易双方对目标公司未来发展的不确定性、信息不对称以及代理成本而设计的包含了股权回购、金钱补偿等对未来目标公司的估值进行调整的协议。"对赌协议"纠纷是当前司法诉讼和仲裁领域中较为新型的民商事案件，对"对赌协议"的效力认定是处理此类问题的重点。

一、案例研判

(一)基本案情

2015年7月，S市某科技有限公司(以下简称目标公司，作为甲方)与A市某网络技术有限公司(以下简称网络公司，作为乙方)、陈某(丙方1)等人签订了《增资扩股协议》。主要条款约定如下：

(1)各方一致同意，本次增资目标公司的估值为人民币3.4亿元，按照每1元注册资本对应人民币34.0元的价格，乙方认购甲方新增注册资本。按照前述增资价格，乙方本次共认购甲方新增注册资本的总价款(本次增资价款)为人民币4000万元，其中人民币100万元作为目标公司新增注册资本，占目标公司增资后注册资本的10%，其余人民币3900万元计入目标公司的资本公积金。

(2)除本协议另有约定外，本协议生效后，任何一方未能按本协议的规定履行其在本协议项下的任何或部分实质性义务、保证事项，或作出的声明、保证及承诺与事实严重不符，则被视为违约，违约金为本次增资价款的20%。如违约金不足以弥补守约方损失的，违约方应赔偿守约方因此遭受的损失与违约金之间的差额。

2015年7月，目标公司(作为甲方)与网络公司(作为乙方，申请人)、陈某(作为丙方1，被申请人1)、田某(作为丙方2，被申请人2)签订《补充协议》，主要条款约定如下：

(1)如发生以下情形之一的，乙方有权要求对本次增资额进行调整：①2016年经审计的税后净利润少于1980万元；②2016年甲方自主研发的移动软件端连续30日日活

跃用户数量均值的最大值少于300万。

(2)如果以上①②单独或同时发生,则乙方的增资额调整,且乙方的股权比例不变。本次增资额和调整后增资额之差为补偿额,丙方需按8%/年的单利向乙方偿还补偿额的本息……

(3)如果触发增资额调整事件发生,目标公司应当在该等事件发生后1个月内书面通知乙方,乙方应该在接到公司通知后3个月内书面回复目标公司是否行使增资额调整权利,乙方未在3个月内回复通知的,视为乙方放弃该等权利。如果触发增资额调整的事件发生但目标公司没有在约定的时间内通知乙方的,那么并不影响乙方行使该等权利。

(4)补偿额本息应在乙方书面回复通知发出之日起12个月内全额支付给乙方。

(5)该协议任一方违反,或未能履行其在该协议中的陈述、保证、义务或责任,即构成违约行为,除该协议约定的赔偿或补偿责任外,同时适用《增资扩股协议》第7条的赔偿条款。

2018年,目标公司与网络公司(作为甲方)、陈某(作为乙方1)、田某(作为乙方2)签订《补充协议二》,主要条款约定如下:

(1)乙方应自该协议签署之日起,至2018年3月11日之前,向甲方的指定银行账户支付第一笔调整增资额人民币1000万元。

(2)若乙方未按该协议约定支付第一笔调整增资额,则乙方的调整增资额按《补充协议》计算,甲方有权要求乙方按时偿还调整增资额本息,并采取相关法律诉讼措施。

(3)任一方未履行该协议项下的条款均被视为违约,违约方在支付该协议所约定违约金的基础上,还应向守约方赔偿由此造成的守约方的损失。

(4)该协议未约定的事宜,继续按原协议执行。

依据《增资扩股协议》的约定,网络公司向目标公司分别支付增资价款人民币100万元、人民币3900万元,共计人民币4000万元。目标公司向网络公司出具了增资款收据。

根据某会计师事务所出具的《审计报告》,目标公司2016年经审计的实际税后净利润未能达到其承诺的税后净利润人民币1980万元。此后,网络公司与陈某、田某又于2018年另行签订《补充协议二》,陈某、田某确认目标公司2016年经审计的税后净利润未达人民币1980万元,并承诺向网络公司支付调整增额本息,但此后并未支付任何款项。为此,网络公司向仲裁庭提出仲裁申请。仲裁审理期间,第二被申请人田某多次向仲裁庭提交《中止审理申请书》,仲裁庭根据某市《仲裁规则》第66条的规定,不同意其中止申请。

(二)焦点分析

本案争议焦点有程序和实体两个方面的问题。

就程序问题而言,第二被申请人田某多次向仲裁庭提交《中止审理申请书》,理由是申请人以同一事实、理由、证据将案外人江某列为被申请人,向国内其他仲裁机构提起了仲裁[(2019)×仲案字第××号案],该案是本案的审理依据;另外,第二被申请人田某已就《补充协议》《补充协议二》的效力问题向该仲裁机构另案提起仲裁,本案亦需等该案作出终局裁决后才能恢复审理。

就实体问题而言,本案涉及《增资扩股协议》和两份补充协议效力认定;被申请人抗辩称,目标公司2016年度净利润指标没有达到补充协议约定的指标是被申请人原因所致是否成立;申请人主张违约金是否过高、应否被调整等问题。

1. 在程序方面,本案是否具备中止审理情形

根据本案受理机构的仲裁规则第66条第1款规定:有下列情形之一的,仲裁中止:(1)当事人提出仲裁协议效力异议的;(2)一方当事人死亡,需要等待继承人参加仲裁的;(3)一方当事人丧失行为能力,尚未确定法定代理人的;(4)作为一方当事人的法人或者其他组织终止,尚未确定权利义务承受人的;(5)一方当事人因不可抗力不能参加仲裁的;(6)本案必须以另一案的审理结果为依据,而另一案尚未审结的;(7)其他应当中止仲裁的情形。

申请人是以第6种情形,即“本案必须以另一案的审理结果为依据,而另一案尚未审结的”作为申请中止仲裁审理的理由。

仲裁庭认为,《补充协议二》是否合法有效是本案应当审理的争议焦点之一,仲裁庭必须对此作出判断,而对此判断无须等田某在其提起的(2019)×仲案字第××号案裁决后才能进行。相反,相比于(2019)×仲案字第××号案,本案立案在前,仲裁庭有权依法对该协议的效力作出认定。

关于申请人依据《增资扩股协议》《补充协议》向国内其他仲裁机构提起的仲裁案,仲裁庭认为,基于《补充协议二》产生的权利义务与国内其他仲裁机构基于《增资扩股协议》《补充协议》而产生的权利义务及责任承担主体相互独立,二者并不冲突,该案仲裁结果与本案亦不冲突,对本案不会产生影响,本案无须等候其他仲裁机构的裁决结果。因此,两被申请人提起的中止本案审理程序的理由不符合《仲裁规则》列举的中止情形,两被申请人要求中止本案仲裁程序的申请不应予以采纳。

2. 关于本案的实体问题

(1)关于《增资扩股协议》及两份补充协议的效力。

《增资扩股协议》系股权投资合同,是对申请人出资入股的相关约定。《补充协议》系各方就公司估值、业绩承诺、业绩调整、公司治理等作出的约定。《补充协议二》是双

方确认目标公司经2016年审计后的税后净利润如未能达到1980万元，则两被申请人需向申请人支付补偿额及支付时间。第二被申请人田某虽不是股东，但是为目标公司的高管，对目标公司的经营管理起着重要作用，第一被申请人陈某是目标公司最大的股东及法定代表人，两被申请人作为完全民事行为能力人，应当知晓在合同上签字所代表的法律意义以及由此产生的法律后果。同时，该两份补充协议只涉及申请人与两被申请人，协议的生效不以目标公司股东会议通过为前提条件，补充协议约定的业绩补偿条款不涉及目标公司，且未损害目标公司其他股东和其他债权人利益。

《增资扩股协议》及两份补充协议是当事人真实意思表示，没有违反法律行政法规的强制性规定，不损害目标公司、其他股东及公司债权人的利益，应属合法有效。

(2)关于目标公司2016年度净利润指标没有达到《补充协议》约定的指标是否因申请人所致问题。

《补充协议》约定的指标有两项：一是2016年目标公司经审计的税后净利润须达1980万元人民币；二是目标公司自主研发的移动软件连续30日日活跃用户数量均值须超过300万。若两项指标有一项不满足，则田某、陈某均需要向网络公司支付补偿额。

被申请人认为申请人的法定代表人在签订《增资扩股协议》后干涉目标公司的经营，通过向目标公司施加影响，致使目标公司的经营方针发生改变，从以主营手机App转型为做直播平台，而主营手机App是目标公司一直以来的盈利业务，转战不熟悉的直播平台市场是导致目标公司2016年税后利润未达标的主要原因。

若申请人的法定代表人确实控制目标公司，影响目标公司的经营决策，使被申请人无法实现"对赌协议"约定指标，则涉及对申请人要求调整增资额和支付补偿款的条件能否成就的判断。然而，本案中并没有充分的证据来证明申请人的法定代表人控制了目标公司、改变了其经营方针。被申请人提供的聊天记录仅能证明申请人的法定代表人对目标公司的经营有所看法，但就实际情况而言申请人无法实际控制目标公司，因为申请人仅占目标公司10%的股权，且无其他一致行动人。相比被申请人陈某49.51%的股权，申请人根本无法完全控制，甚至无法控制目标公司，反而被申请人陈某对目标公司的生产经营有着举足轻重的影响。

(三)案例评析

"对赌协议"又称估值调整协议，是指投资方与融资方在达成股权性融资协议时，为解决交易双方对目标公司未来发展的不确定性、信息不对称以及代理成本而设计的包含了股权回购、金钱补偿等对未来目标公司的估值进行调整的协议。从订立"对赌协议"的主体来看，有投资方与目标公司的股东或者实际控制人"对赌"；投资方与目标公司"对赌"；投资方与目标公司的股东、目标公司"对赌"等形式。在审理"对赌协议"纠纷案件时，不仅适用原《中华人民共和国合同法》(以下简称原《合同法》)的相关规定，还要适用《中华人民共和国公司法》(以下简称《公司法》)的相关规定;既要坚持鼓励投资方对实体企业特别是科技创新企业投资原则,从而在一定程度上缓解企业融资难问题,又要贯彻资本维持原则和保护债权人合法权益原则,依法平衡投资方、公司债权人、公司之间的利益。对于投资方与目标公司的股东或者实际控制人订立的“对赌协议”如无其他无效事由,认定有效并支持实际履行已在司法实践中达成共识。本案是投资方与目标公司的股东或者实际控制人的“对赌”,所签订的协议均被仲裁庭认定为有效。

投资方与目标公司“对赌”,该类“对赌协议”的有效性的认定,在司法实践中是一个难点且有争议的问题。从最初 2012 年 11 月最高人民法院在“海富投资公司诉甘肃世恒公司案”(以下简称海富案)的再审判决中认定该类“对赌”无效,到 2019 年 4 月江苏省高级人民法院在“华工—扬锻”案件的判决中认定该类“对赌”有效,其间包括在经济仲裁领域多有认定该类“对赌”有效的裁决案例,可以看出司法实践中对此问题裁决口径不一,推及商业实践中,可能会引起经济交易主体的行为选择预期困难,影响交易效率,不利于交易安全。公司纠纷案件往往涉及公司投资人、债权人、公司股东及公司本体等多方主体,需要兼顾、处理好多方利害相关方的利益。在引入了“对赌”的股权性投资中,投资完成后,投资人的身份兼具债权人与股东的双重身份,需要适用合同法与公司法进行双重规制,同时处理好公司与债权人的外部关系、公司与股东之间的内部关系。2019 年《全国法院民商事审判工作会议纪要》(以下简称《九民纪要》)第 5 条规定,“投资方与目标公司订立的‘对赌协议’在不存在法定无效事由的情况下,目标公司仅以存在股权回购或者金钱补偿约定为由,主张‘对赌协议’无效的,人民法院不予支持”。

可见,《九民纪要》肯定了投资人与目标公司之间的“对赌协议”的效力,这是一个突破,也为市场交易主体提供了预期。但《九民纪要》对于协议的履行进行了很大程度的限定,为司法实践中“对赌协议”判决的执行制造了困难。

结合《九民纪要》的相关内容以及《公司法》的相关规定,可以得出《九民纪要》因考虑公司资本维持原则的要求,对于投资人取回投资资金及要求补偿的行为进行了限制:《九民纪要》认为“对赌协议”不能成为恶意抽逃出资的行为正当性理由,此点无可厚非。但投资人取回投资资金(回购股份)需符合《公司法》第 142 条规定。一般而言,投资人回购股份的情形更多适用《公司法》第 142 条第 1 款第 1 项(减少公司注册资本)中的规定,但现实中大多数情况是投资人为了不干预公司决策,在认购目标公司股份时往往以较高的资本溢价购买低份额的股份。因此,投资人通常不能左右公司股东会的决定,甚至有些情况下连请求召开股东会的资格都不具备(不足 1/10 表决权)。在此种情况下,即使“对赌协议”被认定为有效,投资人也有可能会因为无法召开股东会或无法令股东会作出减资决定而使“对赌协议”内容无法执行,很大程度上限制了“对赌协议”

履行的可能。

另外,《九民纪要》对投资方请求目标公司承担金钱补偿义务的要求需符合《公司法》第166条的规定也是值得商榷的。投资方请求目标公司承担金钱补偿义务往往是"对赌"后违约责任的承担,属于合同法律责任,而《九民纪要》将此行为定性为公司利润分配,在法理上难以说得过去,进而以利润分配来限制投资人请求承担金钱补偿义务的设计不具备法律正当性。若考虑到公司生存问题,公司资产不足以履行补偿义务或者履行后公司难以维续的,可以要求真正运营者提供担保,然后通过中止执行的方式来保障公司的运行,而不必要求"对赌协议"违约责任需依照公司法利润分配的规定来进行。

综上所述,《九民纪要》在肯定投资人与目标公司之间"对赌协议"效力的基础上,出于对公司资本维持原则的考量,通过《公司法》的一些条款对协议的履行作出的限定,给"对赌协议"带来了新的挑战。

二、法律实务操作

(一)重点难点问题

1. "对赌协议"的概念及现实需求

(1)"对赌协议"的概念

对赌协议源自企业估值调整机制,融资方与投资方所达成的对投资后目标公司进行估值调整的灵活投资方式,其在我国私募股权投资中经常被运用。① 近年来,由于"对赌协议"广泛在投融资过程中的运用,因此产生的相关纠纷也进入我国仲裁和司法诉讼领域。"对赌协议"一般是融资方(一般称为目标公司)与投资人预设达到一定的市场业绩或者在限定期限上市的特定目标,若目标未达成则投资人可以要求目标公司回购股权、赔偿违约金等,以使投资人能够退出此次投资活动;而在一些情况下,若目标达成,目标公司则享有请求投资人增加投资或者让渡一定股权的权利。② "对赌协议"在一定程度上可以被看作一种期权,实质为"多以融资企业的经营业绩或者上市目标作为对赌标的,以所持融资企业的股权或现金作为给付内容,在约定的条件成就或未成就时,按照合同的安排由双方行使各自权利"。③ 一般而言,投资领域的投资方对于所投

---

① 参见翟业虎:《私募股权投资中对赌协议的合法性探析——以甘肃世恒案为切点》,载《首都经济贸易大学学报》2013年第2期。

② 参见王红卫:《"对赌协议"法律效力的认定及股权回购责任的承担——对李某与T公司、刘某等人与公司有关纠纷案件的评析》,载《天津法学》2018年第2期。

③ 翟业虎:《私募股权投资中对赌协议的合法性探析——以甘肃世恒案为切点》,载《首都经济贸易大学学报》2013年第2期。

资的目标公司最初是缺乏了解的,“对赌协议”的出现旨在解决这种投资双方在投资时的信息不对称问题,是在外商投资实践当中比较常见的做法,而随着国内私募投资行业的兴起,逐渐被国内投资公司所使用。

(2)“对赌协议”的现实需求

“对赌协议”的实质并未“赌”,其主要是为了迎合投资方在面对目标公司不确定的发展前景和盈利能力以及可能产生的未知商业风险的回避心理,通过动态的调整方式,以实现投资方投资价值与目标公司市场价值不断趋近的目的,一定程度上使投资方放松“戒备”,减少投资过程中的信用成本,其内核并不是一种投资方出于赌博心理而设立一场“商业游戏”。诚然,由商事交易时间差所引起的不确定性,一直是现代商业风险的重要源流。[①]“对赌协议”对于投资方的保护是否会使被投资人承担过重的商业风险,有违民商事交易活动中的公平、风险共担原则呢?事物的发展总是伴随着现实实践,分析上述问题时,有必要从我国产业发展历程与投资实践的角度进行。20 世纪 80 年代正值现代化工业革命时代的末端。全球性产业链分配中,美国、日本等发达国家转型发展技术密集型和知识密集型产业,发展中国家则以低要素成本参与全球产业价值链的构建中,处于全球性产业链的低端。改革开放 40 余年来,中国已成为世界制造业大国,是唯一拥有联合国产业分类中全部工业门类的国家,钢铁、水泥、汽车等 220 多种工业品产量居世界第一位。但我国要想更好地参与全球竞争,必须从工业经济向知识经济转型。近年来,国家鼓励科技创新,大力发展高新技术和研发型企业。“对赌协议”的本质在于为投融资双方针对未来的预期收益保留适当的投资灵活性,以使公司股权的外部转让价值与真实内在价值进行动态估值修正,承担起“对赌协议”真正的价值发现功能。[②]在创业需求的高峰期,有必要通过设计相关的制度以帮助投资人在投资后“甄别”目标企业的真实价值,提高价值投资的准确度,并且在投资者与经营者二分的商业环境下,在一定程度上督促经营者尽到相关“忠实勤勉”义务。从现实需求的角度来看,“对赌协议”是市场“无形之手”通过机制设计,来缓解投资迷茫和产业升级需求矛盾的重要金融创新。

2. 我国对“对赌协议”效力认定的司法实践

从“对赌协议”第一案海富案,司法机关相对注重对于公司资本的维持和公司其他债权人、投资人的保护。海富案一审法院最终认定投资者与目标公司“对赌协议”无效,一审判决作出后,海富公司不服提起上诉。二审法院亦认为,该案争议焦点系“对赌

---

① 参见[美]罗伯特·考特、[美]托马斯·尤伦:《法和经济学》,史晋川、董雪兵等译,格致出版社 2012 年版,第 184 页。

② 参见李安安、范鑫:《公司实质参与对赌协议的合法性解构:合同自由与公司规制》,载《中国矿业大学学报(社会科学版)》2020 年第 1 期。

协议”条款合法性问题,其认定“对赌协议”在完成目标时可以生效:当事人就世恒公司特定情况的利润要求是对目标公司提出的要求,违反了风险共担原则,属于名为联营、实为借贷,判决返还。二审判决后,世恒公司向最高人民法院申请再审。最高人民法院并没维持二审法院的说法,对于投资人与投资者之间的协议部分认定为有效,但不认可投资人与目标公司之间的协议效力。最高人民法院认为使投资者在不承担任何风险的情况下仍然可以享有收益,此种做法会使公司利益、债权人利益受到损害,因此无效。① 因此,最高人民法院再审判决部分承认了“对赌协议”的效力(对股东的效力),但仍通过公共利益判断对“对赌协议”的有效性进行了限制。

相对法院而言,商事仲裁庭的态度则一直较为开放,立足于合同有效要件的审查,认定“对赌协议”并未构成对公司独立财产权的侵犯,且未损害其他社会公益,即应当尊重平等主体间合同自由的有效性。② 在大多数情况下,仲裁庭认为,投资人无论在投资前,还是在投资后均对企业经营状况不甚了解,其投资行为的作出需要依靠目标公司及其股东的承诺,其追求的是高额回报,相对应的是高额溢价出资。各方真实自愿签订相关协议,并不存在违反强制性规定的情形,故不能认定无效。同时,目标公司的经营活动始终由股东所控制,在这种情况下,业绩承诺条款是促进投资人预防风险,化解风险的重要手段,也是促进被投资人履行承诺,尽职经营的重要机制,符合平等自愿、诚实信用的契约精神,故应当启动补偿、回购条款。

可见,法院与商事仲裁机构在“对赌协议”的效力认定上存在分歧,但两者基本认可投资人与股东之间“对赌协议”的效力。此点也被 2019 年的《九民纪要》所认可:“……对于投资方与目标公司的股东或者实际控制人订立的‘对赌协议’,如无其他无效事由,认定有效并支持实际履行……”但投资方与目标公司订立的“对赌协议”是否有效以及能否实际履行存在争议。此种分歧的主要原因是对于公共利益的维护以及合同自由的平衡问题上,相较于商事仲裁机构,法院更倾向于做到两者兼顾。法院的做法虽然短期来看维护了公共利益,但在一定程度上限制了金融创新,且在一定程度上阻碍了投资行业的发展。而商事仲裁机构则在此方面更加开放,注重当事人意思自治以及高度重视契约精神,这对于稳定投资者信息、构建稳健的交易秩序有重要作用。

3.“对赌协议”的合同效力分析

最高人民法院部分认可“对赌协议”的效力,具体而言,即认定投资人和目标公司之间的“对赌协议”无效,投资人和目标公司股东之间的“对赌协议”有效。“对赌协议”

---

① 参见韦祎、崔蕾:《“对赌协议”司法第一案的评析与启示》,载《天津法学》2013 年第 2 期。

② 参见李安安、范鑫:《公司实质参与对赌协议的合法性解构:合同自由与公司规制》,载《中国矿业大学学报(社会科学版)》2020 年第 1 期。

本属无名合同,并非归于我国《民法典》“合同编”规定的典型合同框架之内,但总体上来说其仍然是以多种法律关系为内涵的合同,因此有必要回归到《民法典》关于合同效力的相关规定之上去考虑“对赌协议”的效力,下文将从民法法律行为效力出发,对“对赌协议”的合同效力问题进行分析。

一般而言,对于合同是否有效成立一般从两方面进行分析:一是是否符合合同生效的积极要件,二是是否具有消极要件。

《民法典》“合同编”第508条将合同效力的认定规则转引至《民法典》“总则编”关于法律行为效力的认定,即《民法典》“总则编”第143条之规定。以法律行为生效的规定作为合同效力判定的方式,其积极要件主要包括当事人是否适格、是否具有真实意思表示、行为是否符合法律规定的形式。“对赌协议”当中,投资人大多是投资型企业或者私募股权投资机构,而目标公司一般是在创立初期、亟须资金供给的中小型企业,上述两类主体几乎都是经过合法登记且具备相应资质的企业,因此双方符合法律关系生效的主体资质。此外,双方在融资磋商过程中,均具备相应的民事行为能力,自主选择法律行为缔结的对象,且对于法律关系当中的内容(包括对象、交易内容、履行方式等)都存在清晰的认知,而缔结的结果系双方在经过反复博弈之后所共同认定的,双方自愿对于协议的内容承担相应的民事义务以及责任,因此就意思表示而言,订立的合同具有相应的真实意思表示,且意思表示经双方一致认可,符合法律关系生效的意思表示要件。而对于“对赌协议”的订立形式而言,“对赌协议”并未纳入《民法典》所规定的要式合同中,我国相关司法解释也未对“对赌协议”的形式作相应的要求,一般各方当事人订立了书面的“对赌协议”即具备了形式要件。

合同的有效还应排除相关消极因素。公司如实质参与“对赌”,则“对赌协议”还应受到《民法典》“合同编”“物权编”及《公司法》等相关法律规制,不得违反法律、行政法规的强制性规定,不得违反公序良俗。根据《最高人民法院关于当前形势下审理民商事合同纠纷案件若干问题的指导意见》第15条的“注意区分效力性强制规定和管理性强制规定”[①]之规定,目前在我国的司法实践当中,法院较多主张“对赌协议”条款违反了《公司法》中有关公司资本维持以及债权人保护的强制性规定,从而否认“对赌协议”的效力。

在民法理论中,合同效力与合同履行应当符合相区分的原则,正如上述指导意见中

---

① “违反效力性强制规定的,人民法院应当认定合同无效;违反管理性强制规定的,人民法院应当根据具体情形认定其效力。”参见《最高人民法院关于当前形势下审理民商事合同纠纷案件若干问题的指导意见》(法发〔2009〕40号)。根据《民法典》“合同编”与原《合同法》之间关于无效合同(法律行为)的规定的对比,对于相关条款的解释仍然会与原《合同法》的相关解释保持一致,故此处继续引用了相关司法解释作为对问题分析的指导性文件。

第16条指出的,“如果强制性规范规制的是合同行为本身,即只要该合同行为发生即绝对地损害国家利益或者社会公共利益的,人民法院应当认定合同无效。如果强制性规定规制的是当事人的‘市场准入’资格而非某种类型的合同行为,或者规制的是某种合同的履行行为而非某类合同行为,人民法院对于此类合同效力的认定,应当慎重把握,必要时应当征求相关立法部门的意见或者请示上级人民法院”。根据该条规定,司法认定中应将合同成立与合同履行相区分。在区分合同效力与合同履行的基础上,合同效力是否违反强制性规定实则应先以《民法典》法律行为的效力判断为基础,而后续因违约产生的资本回流情形则属于合同履行环节。① 因此有必要进行严格的区分,不应当将履行环节的问题前置性地作为合同效力的认定因素。

从上述分析中不难看出,目标公司参与“对赌协议”的订立,如符合法律关系成立的积极要件,并且排除相关消极因素,则应当认定“对赌协议”有效。

4.“对赌协议”与资本维持原则

2013年,在《公司法》修改之际,关于资本维持原则的存废问题引起了学界的广泛争论。有学者认为,我国公司法废除了最低注册资本制度,取消了强制验资程序,全面实行认缴制,在这种情况下,资本维持的标尺不复存在,失去了可比照的参照物。② 最低注册资本要求的取消、认缴制的全面实行以及公司设立出资环节的大部分管制措施的解除,使公司法下的“注册资本”与公司实际收到的股东实际缴付的出资(实缴资本)之间没有相应的对照关系,实缴资本可以微乎其微甚至为零。但亦有学者主张,“资本维持原则”维持的是资合公司的基础和股东的道德底线,公司法确立了要求股东真实出资、形成真实的公司资本,并确保股东出资“留”在公司之内的各种规则,这就是资本确定和资本维持的由来,也是公司股东承担有限责任的前提。③ 对于以上争论,就我国当前的社会环境下,资本维持仍具有其存在的现实基础。资本维持的存在为公司管理层和控制股东设置了财产分配的底线,在为司法机关对公司管理层或股东行为合法性提供直接判断标准和依据的同时,也会为公司管理层和控股股东提供警示和威慑作用。如果说传统法定资本制对债权人的保护是虚幻的,那么废除资本维持原则的结果可能更加可怕。因此,我们需要的不是对资本维持的简单否定,而是需要对公司法资本制度作一整体性的检视,需要的是改进而不是摒弃。虽然资本维持原则给“对赌协议”的实现与发展带来了很大困难,但它仍然具有存在的必要性,应当在考虑“对赌协议”的必要性的基础上对资本维持原则进行更新,使之更加适应现代社会的发展趋势,而不是简

---

① 参见李安安、范鑫:《公司实质参与对赌协议的合法性解构:合同自由与公司规制》,载《中国矿业大学学报(社会科学版)》2020年第1期。

② 参见蒋大兴:《质疑法定资本制之改革》,载《中国法学》2015年第6期。

③ 参见冯果:《慎重对待“资本维持原则”的存废》,载《中国法律评论》2020年第3期。

单地摒弃。

此外，可考虑通过优化公司“对赌”履约模式来减轻目标公司的偿债压力。具体而言，“对赌”失败后实践中较多出现投资人要求目标公司进行业绩补偿以及回购相应的股权，而业绩补偿又可以分为资金类型的补偿以及股权类型的补偿。[①] 股权类型的补偿在一定程度上能够帮助企业缓解资金压力，因此可以考虑将股权类型的补偿作为优先补偿方式，并加强该类型股份的流通性，例如对于该类股份豁免股东过半数同意等，降低上述股份流转成本。另外，还可以考虑设计更加合理的履行安排，充分考量公司的经营状况，设计动态的支付安排，以防止短期承担巨额“对赌”赔偿责任后给目标公司带来财务压力。

（二）相关法律法规政策

1.《民法典》第 585 条（原《合同法》第 114 条）。

2.《最高人民法院关于适用〈中华人民共和国合同法〉若干问题的解释（二）》（法释〔2009〕5 号，已失效）第 29 条。

3.《公司法》第 35 条、第 142 条、第 166 条。

4.《九民纪要》第 5 条。

5.《中国广州仲裁委员会仲裁规则》第 66 条第 1 款、第 4 款。

（三）思考与实践问题

1. 简述什么是“对赌协议”。

2. 简述什么是公司资本维持原则。

3. 简述法律行为有效的要件。

相关参考文献

邓峰：《代议制的公司——中国公司治理中的权力和责任》，北京大学出版社 2015 年版。

刘燕：《“对赌协议”的裁判路径及政策选择——基于 PE/VC 与公司对赌场景的分析》，载《法学研究》2020 年第 2 期。

王保树：《商法总论》，清华大学出版社 2007 年版。

李安安、范鑫：《公司实质参与对赌协议的合法性解构：合同自由与公司规制》，载《中国矿业大学学报（社会科学版）》2020 年第 1 期。

冯果：《慎重对待“资本维持原则”的存废》，载《中国法律评论》2020 年第 3 期。

---

① 参见李安安、范鑫：《公司实质参与对赌协议的合法性解构：合同自由与公司规制》，载《中国矿业大学学报（社会科学版）》2020 年第 1 期。

饶斌、周晓波:《上市公司并购重组的对赌协议规划及风险控制》,载《江西社会科学》2020 年第 3 期。

陶修明:《投资对赌协议纠纷裁判处理的定性和定量问题分析》,载《北京仲裁》2020 年第 1 期。

王红卫:《"对赌协议"法律效力的认定及股权回购责任的承担——对李某与 T 公司、刘某等人与公司有关纠纷案件的评析》,载《天津法学》2018 年第 2 期。

安超:《"对赌协议"法律效力的研究——以最高院和中国贸促仲裁委裁决案为例》,载《中国律师》2018 年第 10 期。

案例二　员工持股计划份额转让及担保纠纷仲裁案

公司内部员工持股计划份额转让通常发生在股份公司、上市公司中，这类股权份额转让应符合法律与公司章程的相关规定。本案股权份额转让过程中还涉及担保问题，正确识别公司内部员工持股计划份额转让合同的效力、上市公司关联担保以及法定代表人越权担保的效力与责任承担；把握案外人以第三人身份参与仲裁的程序性问题是此类案件的重点。

一、案例研判

（一）基本案情

2016年10月，申请人刘某某在担任被申请人2的董事兼董事会秘书期间参加了被申请人2《员工持股计划》，该员工持股计划约定，本次非公开发行股票的总金额不超过12,000万元，认购股份不超过8,000,000股，该员工持股计划认购公司本次非公开发行股票的价格为1元/股。其中申请人认购上述计划的182万股，出资款为182万元。持股计划内部最高管理权力机构为员工持股计划持有人会议；员工持股计划持有人会议下设管理委员会负责和监督员工持股计划的日常管理。管理委员会由5名成员组成，由管理委员会决策员工持股计划被强制转让份额的归属；管理委员会会议应有过半数的管理委员会委员出席方可举行。管理委员会作出决议，必须经全体管理委员会委员的过半数通过。管理委员会决议的表决，实行一人一票。持股计划关于员工持股计划份额的处置规定如下：(1)在员工持股计划存续期内，除本员工持股计划约定或经出席持有人会议的持有人所持2/3以上份额同意的特殊情况外，持有人所持本员工持股计划份额不得转让、用于担保、偿还债务或作其他类似处置。(2)发生如下情形的，公司有权取消该持有人参与本员工持股计划的资格，该持有人所持有的员工持股计划份额必须按照持有人所持有份额的认购成本与份额对应的股份现值孰低者强制转让给管理委员会指定的具备参与该员工持股计划资格的受让人，持有份额转让后单个持有人所获股份权益对应标的股票数量不能超过公司股本总额的1%：①持有人辞职或擅自离职的；②持有人在劳动合同到期后拒绝与公司续签劳动合同的；③持有人因违反法律、行政法规或公司规章制度而被公司解除劳动合同的；④持有人出现重大过错或考核不达标等原因而被降职、降级，导致其不符合参与员工持股计划条件的。

2017 年 8 月，申请人与某信托有限公司签订《信托贷款合同》，贷款金额 100 万元，贷款利率为固定利率 7.5%，约定罚息是贷款利息利率上浮 50%。贷款合同约定，该信托贷款由被申请人 2 股东及被申请人 3 承担不可撤销连带保证责任担保，贷款担保的具体方式与内容另行签订《保证合同》《个人保证合同》予以确定；该信托贷款由借款人以个人名下的全部资产为信托贷款本息的归还提供最高额连带责任保证。申请人用上述贷款认购了持股计划的相应份额。

此后，因申请人向被申请人 2 提出辞职，根据被申请人 2 强制将申请人持有的持股计划份额转让给被申请人 1，为此申请人与被申请 1、被申请人 2 于 2018 年 6 月签订《转让协议书》，约定：被申请人 1 应向申请人支付 182 万元，100 万元用于偿还申请人《信托贷款合同》项下申请人作为借款人承担的债务，剩余 82 万元由申请人自行支配。于《转让协议书》签署之日，被申请人 1 即行实际承接贷款合同项下申请人作为借款人承担的全部债务；被申请人 2 确保本次份额转让完成后申请人不会因贷款合同而遭受任何追偿。

《转让协议书》还约定"如因《转让协议书》发生争议，提交 A 市仲裁委员会进行仲裁……"。

2018 年 10 月，申请人与被申请人 2、被申请人 3 签订《补充协议》，约定"被申请人 2、被申请人 3 向申请人保证被申请人 1 履行付款义务，以及确保申请人不因贷款合同受到任何追偿，否则对此承担连带保证责任。对于申请人未用于偿付贷款合同的款项，申请人指定全部由被申请人 3 收取……"。

2019 年 10 月 16 日，申请人向 A 市仲裁委申请仲裁，在开庭前，申请人撤销了对被申请人 3 的仲裁请求。

2020 年 3 月 19 日，被申请人 1 向仲裁庭提出仲裁反请求申请书，反请求被申请人 1 为原仲裁申请人刘某某，反请求被申请人 2 为原仲裁被申请人 2。仲裁反请求内容为：(1) 请求解除反请求申请人、反请求被申请人 1 与反请求被申请人 2 签订的《转让协议书》；(2) 请求裁决反请求被申请人 1 承担本案律师费 10 万元。

2020 年 9 月，被申请人 3 就申请人无权受领全部份额转让款为由，向仲裁委请求以第三人身份参加仲裁案庭审活动。

（二）焦点分析

本案既涉及程序问题，亦涉及实体问题。第三人能否加入仲裁程序属于程序问题，而本案《转让协议书》的效力与该协议能否解除，被申请人 1 是否应支付股权转让价款及违约金,涉案协议中关于被申请人 2 承担保证责任的相关条款是否为保证的意思表示以及法定代表人越权担保的担保合同效力认定与责任承担则属于实体问题,判断被申请人 2 是否承担担保责任的核心在于识别申请人是否为善意第三人,是否尽了合理审查义务。

1. 仲裁案件审理期间的第三人加入问题

被申请人 3 认为:其与申请人、被申请人 2 签订的《补充协议》是其在未经被申请人 3 股东大会决议授权情况下以公司名义签署的。《补充协议》第 3 条约定:“对于主协议中约定的未用于偿付贷款合同的款项,甲方(申请人)指定全部由丙方(被申请人 3)收取,并在此确认放弃收取该款项的全部收益。”但申请人未经被申请人 3 同意,未按《转让协议书》第 3 条第 1 款的约定,扣除本案应由被申请人 3 收取的款项,超越其权利范围主张权利,故被申请人 3 请求仲裁庭裁决被申请人 1 向其支付本案的转让款人民币 82 万元及逾期付款违约金……被申请人 3 要求以第三人的身份参加本仲裁案庭审活动。

关于第三人能否参与仲裁活动,取决于第三人是否签署了仲裁协议并愿意接受仲裁管辖。如果仲裁协议中没有体现第三人,仲裁程序开始后,申请人与被申请人又不同意第三人加入仲裁程序的,那么仲裁庭无权追加第三人进入仲裁程序。对此,《A 市仲裁规则》第 24 条、第 30 条第 3 款规定:无仲裁协议的案外人加入仲裁程序成为共同申请人、共同被申请人或者第三人的,须经案外人、当事人双方一致同意并达成仲裁协议……当事人同意案外人加入仲裁程序的,可以与申请人或者被申请人作为一方共同选定仲裁员。由此可见,仲裁庭的仲裁权力来源于当事人的授权,当事人未授权,仲裁庭不能强令第三方参加仲裁。同时,秘密性也是仲裁的主要特点之一,强令第三方参加将使仲裁丧失秘密性。因此,仲裁庭并不具有自行决定追加当事人的权力。

本案被申请人 3 在包含有仲裁条款的《补充协议》上签名,根据《A 市仲裁规则》第 23 条第 3 款的规定,同一仲裁协议的案外人申请作为有独立请求权第三人或者无独立请求权第三人加入审理的,是否接受,仲裁庭组成前由仲裁委员会决定,仲裁庭组成后由仲裁庭决定。

本案仲裁庭未接受被申请人 3 要求以第三人的身份参加本仲裁案庭审活动的申请。理由是:根据原《合同法》第 64 条的规定,[①]当事人约定由债务人向第三人履行债务的,债务人未向第三人履行债务或者履行债务不符合约定,应当向债权人承担违约责任。原《合同法》第 64 条并未规定向第三人履行的合同中,第三人享有履行请求权。在合同约定“向第三人履行债务”之情形下,第三人仅可被动地受领给付,而不对债务人

① 现为《民法典》第 522 条。

享有任何权利，债务人不履行或者不适当履行时，应向债权人而非向第三人承担违约责任，故第三人在其中只是债权人的履行辅助人，并不享有独立的请求权。如被申请人 3 与申请人存在其他债权债务关系，可以另案起诉或申请仲裁。

本案被申请人 3 对案涉合同各方不具有独立的债权请求权，其在本案中参加仲裁，既不合适也无必要。

2. 关于《转让协议书》的效力与该协议能否解除的问题

被申请人 1 主张，申请人并未向管理委员会提出转让其所持有的员工持股计划份额的申请，管理委员会亦未指定被申请人 1 作为受让人受让申请人的员工持股计划份额，《转让协议书》签署前未经过管理委员会同意，且管理委员会已明确不会依据《转让协议书》办理相应的员工持股计划份额的转让登记，故《转让协议书》事实上无法履行；申请人未依约向被申请人 1 转让股权，亦构成根本违约，因此《转让协议书》已符合法定解除条件，应当依法解除。但仲裁庭对被申请人 1 要求解除《转让协议书》的仲裁反请求不予支持。

首先，关于被申请人 1 是否为管理委员会指定的受让人。根据《员工持股计划》第六章第 2 条的规定，员工持股计划持有人会议下设的管理委员会授权被申请人 2 处理辞职员工的对公司股份的持股问题。本案申请人辞职时，被申请人 2 行使了管理委员会授予的权利，并与申请人、被申请人 1 签订了《转让协议书》。从《员工持股计划》和《管理办法》的规定看，被申请人 2 对何人是“管理委员会指定的具备参与本次员工持股计划资格的受让人”负有确定的义务，因为管理委员会已经授权其行使“取消资格”和“强制转让”权利，根据权利义务一致的原则，被申请人 2 理应对被申请人 1 是否具备该受让资格进行审查并确认。被申请人 1 作为被申请人 2 的监事及股东，理应清楚了解《员工持股计划》和《管理办法》的规定，如果其在本次转让中不是管理委员会所指定的受让人，那么应该在签署转让协议时提出异议，而不是直接签署转让协议并声明“本协议不存在任何认定无效、可撤销或不可执行的情形或事由”，故被申请人 1 不能以转让协议违反《员工持股计划》和《管理办法》规定为由提出解除合同。

其次，关于涉案员工持股计划份额转让合同是否违反《中国证券监督管理委员会关于上市公司实施员工持股计划试点的指导意见》（以下简称《证监会指导意见》）及《员工持股计划》、《管理办法》的规定从而导致其无效的问题。《员工持股计划》和《管理办法》对转让程序并没有作出明确规定，故不能认为本案的转让违反了《员工持股计划》和《管理办法》规定的转让程序，且《证监会指导意见》《员工持股计划》《管理办法》均非法律或行政法规，即使受让人确实并非管理委员会所指定，违反该等文件的规定也并不导致涉案份额转让合同无效。

3. 被申请人 1 是否应支付股权转让价款及违约金

被申请人 1 抗辩称，申请人尚未向其实际转让股权，且申请人亦不能向其转让股权，故其无须向申请人支付股权转让价款。

根据《转让协议书》第 2 条的约定，申请人于该合同签订当天将标的份额及其所有权益、衍生利益全部转让给被申请人 1。因员工持股计划份额并不存在由申请人持有的证明文件，不涉及纸质文件作为标的物的交付问题，涉案员工持股计划份额作为一种权利标的物，已按照当事人的约定在签约当天交付并转移所有权。至于《转让协议书》第 4 条约定的管理委员会份额登记手续，公司股权转让后履行的公司变更登记手续在法律性质上仅为一种证权行为而非设权行为，变更登记手续仅仅起到权利公示的作用而非交付行为，举重以明轻，员工持股计划份额的转让在法律上并未要求必须办理变更登记，《员工持股计划》亦并没有任何关于份额登记程序的约定内容，故《转让协议书》该条款约定的权利登记手续亦并非交付行为而仅仅是一种公示行为。无论管理委员会是否履行、何时履行份额登记手续，均不影响涉案份额已经在转让合同签订当天完成交付的事实。据此，应认定涉案份额转让协议签订后申请人已经履行交付标的物的义务。被申请人 1 应当履行合同约定的份额转让款支付义务，且应承担逾期付款的违约责任。

4. 关于被申请人 2 承担保证责任的相关条款是否成立保证的意思表示

申请人主张，根据《补充协议》的约定，被申请人 2 应当对被申请人 1 在本案中的债务承担连带保证责任。被申请人 2 抗辩：(1)《补充协议》的约定不符合保证担保的形式要件及实质要件，被申请人 2 不应当承担保证责任；(2)被申请人 2 作为上市公司，为被申请人 1 的债务向申请人提供担保，构成关联担保，应当经过股东大会的决议，但被申请人 2 并未出具相关股东会决议，因此本案构成越权担保，被申请人 2 无须承担相应的担保责任。

本案涉案份额转让协议及补充协议中关于承担保证转让的条款措辞存在含糊之处，但结合《转让协议书》第 3.2 条、《补充协议》第 1 条及第 2 条的表述，根据合同的体系解释和目的解释方法，被申请人 2 的意思应理解为，其确保被申请人 1 向申请人履行支付份额转让款的义务，对被申请人 1 的份额转让款付款义务承担保证责任。所谓“协助”的措辞，是被申请人 2 的保证责任在具体承担方式中的安排。条款中关于保证的意思是明确的，被申请人 2 与申请人之间成立保证合同关系。

5. 被申请人 2 的法定代表人越权担保的效力与责任承担

虽然申请人与被申请人 2 之间基于份额转让协议及补充协议的相关条款约定而成立保证法律关系，但由于被申请人 2 是上市公司，根据《公司法》第 16 条及《九民纪要》第 22 条规定，其在未经履行内部公司决议程序及信息披露公告程序的情况下与申请人订立担保合同提供担保，属于越权担保。

鉴于申请人并未举证证明其在订立合同前对被申请人2提供担保已履行公司决议及信息披露义务进行了形式审查、尽到了谨慎注意义务,况且申请人作为被申请人2的公司高管,应当知道被申请人2未履行上述程序,所以不能证明其自身为善意债权人。根据《民法典》第504条关于“法人的法定代表人或者非法人组织的负责人超越权限订立的合同,除相对人知道或者应当知道其超越权限外,该代表行为有效”的规定,在公司法定代表人提供越权担保、债权人又非善意的情况下,涉案保证条款无效。

鉴于申请人不属于善意债权人,被申请人2在明知自身作为上市公司且未履行公司决议及公告程序时仍越权提供担保,甚至在其所制作和提供涉案份额转让协议第5条还明确约定该合同不存在无效、可撤销等情形,该事实证明双方对于涉案保证条款无效均有过错。根据《民法典》第682条及《最高人民法院关于适用〈中华人民共和国担保法〉若干问题的解释》(法释〔2000〕44号,已失效)第7条的规定,被申请人2应当承担被申请人1不能履行义务部分不超过1/2的补充赔偿责任。

《最高人民法院关于适用〈中华人民共和国民法典〉有关担保制度的解释》第7条对公司的法定代表人违反公司法关于公司对外担保决议程序的规定,超越权限代表公司与相对人订立担保合同,作出了更详细的规定,根据相对人是否善意来判断对公司是否发生效力,善意是指相对人在订立担保合同时不知道且不应当知道法定代表人超越权限。相对人非善意的,其请求担保人承担赔偿责任,根据担保人有无过错来决定其是否应当承担。

(三)案例评析

本案审理核心问题在于合同效力的识别。本案涉及申请人与被申请人1《转让协议书》效力的识别,被申请人2法定代表人越权担保的效力以及责任承担范围的识别和对被申请人1提供的关联担保的效力的识别。根据《民法典》第153条、第508条的规定,违反法律、行政法规的强制性规定的合同无效。申请人与被申请人1签订的《转让协议书》是双方当事人的真实意思表示,其内容和形式没有违反法律、行政法规的强制性规定,合法有效,对双方当事人均具有约束力。

申请人与被申请人2之间基于份额转让协议及补充协议的相关条款约定而成立保证法律关系,被申请人1在案涉担保发生时担任被申请人2(上市公司)监事,根据《深圳证券交易所股票上市规则》(2018年4月修订)的规定,“上市公司的关联人包括关联法人和关联自然人”“具有下列情形之一的自然人,为上市公司的关联自然人:……(二)上市公司董事、监事及高级管理人员”,被申请人1为上市公司关联自然人,被申请人2为其债务提供担保将构成上市公司关联担保。

由于被申请人2是上市公司,根据《公司法》第16条及《九民纪要》第22条的规定,其在未经履行内部公司决议程序及信息披露公告程序的情况下与申请人订立担保合同提供担保,属于越权担保。

为防止法定代表人随意代表公司为他人提供担保给公司造成损失,损害中小股东利益,《公司法》第16条对法定代表人的代表权进行了限制。根据该条规定,担保行为不是法定代表人所能单独决定的事项,而必须以公司股东(大)会、董事会等公司机关的决议作为授权的基础和来源。法定代表人未经授权擅自为他人提供担保的,构成越权代表。

对于法定代表人越权代表行为,需区分订立合同时债权人是否善意:债权人善意的,合同有效;反之,合同无效。这里的善意是指债权人不知道或者不应当知道法定代表人超越权限订立担保合同。《最高人民法院关于适用〈中华人民共和国民法典〉有关担保制度的解释》第7条的规定对于善意进行了调整,认为这里的善意是指,相对人在订立担保合同时不知道且不应当知道法定代表人超越权限。本案申请人作为被申请人2的董事会秘书熟悉各项监管要求,其在无决议、无信息披露的情况下即接受担保,属于典型的非善意相对方。根据《民法典》第504条关于"法人的法定代表人或者非法人组织的负责人超越权限订立的合同,除相对人知道或者应当知道其超越权限外,该代表行为有效"的规定及《九民纪要》第17条、第18条、第22条规定,在公司法定代表人提供越权担保、债权人又非善意的情况下,涉案保证条款无效。

在司法实践中,公司董事、经理等高级管理人员随意对外提供担保的现象泛滥,上市公司大股东利用关联担保掏空公司的行为尤为严重。在与公司法定代表人订立担保合同时,相对人应进行形式审查,履行合理审慎义务,避免出现担保合同无效的情形。

二、法律实务操作

(一)重点难点问题

1.未向第三人履行合同的违约责任

(1)概念及法律特征

向第三人履行合同,即合同双方当事人约定,由债务人直接向第三人履行合同。

①合同约定向第三人履行债务的情况下,第三人仅享有被动接受债务人给付的权利,而当债务人未履行或未及时履行债务的情况下,第三人并不享有独立向债务人要求履行债务的权利,债务人只需向债权人承担违约责任。

②如果合同明确约定为第三人创设了请求权和诉权,那么可构成第1款的例外,第三人可直接享有对债务人的请求权。但前提条件是合同必须专门明确约定了第三人可以直接请求履行,而不能默示推定。

③向第三人履行债务原则上不应当增加履行难度和履行费用,但在不可避免的情况下,如果增加履行难度和履行费用,那么应当由债权人和债务人共同协商;如果协商

不成,且是债权人的原因导致的,那么出于公平原则,应当由债权人承担增加的履行费用。

(2)相关法律规定

《民法典》第 522 条(原《合同法》第 64 条)规定:当事人约定由债务人向第三人履行债务,债务人未向第三人履行债务或者履行债务不符合约定的,应当向债权人承担违约责任。

2. 案外人可否申请加入仲裁程序

仲裁协议是当事人约定将争议提交仲裁解决的一项共同意思表示,作为一项合意,其具有相对性,所产生拘束力原则上仅限于当事人之间,通常对案外人不发生效力。在我国《仲裁法》并未就仲裁程序第三人问题作出规定的情形下,仲裁机构能否经当事人申请追加案外人加入仲裁程序?各仲裁机构的仲裁规则不一。《广州仲裁委员会仲裁规则》(2021 年版)对案外人加入仲裁程序作出了规定。该规则第 27 条第 1 款规定:同一仲裁协议的案外人申请成为共同申请人的,须经申请人同意。第 2 款规定:当事人申请追加同一仲裁协议的案外人为共同被申请人的,是否接受,仲裁庭组成前由本会决定,仲裁庭组成后由仲裁庭决定。按照上述规定,同一仲裁协议的案外人申请作为有独立请求权第三人或者无独立请求权第三人加入审理的,是否接受,仲裁庭组成前由广州仲裁委员会会决定,仲裁庭组成后由仲裁庭决定。该规则第 27 条第 6 款规定:本会决定接受案外人加入仲裁程序的,仲裁庭的组成按照本规则第 35 条的规定进行。仲裁庭决定接受案外人加入仲裁程序的,由仲裁庭继续审理。

从《广州仲裁委员会仲裁规则》(2021 年版)来看,第三人加入仲裁程序只能由当事人申请,由仲裁机构或仲裁庭决定,而不能由仲裁机构或仲裁庭主动追加。仲裁程序是仲裁裁决效力前提,程序违法会被撤裁或导致案外人提出不予执行。是否提出仲裁请求不影响申请作为第三人加入本案的权利。

3. 相对人在接受公司提供担保时的审查义务及审查范围

《民法典》第 504 条(原《合同法》第 50 条)规定:法人的法定代表人或者非法人组织的负责人超越权限订立的合同,除相对人知道或者应当知道其超越权限外,该代表行为有效,订立的合同对法人或者非法人组织发生效力。

根据《民法典》第 504 条(原《合同法》第 50 条)的规定,相对人在接受公司提供的担保时,应当审查法定代表人的代表权限,并审查类似于公司章程、有关担保的决议等文件,这是法律规定的审查义务,而不只是公司章程的规定。因此,相对人与法定代表人订立担保合同且无法提供股东会决议的同意证明的,相对人应当知道担保行为超越了法定代表人的代理权限,相对人不属于《民法典》第 504 条(原《合同法》第 50 条)保护的善意相对人。

《最高人民法院关于适用〈中华人民共和国民法典〉有关担保制度的解释》第 7 条规定："公司的法定代表人违反公司法关于公司对外担保决议程序的规定，超越权限代表公司与相对人订立担保合同，人民法院应当依照《民法典》第六十一条和第五百零四条等规定处理：(1)相对人善意的，担保合同对公司发生效力；相对人请求公司承担担保责任的，人民法院应予支持。(2)相对人非善意的，担保合同对公司不发生效力；相对人请求公司承担赔偿责任的，参照适用本解释第十七条的有关规定。法定代表人超越权限提供担保造成公司损失，公司请求法定代表人承担赔偿责任的，人民法院应予支持。第一款所称善意，是指相对人在订立担保合同时不知道且不应当知道法定代表人超越权限。相对人有证据证明已对公司决议进行了合理审查，人民法院应当认定其构成善意，但是公司有证据证明相对人知道或者应当知道决议系伪造、变造的除外。"

结合《公司法》第 16 条第 1 款"公司向其他企业投资或者为他人提供担保，依照公司章程的规定，由董事会或者股东会、股东大会决议；公司章程对投资或者担保的总额及单项投资或者担保的数额有限额规定的，不得超过规定的限额"及《九民纪要》第 22 条"债权人根据上市公司公开披露的关于担保事项已经董事会或者股东大会决议通过的信息订立的担保合同，人民法院应当认定有效"的规定，相对人的审查范围应当包括董事会、股东会或股东大会的决议，公司章程是否对投资或者担保的总额及单项投资或者担保的数额有限额规定，在有规定的情况下公司担保决议决定的担保金额是否超过上述金额。

4. 担保合同无效的责任分担

担保合同被确认无效后，仲裁庭会根据《民法典》第 388 条第 2 款[原《中华人民共和国担保法》(以下简称原《担保法》)第 5 条]"担保合同被确认无效后，债务人、担保人、债权人有过错的，应当根据其过错各自承担相应的民事责任"的规定作出裁决。

《最高人民法院关于适用〈中华人民共和国民法典〉有关担保制度的解释》第 17 条规定："主合同有效而第三人提供的担保合同无效，人民法院应当区分不同情形确定担保人的赔偿责任：(1)债权人与担保人均有过错的，担保人承担的赔偿责任不应超过债务人不能清偿部分的二分之一；(2)担保人有过错而债权人无过错的，担保人对债务人不能清偿的部分承担赔偿责任；(3)债权人有过错而担保人无过错的，担保人不承担赔偿责任。主合同无效导致第三人提供的担保合同无效，担保人无过错的，不承担赔偿责任；担保人有过错的，其承担的赔偿责任不应超过债务人不能清偿部分的三分之一。"

5. 败诉方承担律师费

综观国内仲裁规则，一般而言，仲裁庭有权根据当事人的请求在裁决书中裁定败诉方负责支付胜诉方因办理案件支出的合理费用，包括但不限于律师服务费、保全费等。有些仲裁机构规定，"仲裁庭应当考虑到案件的裁决结果、案件的复杂程度以及案件的争议金额等有关因素再裁定败诉方承担的律师费。双方当事人如果有约定具体的败诉金额的,从其约定,但最多不超过胜诉金额的百分之十或者百分之十五;双方当事人没有约定的,败诉方承担的律师服务费,最多不得超过胜诉金额的百分之十或者百分之十五”。在实践中,也有些仲裁机构对仲裁庭支持律师费的额度的上限不作规定。

(二)相关法律法规政策

1.《公司法》第16条。

2.《民法典》第153条、第388条、第504条、第508条、第522条。

3.《民法典》第504条、第506条(原《合同法》第50条、第53条)。

4.《最高人民法院关于适用〈中华人民共和国民法典〉有关担保制度的解释》第7条、第17条。

5.《九民纪要》第17条、第18条、第22条。

6.《深圳证券交易所股票上市规则》(2018年4月修订)10.1.2、10.1.3第5项。

(三)思考与实践问题

1.简述仲裁程序中反请求的条件。

2.简述公司对外担保制度是效力性规范还是管理性规范,还是兼而有之。

3.简述主合同有效担保合同无效及主合同无效担保合同无效时担保人承担的民事责任的区别。

4.简述公司关联担保与对外担保时公司和相对人的义务。

相关参考文献

马更新:《公司担保中决议形成程序与合同效力认定间牵连关系探析》,载《法学杂志》2020年第6期。

谢鸿飞:《〈民法典〉实质担保观的规则适用与冲突化解》,载《法学》2020年第9期。

吴越、宋雨:《公司担保合同中相对人审查义务的边界》,载《甘肃社会科学》2020年第4期。

赖虹宇、吴越:《关于关联担保越权合同效力的综合判断》,载《理论探索》第2019年第2期。

曾大鹏:《公司关联担保三大类型的效力解释》,载《法律科学(西北政法大学学报)》第2020年第6期。

案例三　北京某公司资产重组纠纷仲裁案

资产重组纠纷涉及的标的额较大,参与成员关系复杂,其中包括复杂的股权转让与资产转让等合同关系。本案在程序上涉及仲裁管辖权的确定及仲裁请求的变更;实体上涉及不安抗辩权的行使、合同解除的适用情形、股权对外转让的限制等问题。通过对本案的学习,掌握《中华人民共和国仲裁法》(以下简称《仲裁法》)、《民法典》中“合同编”和《公司法》的相关规定。

一、案例研判

(一)基本案情

2018年2月28日,申请人1(北京某公司)、申请人2(张某)、申请人3(某科技中心)与被申请人(刘某)签署了《增资及股权转让协议》(以下简称《2.28协议》),被申请人以500万元现金认购申请人1的新增注册资本。申请人1与被申请人及其控制的甲公司和乙公司在股权投资、业务和人员、资产整合重组等方面开展全面合作。申请人2将其持有的申请人1的150万元人民币的注册资本作价人民币150万元转让给被申请人;申请人2将其持有的申请人3的100万元人民币的合伙份额转让给被申请人。增资及股权转让后,被申请人直接持有申请人1出资额700万元,持股比例为12%;并通过申请人3间接持有申请人1的1.8%股权。在被申请人向申请人1增资后,申请人1同意购买被申请人控制的甲公司和乙公司的与靶材相关的生产设备及物料。

《2.28协议》经协议各方签订生效后,被申请人实际控制的甲公司将其拟出售的生产设备于2018年3月9日至11日搬迁入申请人1荆州工厂。同时,被申请人于2018年3月13日和3月20日分别向申请人1认缴增资款300万元人民币、200万元人民币。

2018年4月,在上述增资及股权转让事宜未办理变更登记,申请人1于2018年4月24日、2018年5月3日分两次返还被申请人已经认缴的增资款550万元人民币。

2018年5月28日,《2.28协议》的各方当事人重新签署了一份《股权转让及合作协议》(以下简称《5.28 协议》),取代《2.28 协议》。该协议约定申请人 2 将其所持有的申请人 1 的 13% 的股权以人民币 650 万元的价格转让给被申请人,被申请人不再按照《2.28协议》约定对申请人 1 增资及受让申请人 2 在申请人 3 的合伙份额。《2.28 协议》约定的业务、人员及资产整合重组,业绩承诺和业绩奖励,竞业限制等内容不变。

2018 年 7 月 6 日,申请人 1 的控股股东董事会决议通过了《5.28 协议》。为落实《5.28 协议》,申请人 1 于 2018 年 8 月 16 日与华某签署了设备采购合同,购买甲公司与靶材业务相关的设备并支付了设备款人民币 151 万元。汇款后,被申请人提出更改《5.28协议》约定的合作方案,但所有申请人均不同意更改合作方案,于是被申请人拒绝按照约定向申请人 2 支付股权转让款,致使合作陷入僵局。

2018 年 10 月 8 日,受申请人 1 委托,某律师事务所向被申请人发出律师函,要求被申请人履行《5.28 协议》,并支付股权转让款。

(二)焦点分析

本案涉及程序问题及实体问题。程序问题包括仲裁管辖权的确定及仲裁请求的变更。实体问题包括不安抗辩权的行使、合同的解除、资产重组过程中股权转让等问题。

1. 管辖问题

申请人与被申请人分别于 2018 年 2 月 28 日和 2018 年 5 月 28 日签订了《2.28 协议》以及《5.28 协议》,两份协议中约定双方产生争议无法通过协商解决时将提交某仲裁委员会。而双方于 2018 年 8 月 16 日签订的《采购合同》中约定双方争议无法通过协商解决时,依法向某人民法院起诉。

2019 年 4 月 29 日,被申请人向某仲裁委员会提出管辖权异议申请,请求确认某仲裁委员会对申请人与被申请人股权转让及合作协议争议案没有管辖权。

被申请人认为,2018 年 8 月 16 日甲公司与荆州公司签订的《采购合同》第 12 条约定"解决合同纠纷方式:协商调解不成的,依法向某人民法院起诉"。本案仲裁请求中,要求"被申请人返还购买机器设备款及预付货款 351 万元人民币及将 200 万元预付款汇至被申请人账户之日至仲裁裁决之日的同期银行贷款利息"的仲裁请求是《采购合同》项下内容。购买设备产生的争议应由人民法院管辖。

被申请人还认为,就购买生产设备产生争议的解决方式,《5.28 协议》约定由某仲裁委员会仲裁,但《采购合同》中约定向某人民法院起诉。根据《最高人民法院关于适用〈中华人民共和国仲裁法〉若干问题的解释》第 7 条规定:"当事人约定争议可以向仲裁机构申请仲裁也可以向人民法院起诉的,仲裁协议无效……"《5.28 协议》约定的仲裁条款无效,某仲裁委员会对本案无管辖权。

管辖权问题是本案争议焦点之一,是仲裁庭审理本案的前提。

《2.28 协议》和《5.28 协议》确定了当事人各方以资产整合、业务重组及合作为目的整体交易关系。协议中的股权转让及设备物料的购买是整体交易中的一部分。协议还涉及业绩承诺和业绩激励、员工安置、竞业限制等内容。《2.28 协议》第 2.1 款约定："增资完成后,申请人 1 同意购买被申请人控制的华某及中某两家公司与靶材相关的生产设备及物料……"2018 年 3 月 9 日和 3 月 11 日,甲公司将涉案机器设备交付并运至荆州公司。2018 年 3 月 16 日,荆州公司支付物料预付款 200 万元给甲公司。2018 年 8 月 16 日,甲公司与荆州公司签署了《采购合同》,2018 年 8 月 17 日,荆州公司向甲公司支付机器设备款 151 万元。

上述甲公司交付涉案机器设备及向荆州公司支付预付款的行为是在履行《2.28 协议》第 2.1 款中申请人 1 和被申请人的义务。甲公司是被申请人实际控制的公司(被申请人持 60% 的股权,其妻子吴某持 40% 的股权)。荆州公司是申请人 1 投资设立的全资子公司。2019 年 9 月 22 日荆州公司向仲裁庭提交证明称"……其与甲公司的交易都是代被申请人履行《2.28 协议》和《5.28 协议》内容,所有交易均是根据被申请人意思表示执行"。

2018 年 8 月 16 日,甲公司与荆州公司签署的《采购合同》是对此前已经履行的交付机器设备义务的事后确认。《采购合同》不是体现甲公司与荆州公司自身意志独立于《2.28 协议》和《5.28 协议》的单独法律行为,而是申请人 1 和被申请人为履行《2.28 协议》和《5.28 协议》内容而实施的具体环节和步骤。本案纠纷的解决方式应尊重申请人与被申请人签订的《2.28 协议》《5.28 协议》条款内容,条款的真实意思表示及协议履行情况进行综合判断。

本案亦不存在《最高人民法院关于适用〈中华人民共和国仲裁法〉若干问题的解释》第 7 条规定的"当事人约定争议可以向仲裁机构申请仲裁也可以向人民法院起诉的,仲裁协议无效"的情形。"或裁或审或无效"是针对一个合同中争议解决条款而言的,而《5.28 协议》与《采购合同》是两个协议,协议的标的不同、内容不同,故本案不具备适用该解释第 7 条的前提条件。

综上所述,本案是申请人与被申请人因履行《2.28 协议》及《5.28 协议》而产生的争议,并非因履行《采购合同》而产生的争议。对争议解决的方式应依据《5.28 协议》第 8 条第 2 款"若任何争议无法在争议发生后 15 天内通过协商解决,则任何一方有权将该争议提交某仲裁委员会仲裁"的约定来进行,故某仲裁委员会对本案有管辖权。

2. 申请人是否有权行使法定解除权

本案纠纷发生在《民法典》实施之前,应该适用原《合同法》有关法定解除权的规定,原《合同法》第 94 条规定,①合同的法定解除的情形为:(1)因不可抗力致使不能实现合同目的;(2)在履行期限届满之前,当事人一方明确表示或者以自己的行为表明不履行主要债务;(3)当事人一方迟延履行主要债务,经催告后在合理期限内仍未履行;(4)当事人一方迟延履行债务或者有其他违约行为致使不能实现合同目的;(5)法律规定的其他情形。

本案中,根据《5.28 协议》第 2.1 款和第 2.4 款的约定,双方履行协议义务的先后顺序为:(1)在《5.28 协议》签署后 15 日内被申请人应向申请人 2 支付股权转让款 650 万元。(2)在被申请人向申请人 2 实际支付股权转让款后 15 个工作日内完成第一申请人的工商登记备案事宜。(3)股权转让完成后,第一申请人购买被申请人控制的甲公司的与靶材相关的生产设备及物料。从前述约定可知,被申请人向申请人 2 支付股权转让款的义务是先履行义务,亦是协议的核心义务。被申请人拒不履行该义务,导致《5.28 协议》的目的无法实现。2018 年 10 月 8 日,申请人委托律师向被申请人发送了律师函,要求被申请人收到函件后 3 个工作日内履行支付股权转让款的义务,被申请人在收到律师函后至今仍未支付股权转让款,使《5.28 协议》约定的业务及资产整合的目的无法实现。

可见,被申请人拒绝履行付款义务,经过律师函催告后仍不履行,致使双方合作陷入僵局、合同目的落空,符合合同解除的法定情形,申请人有权行使法定解除权。

3. 被申请人行使不安抗辩权是否符合法定事由和程序

被申请人提出其至今不履行支付股权转让款和不给付物料的行为是在履行不安抗辩权。理由可归为三点:一是《5.28 协议》中申请人 2 出让的股权因未取得其他股东放弃优先购买权的承诺而存在瑕疵。二是根据审计报告和评估报告,标的股权的价值低于实际价值,标的股权被高估,故不支付股权转让款。三是认为机器设备的评估值被低估了,拟由申请人 1 向甲公司购买的物料,价格也被低估了。

上述被申请人提出的行使不安抗辩权的理由不符合《民法典》第 527 条的规定:应当先履行债务的当事人,有确切证据证明对方有下列情形之一的,可以中止履行:(1)经营状况严重恶化;(2)转移财产、抽逃资金,以逃避债务;(3)丧失商业信誉;(4)有丧失或者可能丧失履行债务能力的其他情形。被申请人没有确切证据能证明其有权行使不安抗辩权并中止履行协议约定的义务。

---

① 《民法典》第 563 条规定,有下列情形之一的,当事人可以解除合同:(1)因不可抗力致使不能实现合同目的;(2)在履行期限届满前,当事人一方明确表示或者以自己的行为表明不履行主要债务;(3)当事人一方迟延履行主要债务,经催告后在合理期限内仍未履行主要债务;(4)当事人一方迟延履行债务或有其他违约行为致使不能实现合同目的的;(5)法律规定的其他情形。

（1）“未取得其他股东放弃优先购买权的承诺”不是行使不安抗辩权的法定理由

《2.28协议》第2.6款约定：“各方同意在签署本协议及相关转让协议且在乙方（被申请人）实际支付增资款及股权转让款后，除各方另行约定外，应及时就本协议涉及的工商登记备案事宜（如注册资本实缴、股东变更、股权比例变更等）在十五日内办理完成。各方同意，工商登记备案完成之日系增资完成之日。”《5.28协议》第2.4款约定：“各方同意在签署本协议且在乙方（被申请人）实际支付股权转让款后，除各方另行约定外，应在乙方支付股权转让款之日起十五个工作日内办理完成本协议涉及的工商登记备案事宜（如注册资本实缴、股东变更、股权比例变更等）。”上述《2.28协议》和《5.28协议》条款并未明确约定被申请人应优先取得申请人1的其他股东放弃优先购买权的声明或承诺，况且在被申请人未支付股权转让款的情况下，工商变更登记不可能启动，此时没有取得其他股东放弃优先购买权的声明不会对被申请人利益有任何损害，申请人1未让公司股东作出放弃优先购买权的声明或承诺亦不违反合同约定和法律规定。

为消除被申请人的不安，2018年7月6日，申请人1的股东作出了股东会决议，同意申请人2将其持有的出资650万元转让给被申请人，所有股东均盖章确认。2018年7月9日，申请人1第七届董事会第四次会议决议通过了申请人1的公司股权转让及公司放弃股份优先受让权的议案，可见申请人1转让股权给被申请人不存在来自其他股东方面的障碍。

被申请人先履行支付股权转让款义务，然后在工商登记变更手续之前获取其他股东放弃优先购买权的声明才符合《5.28协议》的约定。在申请人1未到提供股东优先购买权声明的时间节点且申请人1转让股权给被申请人不存在来自其他股东方面的障碍的情况下，被申请人以“未取得其他股东放弃优先购买权的承诺”来行使不安抗辩权拒绝履行支付股权转让款义务的行为不符合协议约定和法律规定。

（2）被申请人以标的股权被高估为由行使不安抗辩权不成立

《2.28协议》签订后，申请人委托会计师事务所于2018年4月24日出具了审计报告，4月25日评估公司出具了资产评估报告，评估目的是为增资提供价值参考。故在此基础上，《2.28协议》确定的新增及股权转让款为550万元。《5.28协议》签订前，双方并未再行评估，650万元的股权转让款是双方协商议价的结果，该价格的确定与评估报告1558万元的债权未提减值损失没有必然联系。如被申请人认为650万元的股权转让款价值过高，其可以不签署协议，但《5.28协议》签署后其以股价被高估而反悔，被申请人的行为是不诚信的表现。

（3）“以机器设备和物料的价值被低估”为由行使不安抗辩权不能成立

《2.28协议》第2.1款第2项约定，“增资完成后，甲方（申请人1）同意购买乙方

(被申请人)控制的甲公司和投资公司与靶材相关的生产设备及物料,其中生产设备的价格根据评估机构的评估价值确定。物料的价格根据市场价值确定。评估的基准日期为2018年2月28日”。2018年3月12日,某资产评估公司出具了设备评估报告,评估价格为161万元;2018年8月16日,荆州公司与甲公司签署《采购合同》确认了机器设备价值为151万元。2018年8月17日,荆州公司向甲公司支付机器设备款151万元。可见,被申请人对机器设备的履行(包括价款)没有异议。

评估报告只是双方对机器设备交易定价的参考,双方经过反复协商最终确定成交价为151万元,在机器设备已经交付,机器设备价款已经支付的情况下,被申请人却以机器设备价值被低估来行使不安抗辩权,于法无据。

2018年荆州公司向甲公司支付的200万元购买物料的预付款,被申请人以申请人对物料报价过低为由既不交付物料,又不退还200万元预付款,本身就是一种违约行为,以此为由行使不安抗辩权于法无据。

根据《民法典》第528条“当事人依据前款规定中止履行的,应当及时通知对方。对方提供适当担保的,应当恢复履行。中止履行后,对方在合理期限内未恢复履行能力并且未提供适当担保的,视为以自己的行为表明不履行主要债务,中止履行的一方可以解除合同……”的规定,当事人行使不安抗辩权,中止履行合同,应当及时通知对方,并让对方提供适当担保。本案没有证据显示被申请人向申请人明确发出了行使不安抗辩权、中止履行合同并让申请人提供担保的通知。

综上所述,被申请人提出的履行不安抗辩权的事由不符合法律规定的情形和程序。

(三)案例评析

1. 不安抗辩权的行使

本案中被申请人提出不安抗辩权的理由包括三点,其一,未取得其他股东放弃优先购买权的承诺,存在股权取得不能之可能;其二,标的股权被高估;其三,本案涉及的《采购合同》中存在压低物料和生产设备的情况。上述三点理由均未涉及行使不安抗辩权的核心要件,即先履行方有确切证据证明后履行方于合同成立后丧失或者可能丧失履行能力。《民法典》第527条规定中止履行的四种情形为:(1)经营状况严重恶化;(2)以逃避债务为目的的转移财产、抽逃资金,以逃避债务;(3)丧失商业信誉;(4)有丧失或者可能丧失履行债务能力的其他情形。本案中,申请人不存在上述情况,被申请人的主张不成立,被申请人在不满足上述条件的情况下主张不安抗辩权应当承担相应的违约责任。

2. 规避资产重组中的风险

本案资产重组主要涉及股权转让及资产转让合同。股权转让涉及资产评估、股东会决议或董事会决议、放弃优先购买权、进行工商登记等程序,资产转让涉及资产评估,买卖合同的履行等程序，步骤烦琐，需谨慎操作，被申请人在签订合同时未仔细审查相应的评估文件，合同履行过程中又以评估文件与合同约定的数额不一致提出抗辩，导致双方资产重组失败。合同被解除后，被申请人如恢复原来的业务需承受较大的经济损失，且能否恢复原状仍存在较大的障碍。

3. 合同解除的后果

《民法典》第566条规定："合同解除后，尚未履行的，终止履行；已经履行的，根据履行情况和合同性质，当事人可以请求恢复原状或者采取其他补救措施，并有权请求赔偿损失。"本案申请人1要求解除各方于2018年5月28日签署的《5.28协议》并要求被申请人向其返还购买机器设备款及预付货款。但被申请人就其已经交付给申请人1的机器设备如何处理，被申请人并未在仲裁庭审理中提出反请求。仲裁庭只能在当事人请求的范围内作出裁决，不可超出当事人请求范围作出裁决。故合同被依法解除后，申请人1返还机器设备给被申请人及《5.28协议》解除后可能给被申请人带来的经济损失问题，被申请人可通过诉讼渠道解决。

二、法律实务操作

（一）重点难点问题

1. 仲裁程序中管辖权异议的认定

仲裁管辖权是指仲裁机构或仲裁庭依据法律的规定，在当事人约定的某种情况发生时，对某一特定的争议事项享有审理并作出裁决的权利。仲裁管辖权异议就是对仲裁机构或仲裁庭审理案件并作出裁决的权力提出抗辩，以否定仲裁机构或仲裁庭对相关争议具有的管辖权。

在商事争议中，管辖权问题是仲裁程序必须解决的首要问题，是否存在仲裁管辖权，对于仲裁庭和当事人都是十分关键的问题，它是仲裁程序进行的基石和条件。当仲裁管辖权存在问题的时候，则可能出现即便已经作出了仲裁裁决，也会被法院撤销或者拒绝执行的情况。

一方面，在提起仲裁申请之时，需要仔细审议合同中的仲裁条款是否有效，以免出现仲裁机构不予立案或给予立案但对方当事人提出管辖权异议而影响对纠纷的处理。另一方面，对被申请人来讲，当收到仲裁通知之时，如对仲裁管辖有疑虑，则需及时提出仲裁管辖权异议申请。提出管辖权异议的时间应当在首次开庭前以书面的形式提出。《仲裁法》第20条第2款规定"当事人对仲裁协议的效力有异议，应当在仲裁庭首次开庭前提出"，本案某仲裁机构的《仲裁规则》第10条第2款规定："管辖权异议应当在首次开庭前以书面形式提出；书面审理的，应当在首次答辩期限届满前或在收到书面审理通知之日起10日内以书面形式提出。当事人未依照上述规定提出管辖权异议的，视为承认仲裁机构对仲裁案件的管辖权。”

根据我国《仲裁法》及其司法解释中的相关规定，若存在如下几种情况之一，仲裁庭可能对相关争议不具有仲裁管辖权：(1)当事人之间不具有仲裁协议；(2)仲裁协议的达成并非双方的真实意思表示；(3)协议没有明确的仲裁事项；(4)争议事项超出了仲裁协议约定的范围；(5)约定的仲裁事项超出法律规定的仲裁范围的；(6)无民事行为能力人或者限制民事行为能力人订立的仲裁协议；(7)一方采取胁迫手段，迫使对方订立仲裁协议的；(8)仲裁机构约定不明的；(9)同时约定了仲裁和诉讼管辖的。也即，仲裁协议的适用，必须满足三个前提：(1)存在仲裁合意；(2)约定明确；(3)符合法定范围。不满足这三个前提的，仲裁协议的效力就可能存在瑕疵，即仲裁庭无管辖权，当事人可依法对仲裁管辖权提出异议。

另外，需注意的是，管辖权异议不管在法院还是在商事仲裁机构中都会涉及，两者在审议程序上存在不同，根据《中华人民共和国民事诉讼法》(以下简称《民事诉讼法》)第130条第1款“人民法院受理案件后，当事人对管辖权有异议的，应当在提交答辩状期间提出……”的规定，人民法院对管辖权异议的审查应当在实体审查之前，管辖权异议成立的，案件进行移送，不成立的则驳回。

仲裁案件，如当事人提出管辖权异议的，仲裁审理之前同样要先确定管辖权问题，当事人向仲裁机构提出管辖权异议的，此时如果仲裁庭没有组成，由仲裁机构作出决定，如果仲裁庭已经组成，那么由仲裁庭作出决定，仲裁庭作出决定后，将管辖权裁定书交给当事人后，才能排期开庭。

2. 变更仲裁请求

仲裁因其一裁终局的特性，在仲裁进程中，仲裁庭一般会充分保障当事人的程序性权利，集中体现在对举证期限、仲裁请求变更和仲裁申请撤回时限的掌握上，与诉讼程序相比明显宽松。仲裁庭这样做的目的有二：其一是充分尊重当事人的意思自治，其二是给足当事人程序权利以最大限度地实现实体正义的目的。

诚然，仲裁庭从宽掌握程序性权利的原则无可厚非，但在实践中亦不排除有些当事人混淆概念利用频繁提出和放弃仲裁请求的方式，以达到故意拖延仲裁进程的目的。在此情况下，如果仲裁庭不能正确认定是仲裁请求的放弃、变更，还是仲裁申请的撤回，那么就会导致无法正确地适用仲裁法和仲裁规则，对程序性问题作出正确的决定。轻则使仲裁程序过于拖延，更严重的会导致认定事实错误，最终使仲裁裁决有失公平正义。

仲裁庭要想正确地对当事人提出的对仲裁请求的增加、减少、放弃等事项的申请作出决定，就必须明确和区分两个法律概念，即“仲裁请求的变更”和“仲裁申请的撤回”。所谓仲裁请求的变更，是指申请人(或反请求人)在仲裁申请书(或反请求书)的请求事项(或反请求事项)中列明请求仲裁委以仲裁裁决书的形式裁决支持自己的主张事项之后,仲裁程序终结之前,对请求事项(或反请求事项)所作的任何增加、减少、放弃的情形。所谓仲裁申请的撤回,是指申请人(或反请求人)在仲裁委对系争案件正式立案之后,仲裁裁决书作出之前,申请人(或反请求人)对其仲裁申请(或反请求)全盘撤回,以达到仲裁(或反请求)案件终止(或归于消灭、撤销)的目的。

《仲裁法》第 27 条规定,"申请人可以放弃或者变更仲裁请求。被申请人可以承认或者反驳仲裁请求,有权提出反请求"。具体在实务过程中,应当明确受理案件的仲裁机构的仲裁规则,例如,本案仲裁机构的《仲裁规则》第 20 条规定,"当事人可以变更仲裁请求或者反请求,但应当自受理之日起十五日内以书面形式提出。逾期提出的,是否受理,仲裁庭组成前由本会决定,仲裁庭组成后由仲裁庭决定"。对金额可能存在计算错误需要变更仲裁请求,或者首次提出仲裁请求时争取的利益并非法律规定范围内最大的利益的情况,可通过变更仲裁请求给予当事人补救机会。

3. 不安抗辩权的概念和适用条件

不安抗辩权,是指双务合同中双方债务不同时履行,应先履行义务的一方有确切证据证明对方当事人有难以给付的可能时,在对方当事人没有恢复履行能力或者没有提供担保之前,可以拒绝后履行方给付请求,暂时中止履行合同的权利。我国现行的不安抗辩权制度规定于《民法典》第 527 条和第 528 条(原《合同法》第 68 条和第 69 条)。根据相关规定,不安抗辩权的行使需要满足以下 5 个条件:

(1)双方当事人因同一双务合同而互负债务

不安抗辩权为双务合同的效力表现,其成立须双方当事人因同一双务合同而互负债务,并且该两项债务存在对价关系。依据合同法原理,合同可分为单务合同和双务合同。不安抗辩权的行使则必须要求双方当事人处在同一双务合同关系中。《民法典》第 527 条虽然未明确双务合同的限制条件,但从该条文的字面含义上亦不难得出不安抗辩权只适用在双务合同中的结论。事实上,也只有在双务合同中,才存在"先履行一方"或者"后履行一方"的情形。不安抗辩权等一系列抗辩权制度的设立,也都是基于平衡双务合同中各方当事人权益的立法目的。以合同双方当事人以外的一方违约为由行使不安抗辩权,不符合合同相对性原则。

(2)后给付义务人的履行能力明显降低,有不能对待给付的现实危险

这一适用条件是不安抗辩权制度的核心难点所在,也是司法实践中争议最大的部分。根据《民法典》第 527 条的规定,触发不安抗辩权的基本条件是"后履行一方当事人有丧失或者可能丧失债务履行能力的情形"。后给付义务人履行能力降低的情况,《民法典》第 527 条详细列举了 4 种情形:(1)经营状况严重恶化;(2)转移财产、抽逃资金,以逃避债务;(3)丧失商业信誉;(4)有丧失或者可能丧失履行债务能力的其他

情形。

第一，经营状况严重恶化。对该适用条件的理解，应当重点集中在"经营状况"和"严重"这两个词上。所谓经营状况，按照通常的理解就是企业的产品或者服务在整体市场上的销售及运营的发展现状，包括该企业在一系列对外经济活动中的履约情况。严格地说，"经营状况"不是也没有成为一个专门的法律概念，对于这个词的理解，尽管存在一定的自由裁量空间，但实务中发生的情形是否属于经营状况"严重"恶化，即是否达到立法者在规定不安抗辩权制度时所强调的"严重"的程度难以认定，赋予了法官较多的自由裁量权。

第二，以逃避债务为目的的转移财产、抽逃资金。根据该条文的本意，后履行一方不仅实施了"转移财产、抽逃资金"的行为，并且上述行为的主观目的是"逃避债务"。如果说"转移财产、抽逃资金"尚可以较为明显的外在客观行为展现出来，那么如何将这一客观行为的主观目的归结为"逃避债务"，应当是理解这一情形的难点所在。

第三，丧失商业信誉。相比于前两种情形，"丧失商业信誉"是最为抽象的一条，所谓"商业信誉"是指商事主体在长期的经营活动中形成的，其交易相对方可以预见的能以持续交易的信赖关系。在实践中，如何界定丧失商业信誉是一大难点。况且，同一个商业主体可以同时是若干个合同中的一方主体，这就意味着，该主体即便在其他的合同关系中存在可以认定为"丧失商业信誉"的情形，但也未必一定可以成为诉争相对方主张的"丧失商业信誉"的情形。

第四，有丧失或者可能丧失履行债务能力的其他情形。如债务人的资产负债表，或者审计报告、资产评估报告等显示其全部资产不足以偿付全部负债的，人民法院应当认定债务人资产不足以清偿全部债务。根据《民法典》第 527 条第 1 款第 4 项条件的规定，只要后履行债务的一方当事人表现出丧失或者可能丧失债务履行能力的情形，先履行债务的当事人就可以行使不安抗辩权。《破产法司法解释（一）》第 4 条规定：债务人账面资产虽大于负债，但存在下列情形之一的，人民法院应当认定其明显缺乏清偿能力：(1)因资金严重不足或者财产不能变现等原因，无法清偿债务；(2)法定代表人下落不明且无其他人员负责管理财产，无法清偿债务；(3)经人民法院强制执行，无法清偿债务；(4)长期亏损且经营扭亏困难，无法清偿债务；(5)导致债务人丧失清偿能力的其他情形。《破产法司法解释（一）》的这一规定可以作为认定"有丧失或者可能丧失履行债务能力"的参考。

(3)有先后的履行顺序

不安抗辩权适用的合同应当是具有先后履行顺序的双务合同。也就是说，双方当事人在订立合同时，对各方的履行顺序有明确的约定，各方的履行不在同一时间节点上，必然是有先有后。如果是同时履行义务，那么不产生不安抗辩权。例如，对于双方投资人不存在谁先履行债务的中外合资合同,合同法对不安抗辩权的规定不能适用。

(4)享有不安抗辩权之人为先履行义务的当事人

不安抗辩权的权利主体为先履行义务一方当事人。在双务合同中,尤其是在异时履行合同中,基于各方当事人先后履行顺序不同,法律规定了不同的履行抗辩权,如先履行抗辩权、同时履行抗辩权以及不安抗辩权,这些抗辩权制度的创设尽管都旨在调整各方当事人的权利义务平衡,但在行使适用条件上仍存在明显的不同。相应地,就不安抗辩权来说,其旨在保护特殊情况下先履行义务一方当事人的利益。因此,不安抗辩权的权利主体应当限定为先履行方,即后履行一方无权基于不安抗辩权行使相关权利。而且,先履行一方的先履行义务须已届履行期。在合同义务已届履行期时,当事人应按照合同约定履行义务,但是因为后履行义务的一方有难以对待履行的危险,先履行义务一方为保护自己的利益,可以暂停自己的履行。

(5)后履行一方没有对待给付或未提供担保

不安事由的出现,必须使对方债权的实现受到威胁,才能发生不安抗辩权。在不安事由危及先履行义务一方债权的实现上,既可以是危及全部债权的实现,也可以是危及部分债权的实现。不安抗辩权是为保护先履行义务的一方在获得对待履行上的“不安”状况而设置的,如果后履行义务人已经完成对待给付或者已经附有担保,先履行义务人履行利益的实现已有相当的保障,那么不符合行使不安抗辩权的前提条件。

4. 合同解除的法定情形

合同解除是我国合同法上的一项十分重要而又极具特色的制度,也是司法实务中存在争议较多的一项制度。《民法典》第 563 条(原《合同法》第 94 条)规定了合同解除的法定情形:(1)因不可抗力致使不能实现合同目的;(2)在履行期限届满之前,当事人一方明确表示或者以自己的行为表明不履行主要债务;(3)当事人一方迟延履行主要债务,经催告后在合理期限内仍未履行;(4)当事人一方迟延履行债务或者有其他违约行为致使不能实现合同目的;(5)法律规定的其他情形。

第一,因不可抗力致使不能实现合同目的。何谓不可抗力,我国《民法典》第 180 条规定,因不可抗力不能履行民事义务的,不承担民事责任。法律另有规定的,依照其规定。不可抗力是不能预见、不能避免且不能克服的客观情况。

不能克服,指当事人在事件发生后,尽了最大的努力仍然不能克服事件造成的损害后果。客观情况,是指独立于当事人行为之外的客观情况。

不能预见、不能避免且不能克服是对不可抗力范围的原则性规定,至于哪些可作为影响合同履行的不可抗力事件,我国法律没有具体规定,各国法律规定不尽相同,一般说来,以下情况被认为属于不可抗力:(1)自然灾害。自然灾害包括台风、地震、洪水、冰雹等因自然界的力量引发的灾害。自然灾害的发生,常常使合同的履行成为不必要或者不可能,需要解除合同。例如,地震撞毁了购货一方的工厂,使其不再需要订购的货物,要求解除合同。(2)政府行为,如征收、征用。(3)社会异常事件,如罢工、骚乱等。

第二,预期违约解除合同是指在合同履行期限届满之前,当事人一方明确表示或者以自己的行为表明不履行主要债务的,对方当事人可以解除合同。预期违约分为明示违约和默示违约。所谓明示违约,指合同履行期到来之前,一方当事人明确肯定地向另一方当事人表示他将不履行合同。所谓默示违约,指合同履行期限到来前,一方当事人有确凿的证据证明另一方当事人在履行期限到来时,将不履行或者不能履行合同,而其又不愿提供必要的履行担保。预期违约降低了另一方享有的合同权利的价值,如果在一方当事人预期违约的情况下,仍然要求另一方当事人在履行期间届满后才能主张补救,将给另一方造成损失。允许受害人解除合同,受害人对于自己尚未履行的合同可以不必履行,有利于保护受害人的合法权益。

第三,当事人一方迟延履行主要债务,经催告后在合理期限内仍未履行的,对方当事人可以解除合同。迟延履行,是指债务人无正当理由,在合同约定的履行期间届满后仍未履行合同债务;或者对于未约定履行期限的合同,债务人在债权人提出履行的催告后仍未履行。债务人迟延履行债务是违反合同约定的行为,但并非就可以因此解除合同。只有符合以下条件,才可以解除合同:(1)迟延履行主要债务。所谓主要债务,应当依照合同的个案进行判断。一般说来,影响合同目的实现的债务应为主要债务。例如买卖合同,在履行期限内交付的标的物只占合同约定的很少一部分,不能满足债权人的要求,应认为迟延履行主要债务。有时迟延履行的部分在合同中所占物质比例不大,却至关重要,例如购买机械设备,债务人交付了所有的设备,但迟迟不交付合同约定的有关设备的安装使用技术资料,使债权人不能利用该设备,也应认为是迟延履行主要债务。(2)经催告后债务人仍然不履行债务,债务人迟延履行主要债务的,债权人应当定一合理期间催告债务人履行。该合理期间根据债务履行的难易程度和所需要时间的长短确定,超过该合理期间债务人仍不履行的,表明债务人没有履行合同的诚意,或者根本不可能再履行合同。在此情况下,如果仍要债权人等待履行,那么不仅对债权人不公平,也会给其造成更大的损失,因此债权人可以依法解除合同。

第四,当事人一方迟延履行债务或者有其他违约行为致使不能实现合同目的。合同目的是合同的典型交易目的,即给予所欲实现的法律效果。这种典型交易目的在每一类合同中都是相同的,不因当事人订立某一具体合同的动机不同而改变。所谓不完全履行致使合同目的不能实现,可被界定为不完全履行严重影响了当事人订立合同所期望的经济利益。

第五,法律规定的其他解除情形。除了上述 4 种法定解除情形,《民法典》还规定了其他解除合同的情形。例如,因行使不安抗辩权而中止履行合同,对方在合理期限内未恢复履行能力,也未提供适当担保的,中止履行的一方可以请求解除合同。

5. 有限责任公司的股权转让

股权转让是公司股东依法将自己的股东权益有偿转让给他人,使他人取得股权的民事法律行为。股权转让有两种方式:一是公司内部的股权转让,即股东将股权转让给现有股东;二是公司外部的股权转让,即公司将股权转让给股东以外的第三人。《公司法》第 71 条规定:“有限责任公司的股东之间可以相互转让其全部或者部分股权。股东向股东以外的人转让股权,应当经其他股东过半数同意。股东应就其股权转让事项书面通知其他股东征求同意,其他股东自接到书面通知之日起满三十日未答复的,视为同意转让。其他股东半数以上不同意转让的,不同意的股东应当购买该转让的股权;不购买的视为同意转让。经股东同意转让的股权,在同等条件下,其他股东有优先购买权。两个以上股东主张行使优先购买权的,协商确定各自的购买比例;协商不成的,按照转让时各自的出资比例行使优先购买权。公司章程对股权转让另有规定的,从其规定。”

股东向股东以外的人转让股权的,会有新的股东进入公司,这必将改变公司原有的人合性基础,因此股东向股东以外的人转让股权的,需要按法律规定的程序转让,否则违背法律规定程序的,很可能会导致股权转让协议无法履行。

第一,需要经其他股东过半数同意。这里所指的其他股东过半数同意是其他股东的人数过半数,并非表决权,股东向股东以外的人转让股权的,实行“股东多数决”并不是“资本多数决”,原因仍在于有限公司股东之间的人合性基础。

第二,其他股东就同意转让或不同意转让进行意思表示。股东应就其股权转让事项书面通知其他股东征求同意,其他股东自接到书面通知之日起满 30 日未答复的,视为同意转让。其他股东半数以上不同意转让的,不同意的股东应当购买该转让的股权;不购买的,视为同意转让。

第三,其他股东有优先购买权。无论是同意转让的股东,还是不同意转让的股东,在同等条件下均享有优先购买权,这种优先购买权仍是基于人合性的考虑。

综上所述,我国对外转让股权制度采取的是同意权加股东优先购买权的转让模式,有利于维护有限公司的人合性,保持公司权利配置的稳定,行使同意权应当慎重,同意股权对外转让则视为认可了公司组织与权利配置的变动。根据《公司法》的相关规定,转让股东行使通知义务是股东优先购买权行使中的一项重要程序,《最高人民法院关于适用〈中华人民共和国公司法〉若干问题的规定(四)》第 17 条对转让股东的通知义务作出了进一步的规定,最高人民法院对转让股东的通知义务所持的态度应当包含两次或两次以上的通知。第一次应是征求其他股东对于股权外转的意见,第二次通知的内容才应该包含股权转让的具体事项,并询问其他股东是否对转让股权行使优先购买权。

(二)相关法律法规政策

1.《仲裁法》第 20 条。

2.《最高人民法院关于适用〈中华人民共和国仲裁法〉若干问题的解释》第 7 条。

3.《民法典》"合同编"第 509 ~ 562 条(原《合同法》第 60 ~ 93 条)。

4.《公司法》第 71 ~ 73 条。

5.《最高人民法院关于适用〈中华人民共和国公司法〉若干问题的规定(四)》第 17 ~ 22 条。

(三)思考与实践问题

1. 在哪些情形下可认定仲裁机构对案件没有管辖权?

2. 概括有限责任公司在并购重组过程中为规避风险需重点关注的问题。

3. 简述有限责任公司对外转让股权的限制。

4. 简述不安抗辩权的适用情形。

案例四　某公司与股东股权转让纠纷仲裁案

合同解除是合同法中一项十分重要的制度，关乎交易安全与合同秩序。本案拟通过对合同纠纷案例焦点问题的分析和对合同解除所涉及的法律关系梳理，扩展读者对合同解除的法律风险防范内容的学习。

一、案例研判

（一）基本案情

2016年7月29日，持有甲公司100%股权的7名股东作为甲方与某公司作为乙方签订《增资转股合同》，约定某公司以生产线设备、承建的改扩建工程以及拥有的技术、市场资源和现金作价2200万元出资，7名股东以甲公司现有的全部净资产作价2000万元出资，成立新的甲公司。某公司与该7名股东分别持有新成立的甲公司51%与49%的股权。

《增资转股合同》约定，7名股东保证公司及矿山所有证照齐全有效，以便公司正常运行；某公司负责甲公司的全面经营管理，7名股东分管甲公司的矿山开采工作。

合同签订后，某公司已经按照约定完成投入，生产线工程于2018年3月竣工。但因甲公司采矿证照不齐全，被政府责令停工。其间，其中2名股东分别将甲公司50%与10%的股权转让给第三人，此后，7名股东未将甲公司51%的股权转给某公司。

某公司认为7名股东已构成根本违约，在报纸上刊载了向7名股东发出的《关于解除〈增资转股合同〉的通知函》。2019年4月，某公司向F市仲裁委员会提请仲裁，请求裁决7名股东按合同约定赔偿2倍投资款与支付律师费。

7名股东认为其不存在违约行为，认为某公司负责甲公司的全面经营管理，申领证照与矿山的开采工作是甲公司的经营管理行为，某公司在合同签订后即接手了甲公司的经营管理，并委托第三方进行矿山的开采工作，申领证照与矿山的开采不属于7名股东的合同义务。同时，7名股东申请对某公司主张的工程造价与投入进行鉴定与审计。

F市仲裁委员会对本案作出仲裁裁决，认定7名股东构成根本违约，裁决7名股东向某公司支付实际投资款及利息，同时根据《仲裁规则》，裁决7名股东支付合理的律师费等相关费用。

（二）焦点分析

1.7名股东是否存在违约行为，某公司能否解除合同

《增资转股合同》第十章“甲乙双方的责任”中约定甲方（7名股东）的责任是确保甲公司在合同签订前已经取得了经营所需的全部有效证照，以及在合同履行期间负责甲公司所需证照的办理。矿山获得所有有效证照是其能够合法、正常经营的基础。7名股东未能履行保证矿山证照齐全有效的义务，致使某公司订立合同的目的不能实现，构成根本违约。

《增资转股合同》对限制股权转让作出约定：“任何一名股东向股东以外的人转让股权，应当经全体股东同意，原转让股权的股东应就其股权转让事项书面通知其余全部股东，其余全部股东自接到书面通知之日起三十日届满未书面答复的，视为同意转让，不同意转让的股东应购买该转让的股权；不购买的，视为同意转让。”本案7名股东不得未经某公司全体股东同意而向第三人转让股权。甲公司的工商信息显示，两名股东分别于2017年7月10日与2017年7月20日将持有的甲公司股权转让给了第三人。7名股东未能举证证明上述股权转让行为经某公司全体股东事先同意，所以构成违约。

综上，7名股东未能按照《增资转股合同》的约定履行保证证照齐全有效的义务，且未经某公司同意将股权转让给第三人，构成根本违约。根据《民法典》第563条（原《合同法》第94条）的规定，某公司有权解除《增资转股合同》。

2.合同解除的时间如何确定

关于合同解除的时间。《民法典》第565条（原《合同法》第96条）第1款规定：“当事人一方依法主张解除合同的，应当通知对方。合同自通知到达对方时解除……”某公司称因7名股东拒不当面接收解除合同的通知函件，且拒不提供通信地址，导致某公司无法向7名股东当面送达或邮寄函件，故某公司以登报公告的方式通知7名股东解除合同，并主张其于2018年4月27日登报通知7名股东解除合同时，合同已解除。

7名股东辩称，其在收到本案仲裁文件时才知晓某公司要求解除合同，在登报公告之前，某公司多次与7名股东沟通联系，但未表示解除合同的意思。

仲裁庭认为，双方当事人提交的证据能够证明，在某公司登报通知7名股东解除合同之前，双方进行过多次沟通。故仲裁庭对某公司采取登报通知解除合同的方式不予认可。《增资转股合同》在本案仲裁申请书送达7名股东时解除。

《民法典》第565条（原《合同法》第96条）第1款规定：“当事人一方依法主张解除合同的，应当通知对方。合同自通知到达对方时解除……对方对解除合同有异议的，任何一方当事人均可以请求人民法院或者仲裁机构确认解除行为的效力。”由此可知，解

除权属于民事权利中的形成权，它不需征得对方的同意，仅凭单方的意思表示就可以发生预期的法律后果，只要能证明解除合同的通知已送达对方即可。如何确认对方收到了这种单方的意思表示就显得非常重要，因为这关系着合同权利义务是否已经终止以及于何时终止的问题。

通知的方式有很多种，包括口头通知、电话通知、电子邮件或电子信息通知、邮件寄送通知等，然而在现实生活中，有相当一部分当事人严重违约后，会选择失联逃避违约责任，这时享有合同解除权的守约方难以行使解除权，于是守约方选择通过登报公告的方式行使解除权。那么，在尚可联系违约方的情况下，守约方是否可以直接通过登报公告的方式行使解除权？《最高人民法院研究室对〈关于适用《中华人民共和国合同法》若干问题的解释（二）〉第24条理解与适用的请示的答复》：当事人根据原《合同法》第96条（《民法典》第565条）的规定通知对方要求解除合同的，必须具备原《合同法》第93条或者第94条（《民法典》第562条、第563条）规定的条件，才能发生解除合同的法律效力。该答复仅要求满足原《合同法》第93条或者第94条（《民法典》第562条、第563条）规定，才能发生解除合同的法律效力，并未对通知的方式作要求。

在广西梧州市隆盛装饰材料有限公司案（2017）桂04民终608号的判决书中，人民法院的观点是，提出解除合同的一方应当将解除合同的意思表示直接送达对方当事人，享有解除权的一方在未能提供相应的证据证实对方当事人存在采取变更联系方式、联系地址、拒听电话等方式故意躲避，致使其无法与之取得联系的情况下，直接通过在报刊刊登公告的方式解除合同的，因其解除合同的方式不符合法律规定，其在相关报刊上所刊登的公告不具有解除合同的法律效力。但也有人民法院认为，享有解除权的一方可直接通过登报解除合同。在（2016）鄂01民终5436号判决书中，法院的观点是，因合同赋予的单方合同解除权行使条件已成就，其后，享有解除权的一方登报解除合同系通过书面方式发出解除合同的通知，故公司解除行为有效，合同已于登报公告之日解除。

人民法院认定登报公告解除合同的效力会考虑解除合同的紧迫性，即是否已穷尽一切其他送达手段仍无法通知到对方，如果用其他方式能够通知到而未使用，直接采用登报方式解除合同，考虑到看报纸已不再是人们获取信息资讯的唯一来源，对方当事人通过报刊公告获知合同解除的可能性相比于其他通知方式是最小的，因此直接采用登报方式解除合同有不被认可的风险。此外，人民法院还会考虑所登报纸的受众范围能否当然涵盖对方当事人所在地区，在（2016）琼02民终541号判决书中，人民法院的观点是，享有解除权的一方虽在《海南日报》上刊登公告通知对方当事人办理交接手续，但是涉案合同载明对方当事人的通讯地址为上海市奉贤区，享有解除权的一方应在上海市或全国性报纸上登报公告解除合同，仅在《海南日报》上登报不能视为已经通知对方当事人。

因此，享有解除权的一方应先通过电话通知、电子邮件或电子信息通知、邮件寄送通知等方式通知对方当事人解除合同，上述方式无法送达对方当事人再考虑登报公告，且所刊登报刊的受众范围应当涵盖对方当事人所在地区。

（三）案例评析

本案中，仲裁庭区分了一般违约与根本违约，认为7名股东未能履行保证矿山证照齐全有效的义务属于根本违约，未经某公司同意向第三人转让股权属于一般违约。

《民法典》第562条规定："当事人协商一致，可以解除合同。当事人可以约定一方解除合同的事由。解除合同的事由发生时，解除权人可以解除合同。"第563条规定："有下列情形之一的，当事人可以解除合同：（一）因不可抗力致使不能实现合同目的；（二）在履行期限届满前，当事人一方明确表示或者以自己的行为表明不履行主要债务；（三）当事人一方迟延履行主要债务，经催告后在合理期限内仍未履行；（四）当事人一方迟延履行债务或者有其他违约行为致使不能实现合同目的；（五）法律规定的其他情形。以持续履行的债务为内容的不定期合同，当事人可以随时解除合同，但是应当在合理期限之前通知对方。"

根本违约，是指合同一方当事人实施违反合同的行为，致使该合同的目的不能实现。根本违约的构成要件是一般违约的构成要件，加上因违约行为导致的合同目的不能实现，其法律效果是当一方根本违约时，即使合同没有约定，另一方当事人也享有法定解除权，可以解除合同并要求对方承担违约责任。如果违约方仅构成一般违约，双方没有将该一般违约行为约定为解除合同的事由的，那么在合同尚能继续履行的情况下，守约方不得以此主张解除合同。

然而，有时即使当事人双方在合同中约定了合同解除的事由，但由于违约行为轻微，阻碍合同履行的程度较小，法院为鼓励合同交易，对当事人解除合同的请求不予支持。在（2018）粤0607民初93号判决书中，人民法院的观点是：鼓励交易是合同法法律价值取向的重要表现之一，合同法充当调整交易关系的法律规范其本质上是鼓励交易完成，降低交易成本，减少交易障碍，从而促使交易成功，提高经济效益。结合本案来说，被告已向原告缴交了接近股权转让款一半的金额，且已经办理了工商登记股东变更手续，从办理股东登记变更手续至原告起诉之日已经接近1年，不排除被告已经对相关公司进行投资管理，此时若以被告尚欠股权转让款为由解除双方合同，取消交易，有违公平原则，亦不符合合同法的价值取向。本案被告未按约定支付剩余的股权转让款，确属违约，虽然合同中约定，"如受让方违约，延迟付款超过30个工作日，原告有权解除合同，已收取的股权转让款不予退还"，但该违约行为并不应以合同解除、扣下股权转让首期款作为后果，故法院认为本案合同是否解除不应简单套用双方合同相关条款的约定，被告的违约行为尚不足以导致合同解除，故对原告解除与被告股权转让合同关系的诉讼请求,人民法院不予支持。

因7名股东根本违约而解除合同后,某公司根据《增资转股合同》约定的,“任一方违反合同,造成合同不能履行时,应按照4000万元的标准双倍赔偿另一方的损失”,主张7名股东应向某公司支付违约金4000万元。7名股东提出的损失赔偿的要求明显过高,应予以调整。那么,合同约定的违约金是否过高?《民法典》第585条第1款、第2款规定,当事人可以约定一方违约时应当根据违约情况向对方支付一定数额的违约金,也可以约定因违约产生的损失赔偿额的计算方法。约定的违约金低于造成的损失的,人民法院或者仲裁机构可以根据当事人的请求予以增加;约定的违约金过分高于造成的损失的,人民法院或者仲裁机构可以根据当事人的请求予以适当减少。《九民纪要》第50条规定,认定约定违约金是否过高,一般应当以原《合同法》第113条(《民法典》第583条)规定的损失为基础进行判断,这里的损失包括合同履行后可以获得的利益。除借款合同外的双务合同,作为对价的价款或者报酬给付之债,并非借款合同项下的还款义务,不能以受法律保护的民间借贷利率上限作为判断违约金是否过高的标准,而应当兼顾合同履行情况、当事人过错程度以及预期利益等因素综合确定。主张违约金过高的违约方应当对违约金是否过高承担举证责任。

仲裁庭认为,某公司按照合同约定主张的违约金过高。综合考虑《增资转股合同》的履行情况、双方当事人的过错程度以及某公司的预期利益,根据公平原则和诚实信用原则,仲裁庭酌情将违约金调整为某公司对甲公司的投资款自工程竣工验收之日起计算至被申请人实际支付之日止的利息,2019年8月19日之前的利息按照中国人民银行同期贷款基准利率上浮30%计算,2019年8月20日之后的利息按照同期全国银行间同业拆借中心公布的贷款市场报价利率上浮30%计算。

本案中,还涉及对鉴定机构作出的鉴定结果的认定问题。仲裁庭分别委托鉴定机构与审计机构对工程造价和项目资金进行鉴定与审计。

仲裁实务中,因仲裁员对法律领域外的知识了解有限,需要其他领域的专业人士帮助查明案件的事实,鉴定机构就是对于案件中专业性的问题进行鉴别和判断的专门机构,对案件事实的查明起到很重要的作用,《民事诉讼法》将鉴定意见规定为法定证据之一,但鉴定意见仅是证据之一,不是法律意见,不能作为裁判的直接依据,需要与其他证据共同形成证据链,2013年实施的《民事诉讼法》将“鉴定结论”改为“鉴定意见”,即体现了这一理论观点。

根据《最高人民法院关于民事诉讼证据的若干规定》第34条第1款的规定:“人民法院应当组织当事人对鉴定材料进行质证。未经质证的材料,不得作为鉴定的根据。”只有经仲裁当事人双方质证并经仲裁委认定或双方认可的证据,才能作为鉴定依据。对于单方委托的鉴定报告,另一方对此持有异议并申请重新鉴定的,法院、仲裁庭一般予以支持。

值得注意的是,当事人一方委托鉴定机构作出的鉴定报告,并非当然地、绝对地排除在证据范畴之外,如果另一方质疑单方委托作出的鉴定报告,申请重新鉴定后又不提供应当由其提供的必要鉴定材料的,那么可能使鉴定机构无法进行鉴定,即使能够鉴定也会因为作出的鉴定报告缺失鉴材,鉴定结论无法被采信。此时,仲裁庭可以单方委托的鉴定机构所作鉴定报告作为依据进行裁决。

在2013年承德德生房地产开发有限公司(以下简称德生公司)诉承德市腾飞特种设备安装有限公司(以下简称腾飞公司)建设工程施工合同纠纷案[①]的判决书中,最高人民法院的观点是,依据证据规则,当事人一方委托鉴定机构作出的鉴定报告,并非当然地、绝对地排除在证据范畴之外,关键还要看对方能否提供足以推翻该证据的其他证据。该案审理中,一审法院鉴于德生公司对腾飞公司单方委托的鉴定报告不予认可,根据德生公司的申请,委托承德北方会计师事务所进行司法鉴定,并根据鉴定部门的要求,向德生公司发出了限期提供施工合同、预算书及德生大厦B、C座楼内配套电力设施全部图纸的通知,然而,德生公司收到通知后无正当理由不予提供,致使作出的鉴定报告因项目有所缺失,鉴定结论无法采信。对此,鉴定机构也作出了书面说明。由此可见,德生公司一方面质疑腾飞公司委托作出的鉴定报告,另一方面申请鉴定后又不提供应当由其提供的必要鉴材,致使人民法院委托的鉴定报告依法不能作为证据被采信。在此情形下,二审法院依据民事证据规则,认定德生公司应当承担举证不能的不利后果,并没有加重其举证负担;二审判决以腾飞公司委托作出的鉴定结论2,440,898.86元作为案涉工程款的数额并无不妥。德生公司关于应当以司法鉴定结论为结算依据的申请理由不能成立,最高人民法院不予支持。

二、法律实务操作

(一)重点难点问题

1.合同解除的条件

(1)协议/约定解除

《民法典》第562条规定:当事人协商一致,可以解除合同。当事人可以约定一方解除合同的事由。解除合同的事由发生时,解除权人可以解除合同。其中第1款规定的是协议解除,第2款规定的是约定解除。协议解除是在合同成立并生效之后,合同的当事人在合同的履行过程中就合同解除重新协商并达成意思表示一致,无须也不能通过单方意思表示解除合同。其实就是合同当事人重新成立了一个合同,其主要内容为废

① 最高人民法院民事判决书,(2013)民申字第987号。

止原合同关系,使当事人各方基于原合同发生的债权债务归于消灭;约定解除一般是合同的当事人在合同中事先约定,如果合同履行过程中出现某些特定的情况,则当事人一方或者双方有解除合同的权利。

(2)法定解除

《民法典》第 563 条规定的是法定解除,根据“合同严守原则”,一旦当事人基于真实意思表示订立合同,则在合同当事人之间形成一个法律约束,罗马法称“法锁”;并且从鼓励交易、保护交易安全的角度出发,原则上,合同当事人均应当按照合同约定履行各自的义务,不能任意解除合同。只有在发生特别重大的事由——一般是导致合同当事人订立合同所期望实现的经济利益无法实现时,合同当事人才可以根据法律规定单方解除合同,这也是法定解除事由的立法基础。法定解除的条件有:①因不可抗力致使不能实现合同目的,须不可抗力并导致不能实现合同目的两个条件。②在履行期限届满之前,当事人一方明确表示或者以自己的行为表明不履行主要债务,即明示的预期违约和默示的预期违约。③当事人一方迟延履行主要债务,经催告后在合理期限内仍未履行,表明债务人根本就没有履行合同的诚意,或者根本就不可能履行合同。④当事人一方迟延履行债务或者有其他违约行为致使不能实现合同目的,即根本违约。⑤法律规定的其他情形,如当事人在行使不安抗辩权而中止履行的情况下,如果对方在合理期限内未恢复履行能力并且未提供适当的担保,则中止履行的一方可以解除合同。另外,《中华人民共和国消费者权益保护法》(以下简称《消费者权益保护法》)第 24 条规定的 7 天无理由退货,就是该法规定的法定的合同解除权。⑥以持续履行的债务为内容的不定期合同。

相比于原《合同法》,《民法典》多了一种法定解除的情形,即以持续履行的债务为内容的不定期合同,当事人享有任意解除权,可以随时解除合同。《民法典》中规定的不定期合同有不定期租赁合同、不定期合伙协议、不定期物业服务合同,未约定履行期限的合作开发协议。不定期合同指当事人没有约定期限或者约定期限不明确的合同,因在长时间的合同履行中,合同当事人之间的关系很可能会发生变化,签订合同时的信赖关系消失。为了使当事人摆脱合同的束缚,解除合同不需要对方当事人同意,也不需要达到“合同目的不能实现”的程度,当事人一方解除合同的,应当在合理期限内通知对方。

《民法典》中除了第 563 条规定了法定解除事由外,其他条文也规定了法定解除的事由。如在租赁合同中,承租人未按照约定的方法或者未根据租赁物的性质使用租赁物,致使租赁物受到损坏的,出租人可以解除合同并请求赔偿损失;[①]在承揽合同中,如

① 参见《民法典》第 711 条。

果承揽人将其承揽的主要工作交由第三人完成而未经定作人同意的,定作人也可以解除合同。① 在地役合同中,如果地役权人违反法律规定或者合同约定滥用地役权,那么供役地权利人有权解除地役权合同,地役权消灭。②

此外,在《中华人民共和国保险法》(以下简称《保险法》)、《中华人民共和国旅游法》以及《中华人民共和国海商法》等③法律法规中都有解除合同的规定。

(3)司法解除

司法解除,是约定/协议解除、法定解除之外的一种解除情形,这种终止合同的请求权,不是单纯的形成权,不能由请求权人一经行使即发生形成权的后果,而是须向人民法院或者仲裁机构提出请求,由人民法院或者仲裁机构裁决是否应当终止合同。

有两种情形当事人可以请求人民法院或仲裁机构裁决解除合同:

第一种是在合同成立后,订立合同的基础条件发生了当事人在订立合同时无法预见的、不属于商业风险的重大变化,仍然维持合同效力履行合同对于当事人一方明显不公平,受不利影响的当事人可以请求对方重新协商;在合理期限内协商不成的,当事人可以请求人民法院或者仲裁机构变更或者解除合同。④

在合同领域,对情势变更原则的适用条件是相当严格的,应当具备的条件是:①须有应变更或解除合同的情势,即订立合同时合同行为的基础条件发生了变动,在履行时成为一种新的情势,与当事人的主观意思无关。②变更的情势须发生在合同成立后至消灭前。③情势变更的发生不可归责于双方当事人,当事人对于情势变更的发生没有主观过错。④情势变更须为当事人无法预料且不能预料,而且不属于商业风险。⑤继续维持合同效力将会产生显失公平的结果。情势变更原则适用的法律效力是:①当事人重新协商,再协商达成协议的,按照协商达成的协议确定双方当事人的权利义务关系。②再协商达不成协议的,可以变更或解除合同并免除当事人责任。人民法院或者仲裁机构应当结合案件的实际情况,根据公平原则确定变更或者解除合同。情势变更原则发生两次效力。第一次效力是维持原法律关系,只变更某些内容。第一次效力多用于履行困难的情况,变更方式包括增减给付、延期或分期给付、变更给付标的或者拒绝先为给付。第一次效力不足以消除显失公平的结果时发生第二次效力,是采取消灭原法律关系的方法以实现公平,表现为终止合同、解除合同、免除责任或者拒绝履行。

第二种是在非金钱债务合同中,合同不能履行致使不能实现合同目的,有解除权的

---

① 参见《民法典》第772条。

② 参见《民法典》第384条。

③ 参见《中华人民共和国保险法》第15条、《中华人民共和国旅游法》第65条、《中华人民共和国海商法》第89条的规定。

④ 参见《民法典》第533条。

当事人不行使解除权,导致出现合同僵局,构成滥用权利,对对方显失公平的,可以请求人民法院或者仲裁机构变更或者解除合同。法律规定属于合同僵局的情形有:①法律上或者事实上不能履行;②债务的标的不适于强制履行或者履行费用过高;③债权人在合理期限内未请求履行。①

享有请求权的不仅是守约方,也包括违约方,通常应当是守约方提出终止合同的请求,如果守约方拒不请求终止合同,那么违约方也可以行使终止合同的请求权,请求终止合同。不论是守约方行使终止合同请求权,还是违约方行使终止合同请求权,合同终止的,都不影响违约责任的承担,违约方该承担的违约责任必须承担。

《九民纪要》第 48 条规定:违约方不享有单方解除合同的权利。但是,在一些长期性合同如房屋租赁合同履行过程中,双方形成合同僵局,一概不允许违约方通过起诉的方式解除合同,有时对双方都不利。在此前提下,符合下列条件,违约方起诉请求解除合同的,人民法院依法予以支持:①违约方不存在恶意违约的情形;②违约方继续履行合同,对其显失公平;③守约方拒绝解除合同,违反诚实信用原则。人民法院判决解除合同的,违约方本应当承担的违约责任不能因解除合同而减少或者免除。

2. 合同解除权的期限

为了督促解除权的及时行使,尽快结束双方权利义务不确定的状态,使合同关系尽快得到确定和稳定,保护交易安全,法律为解除权设立期间限制,规定当事人的合同解除权必须在合理期间内行使,否则合同解除权消灭。合同解除权行使期间的性质是除斥期间,不论是约定的解除权行使期限,还是法定的解除权行使期限,都是不变期间,不适用中止、中断和延长的规定。合同解除权的期间有两种:一种是法律规定,另一种是当事人约定。法律没有规定或者当事人没有约定解除权行使期限的,可以催告对方当事人,对方当事人在催告后合理期限内不行使的,解除权消灭。

在判断合同解除权是否已经消灭,主要从以下四种情形分析:第一,双方当事人对合同解除权约定了行使期限的,期限届满权利人不行使的,解除权消灭;第二,双方未约定解除权行使期限,经对方催告后权利人未在合理期限内行使解除权,解除权消灭;第三,双方未约定解除权行使期限,对方亦未催告的,权利人未在合理期限内主张解除权的,解除权消灭,该合理期限一般为 1 年;第四,当事人明知其已享有解除权可终止合同权利义务,但其并没有行使该权利,而是以明示或者实际行为表明其愿意继续履行合同的意图的,解除权消灭。

《民法典》第 199 条对法律规定或者当事人约定的撤销权、解除权等权利的存续期间作了规定。除法律另有规定外,撤销权、解除权自权利人知道或者应当知道权利产生

① 参见《民法典》第 580 条。

之日起计算,不适用有关诉讼时效中止、中断和延长的规定。《民法典》第 564 条将解除权行使的期限限定为 1 年。《保险法》第 16 条将保险人行使解除权的期限规定为 30 日。《最高人民法院关于审理商品房买卖合同纠纷案件适用法律若干问题的解释》(2020 年修正)第 11 条将解除权行使的合理期限限定为 3 个月。

3. 合同解除的时间

我国对解除权的生效时间主要采取的是到达主义。《民法典》第 565 条规定,当事人一方依法主张解除合同的,应当通知对方。合同自通知到达对方时解除;通知载明债务人在一定期限内不履行债务则合同自动解除,债务人在该期限内未履行债务的,合同自通知载明的期限届满时解除。对方对解除合同有异议的,任何一方当事人均可以请求人民法院或者仲裁机构确认解除行为的效力。当事人一方未通知对方,直接以提起诉讼或者申请仲裁的方式依法主张解除合同,人民法院或者仲裁机构确认该主张的,合同自起诉状副本或者仲裁申请书副本送达对方时解除。

因此,双方当事人就是否有合同解除权产生争议时,经法院审查认为一方当事人确有解除权的,有解除权一方的通知到达对方时解除权即产生效力,合同解除。在这种情况下,由于合同解除是已经存在的事实,法院可以在判决说理部分确认合同业已解除,如果判决主文中需要确认合同解除的,那么应当注意合同解除之日为通知送达之日。经审查认为一方当事人无解除权的,则通知到达对方时并不能产生合同解除的效力,合同应当继续履行。合同继续履行并不排除双方当事人可以在诉讼过程中就解除合同达成一致。

合同解除的时间可以分为以下三种情况:第一种情况是,在诉讼之前,双方当事人协商解除合同的,协商确定之日为合同解除之日;第二种情况是,一方当事人行使合同解除权,对方有异议提起诉讼,经法院审理后认为行使合同解除权并无不当的,解除合同通知送达之日为合同解除之日;第三种情况是,一方当事人行使合同解除权,对方有异议提起诉讼,经法院审理认为该当事人无合同解除权,但双方当事人在诉讼中均同意解除合同的,可以在判决或调解书中明确合意解除之日为合同解除之日。

4. 合同解除的后果

合同解除会有两方面的后果:一是合同的权利义务终止,合同各方当事人不再享有合同权利与承担合同义务;二是产生溯及力,非继续性合同解除后,当事人可以请求恢复原状或者采取其他补救措施,并有权请求赔偿损失,而继续性合同解除后一般无溯及力。

如合同因违约解除,解除权人可以请求违约方承担违约责任,我国的《民法典》"合同编"第八章就当事人应当承担的违约责任作了详细的规定。我国的违约原则是严格责任原则,即不论违约方主观上是否有过错,只要不履行合同义务或者履行合同义务不符合约定,就必须承担违约责任。赔偿损失是违约责任中应用最广泛的一种违约责任方式,违约损害赔偿责任方式有两种,即补偿性损害赔偿和惩罚性损害赔偿。一般的合同违约责任适用补偿性损害赔偿,不得适用惩罚性赔偿。惩罚性赔偿只有在商品欺诈和服务欺诈中才可以适用,不得随意扩大适用范围。违约责任承担的原则有完全赔偿原则、合理预见原则和减少损失原则。

(1)完全赔偿原则

根据《民法典》第584条"当事人一方不履行合同义务或者履行合同义务不符合约定,造成对方损失的,损失赔偿额应当相当于因违约所造成的损失,包括合同履行后可以获得的利益;但是,不得超过违约一方订立合同时预见到或者应当预见到的因违约可能造成的损失"的规定,违约方因自己的违约行为而给对方造成的全部损失,都应承担赔偿责任,从而使受损失的一方当事人恢复到合同订立前的状态或恢复到合同能够得到适当履行情况下的状态。损失赔偿的范围包括直接损失与间接损失,实际损失和可得利益的损失。可得利益是指合同履行后可以获得的利益,其必须具有一定的实现性与可预见性。

《民法典》实施前,损失赔偿不包括精神损害赔偿,《民法典》实施后明确规定了因当事人一方的违约行为,损害对方人格权并造成严重精神损害,受损害方选择请求其承担违约责任的,不影响受损害方请求精神损害赔偿。权利人因对方违约受到精神损害,要求对方赔偿精神损失的,需要同时满足以下条件:第一,由自然人提出精神损害赔偿,法人及其他组织不享有请求精神损害赔偿的权利;第二,合同具有人身权益的属性,违约行为使对方当事人的人身权益受到损害;第三,造成了较为严重的精神损害后果;第四,在侵权之诉或违约之诉中一并提起精神损害赔偿,不得在侵权之诉或违约之诉外另行提起精神损害赔偿。

(2)合理预见原则

合理预见原则指违约损害赔偿的最高限额不得超过违约一方订立合同时预见到或者应当预见到的因违约可能造成的损失。原《合同法》仅规定可得利益受可预见规则限制,未明确实际损失是否受可预见规则的限制,《民法典》第584条明确规定了实际损失与可得利益都受可预见规则限制,即使当事人因违约行为已造成对方实际损失,如果违反合同一方在订立合同时对该损失无法预见的,则不承担赔偿责任。可预见性的判断应以一般理性人为标准,如果一项损失是一般理性人在订立合同时能够预见到的,就视为违约方已经预见到或者应当预见到。如果违约方的实际预见能力低于一般理性人,违约方应举证证明守约方在订立合同时对此是明知的,否则应当以一般理性人的标准来进行判断;如果违约方的实际预见能力高于一般理性人,那么守约方应举证证明拥有高于一般理性人的预见能力,如违约方具有特殊的身份、从事特殊的职业、与合同利害相关人具有某种特殊的关系等，使违约方比一般理性人更了解合同中可能出现的风险与利益，否则应当以一般理性人的标准进行判断。

(3)减少损失原则

减少违约责任的承担有三种情形：第一种是减轻损害(《民法典》第591条)，即违约行为发生后，守约方对违约方造成的损害扩大有过错的，不得就扩大的损失请求赔偿；第二种是双方违约(《民法典》第592条第1款)，即合同双方当事人都有违约行为，并因此都给对方造成了损害，应各自承担相应的责任；第三种是《民法典》新增的过失相抵(《民法典》第592条第2款)，即受到损失的一方对违约行为造成的损失也有过错的，可以减少相应的损失赔偿额。

过失相抵与减轻损害的区别是二者适用的前提与产生时间不同：适用过失相抵的前提是受害人对损失本身的发生有过错，产生时间为损失之发生阶段；适用减轻损害的前提是守约方对违约方造成的损害的扩大有过错，产生时间为损失之扩大阶段。

过失相抵与双方违约的区别有二：一是违约方不同，二是过错与损害结果的因果关系不同。过失相抵中，只有一方违约，通常仅发生一个损害，该损害是由违约方的过错和对方的过错共同造成的，损失赔偿额按照受损害一方当事人对自己造成的损害发生的过错程度相应减少；双方违约中，双方都有违约行为，且分别给对方造成不同的损害，双方当事人按照各自的过错程度和违约行为的原因力，各自承担相应的后果。

5. 律师费、仲裁费等相关费用的承担主体

各地仲裁委员会仲裁规则对费用承担有相应规定。例如，《中国广州仲裁委员会仲裁规则》第74条对费用承担进行了如下规定：

(1)当事人最终向本会支付的仲裁费用以及应当承担的其他实际费用，仲裁庭应当在裁决书中予以确定。

(2)除非当事人另有约定，仲裁费用原则上由败诉方承担；当事人部分胜诉的，仲裁庭可以根据胜诉比例或者责任大小确定各方承担仲裁费用的比例。当事人自行和解或者经仲裁庭调解结案的，当事人可以协商确定各自承担的比例。

(3)仲裁庭有权根据当事人的请求在裁决书中裁定败诉方补偿胜诉方因办理案件支出的合理费用(包括律师服务费、保全费、公证费等)。

(4)胜诉方要求败诉方承担其办理案件的律师服务费的，仲裁庭应当考虑案件的裁决结果、复杂程度、代理律师的实际工作量以及案件的争议金额等有关因素予以裁定。双方当事人约定了具体金额且有律师代理的，从其约定，但最多不超过胜诉金额的15%；双方当事人没有约定的，对实际支出的律师服务费，支持的额度最多不超过胜诉金额的15%。

对于胜诉方提出的要求败诉方支付律师费、财产保全费、财产保全保险费、仲裁费、

鉴定费、审计费等合理费用的诉讼请求,仲裁庭予以支持;对于资产评估费、造价咨询费等非办理案件的必要支出,仲裁庭不予支持。

6. 仲裁规则

仲裁规则是指规范仲裁进行的具体程序及此程序中相应的仲裁法律关系的规则。仲裁规则不同于仲裁法,其可以由仲裁机构制定,有些内容还允许当事人自行约定。《仲裁法》第 15 条第 3 款规定,"中国仲裁协会依照本法和民事诉讼法的有关规定制定仲裁规则"。因此,虽然仲裁规则是任意性较强的行为规范,但是仲裁规则不得违反仲裁法中的强制性规定。

(二)相关法律法规政策

1.《九民纪要》第 50 条。

2.《最高人民法院关于民事诉讼证据的若干规定》第 34 条。

3.《民法典》第 562 条,第 563 条(原《合同法》第 94 条),第 565 条第 1 款(原《合同法》第 96 条第 1 款),第 583 条(原《合同法》第 113 条),第 585 条第 1 款、第 2 款(原《合同法》第 114 条)。

(三)思考与实践问题

1. 合同双方是否可以约定对法定的任意解除权进行限制?

2. 一方违约后,守约方继续履行合同或者接受对方履行的,是否还享有解除权?

相关参考文献

刘凯湘:《民法典合同解除制度评析与完善建议》,载《清华法学》2020 年第 14 期。

陆青:《论法定解除事由的规范体系——以一般规范与特别规范的关系为中心》,载《华东政法大学学报》2015 年第 1 期。

王利明:《合同编解除制度的完善》,载《法学杂志》2018 年第 3 期。

案例五　甲公司与乙公司保理合同融资成本预扣纠纷仲裁案

保理合同是当前司法诉讼和仲裁领域中较常见的民商事案件，本案拟通过对现实保理合同纠纷案例焦点问题的分析和对保理关系关键要素的梳理，准确把握保理合同与借款合同之间的本质差异，加强读者对金融工具创新的法律风险防范内容的学习。

一、案例研判

（一）基本案情

2021 年 1 月 1 日，甲公司出于资金周转需要，以其对大胜公司享有的 200 万元应收账款（到期日为 2021 年 3 月 1 日），向乙公司办理了有追索权的保理融资业务。双方签订了《保理融资合同》，约定融资金额为 200 万元，融资成本为 40 万元，融资款在扣除融资成本以后发放，融资期限为融资款发放后的 3 个月，融资成本为年利率 20%，在大胜公司不能如期向乙公司支付 200 万元应收账款时，甲公司应无条件承担回购责任，回购金额为乙公司发放的融资金额与约定的利息、融资服务费、违约金之和；因履行该合同发生的一切纠纷，应提交至 A 市仲裁委员会，按照其仲裁规则进行仲裁。

签约当日，双方至中国人民银行征信中心动产融资同意登记公示系统对应收账款转让业务进行了登记，乙公司在扣除 40 万元融资成本以后，向甲公司指定的银行账户发放了 160 万元融资款。

2021 年 3 月 1 日，乙公司以债权人的身份向大胜公司催收 200 万元账款，但大胜公司表示其不同意还款，乙公司遂将此情况向甲公司通报，要求甲公司按照《保理融资合同》的约定，承担回购责任。经协商，双方签订了《应收账款回购协议书》，约定由甲公司最迟不晚于 2021 年 4 月 1 日，完成应收账款回购。

经多次催促，甲公司仍未履行回购义务。2021 年 5 月 1 日，乙公司向 A 市仲裁委员会提请仲裁，请求裁决甲公司按照《保理融资合同》的约定，履行应收账款回购义务。

甲公司则辩称：涉案应收账款的基础合同是代理人超越代理权限签订且未得到公司追认的合同，属无效合同，《保理融资合同》是建立在无效合同基础之上的，亦应属无效，A市仲裁委员会对本案不享有仲裁管辖权；回购的金额应以乙公司实际发放的160万元为准。

2021年6月1日，A市仲裁委员会对本案作出仲裁裁决，乙公司向A市中级人民法院申请执行仲裁裁决。在执行过程中，甲公司发现仲裁裁决逾期利息部分的计算方法不明确导致无法计算出具体数额，甲公司向人民法院提出该问题。本案审理期间，仲裁庭某位成员接受了乙公司送出的价值数万元的礼品。

（二）焦点分析

1. A市仲裁委员会对本案是否享有管辖权

依据仲裁的性质和“约定必须遵守”这一古老的法律原则，在仲裁领域，大多数国家都接受仲裁条款的独立性理论。承认仲裁条款的独立性和可分离性亦是现代国际商事仲裁制度的一大趋势。我国《民法典》第507条规定，“合同不生效、无效、被撤销或者终止的，不影响合同中有关解决争议方法的条款的效力”。《仲裁法》第19条第1款规定：“仲裁协议独立存在，合同的变更、解除、终止或者无效，不影响仲裁协议的效力。”《最高人民法院关于适用〈中华人民共和国仲裁法〉若干问题的解释》第10条规定：“合同成立后未生效或者被撤销的，仲裁协议效力的认定适用仲裁法第十九条第一款的规定。当事人在订立合同时就争议达成仲裁协议的，合同未成立不影响仲裁协议的效力。”

可见，我国的立法及实践均接受仲裁条款独立性的理论和学说，即仲裁条款独立于主合同而存在，仲裁条款的效力应与主合同的效力分开单独判断。

主合同的效力问题，本质上属于实体审理问题；而管辖权的问题，本质上属于程序问题。具体到本案，即使主合同被认定为无效，由于双方约定的争议解决条款具有独立性，系其真实意思的表达，未违反法律和行政法规的强制性规定，其应为有效，即当事人不得以主合同的效力瑕疵来排斥仲裁机构的管辖权。

2. 本案中，回购的金额该如何确定

我国《民法典》第509条第1款规定，“当事人应当按照约定全面履行自己的义务”。

保理合同是应收账款债权人将现有的或者将有的应收账款转让给保理人，保理人提供资金融通、应收账款管理或者催收、应收账款债务人付款担保等服务的合同。保理合同主要涉及下列当事人：一是保理商，是开展保理业务的金融机构及商业保理公司；二是债权人，是基础合同中的债权人，其在保理合同中将基础合同中的应收账款转让给保理商，因此又是保理合同中的应收账款出让人；三是债务人，是基础合同项下的付款义务人。

保理商应债权人的申请，在债权人将应收账款转让给保理商后，为债权人提供资金融通,包括贷款和应收账款转让预付款的业务,即为保理融资。

根据保理商是否需要承担债务人的信用风险,保理业务分为有追索权保理和无追索权保理。有追索权保理,也称为回购型保理。所谓有追索权,即保理商对债权人拥有无条件要求其返还或回购已付融资款项的权利,其不需承担买方信用风险。此种保理业务多是卖方仅需要保理商提供融资及账款服务。无追索权保理,即买断型保理,是指保理商需要承担债务人付款风险的保理业务模式,即保理商在债务人出现清偿能力不足或破产等情形时(出现商业纠纷除外),要承担买方的信用风险,不得再向卖方追索。

本案件产生的前提是保理商与卖方签订的是有追索权的保理合同。我国《民法典》第766条规定:"当事人约定有追索权保理的,保理人可以向应收账款债权人主张返还保理融资款本息或者回购应收账款债权,也可以向应收账款债务人主张应收账款债权。保理人向应收账款债务人主张应收账款债权,在扣除保理融资款本息和相关费用后有剩余的,剩余部分应当返还给应收账款债权人。"本案双方签订的《保理融资合同》约定,"融资金额为200万元,融资成本为40万元,融资款在扣除融资成本以后发放,融资期限为融资款发放后3个月,融资成本为年利率20%,在大胜公司不能如期向乙公司支付200万元应收账款时,甲公司应无条件承担回购责任,回购金额为乙公司发放的融资金额与约定的利息、融资服务费、违约金之和",即双方通过合同对融资成本、融资成本扣除、融资款发放、回购款金额有明确的规定及履行顺序的安排。

本案的《保理融资合同》建立在甲公司对大胜公司享有应收账款的基础上,甲公司以应收账款的基础合同是代理人超越代理权限签订且未得到公司追认应属无效,保理合同亦无效的抗辩理由没有得到仲裁庭的支持。基于双方当事人在《保理融资合同》中已对回购的金额进行了明确约定,且该约定不违反法律、行政法规的强制性规定,当事人应按照合同约定,严格履行相应的合同义务,即甲公司应承担回购义务。但回购的金额应为发放的本金(160万元)与约定的利息、融资服务费、违约金之和。

保理合同属于《民法典》下的有名合同,人民法院和仲裁机构在审理保理合同纠纷案件时,应依照《民法典》的有关规定进行办理。而根据保理合同的性质以及《民法典》第467条第1款"本法或者其他法律没有明文规定的合同,适用本编通则的规定,并可以参照适用本编或者其他法律最相类似合同的规定"的规定,本案申请人实际发放的融资金额是160万元,存在"预扣利息"问题,"预扣利息"问题宜参照《民法典》中关于借款合同的相关规定进行适用。《民法典》第670条明确规定了借款利息不得在本金中扣除。故本案甲公司的回购金额不是200万元,而是本金(160万元)、利息、融资服务费、违约金之和。

3. 若甲公司对裁决的公正性有异议,应该如何维护自身合法权益

甲公司应向法院申请撤销仲裁裁决或向法院申请不予执行仲裁裁决。《仲裁法》

第 58 条规定:“当事人提出证据证明裁决有下列情形之一的,可以向仲裁委员会所在地的中级人民法院申请撤销裁决:(1)没有仲裁协议的;(2)裁决的事项不属于仲裁协议的范围或者仲裁委员会无权仲裁的;(3)仲裁庭的组成或者仲裁的程序违反法定程序的;(4)裁决所根据的证据是伪造的;(5)对方当事人隐瞒了足以影响公正裁决的证据的;(6)仲裁员在仲裁该案时有索贿受贿,徇私舞弊,枉法裁决行为的。”

人民法院经组成合议庭审查核实裁决有前款规定情形之一的,应当裁定撤销。

我国《仲裁法》第 63 条规定,“被申请人提出证据证明裁决有民事诉讼法第 213 条第 2 款规定的情形之一的,经人民法院组成合议庭审查核实,裁定不予执行”。

我国《民事诉讼法》第 248 条第 2 款规定,被申请人提出证据证明仲裁裁决有下列情形之一的,经人民法院组成合议庭审查核实,裁定不予执行:(1)当事人在合同中没有订有仲裁条款或者事后没有达成书面仲裁协议的;(2)裁决的事项不属于仲裁协议的范围或者仲裁机构无权仲裁的;(3)仲裁庭的组成或者仲裁的程序违反法定程序的;(4)裁决所根据的证据是伪造的;(5)对方当事人向仲裁机构隐瞒了足以影响公正裁决的证据的;(6)仲裁员在仲裁该案时有贪污受贿,徇私舞弊,枉法裁决行为的。

人民法院认定执行该裁决违背社会公共利益的,裁定不予执行。

具体到本案,甲公司在仲裁裁决生效后,发现仲裁庭成员在审理该案期间非法收受贿赂,可向仲裁委员会所在地的中级人民法院申请撤销仲裁裁决或申请不予执行仲裁裁决。

(三)案例评析

本案中甲公司以“涉案应收账款的基础合同是代理人超越代理权限签订且未得到公司追认的合同,属无效合同,《保理融资合同》是建立在无效合同基础之上的,亦应属无效”作为抗辩理由,那么基础合同无效是否必然导致保理业务合同无效?

在中铁新疆公司诉工行钢城支行、诚通公司合同纠纷二审案①中:诚通公司(供方)与中铁新疆公司(需方)签订《买卖合同》,约定由诚通公司向中铁新疆公司供货。后诚通公司、中铁新疆公司、工行钢城支行在《应收账款保理业务确认书》上加盖印章,诚通公司、中铁新疆公司还在该《应收账款保理业务确认书》上加盖了法定代表人的私章。诚通公司将《买卖合同》项下应收账款转让给工行钢城支行续作保理业务……后诚通公司未及时付款而成诉,工行钢城支行要求中铁新疆公司支付应收账款,同时诚通公司对上述应收账款承担回购责任。中铁新疆公司以基础合同《买卖合同》虚假为由进行抗辩。最高人民法院认为:关于中铁新疆公司所主张的基础合同无效事由能否对抗债权受让人工行钢城支行的问题,其认为,保理融资业务是一种以应收账款债权的转让为

① 参见最高人民法院民事判决书,(2014)民二终字第 271 号。

核心的综合性金融服务业务,商业银行开展保理融资业务,固然应当以真实、合法、有效的应收账款转让为前提,但应收账款债权得以产生的货物销售、服务提供等基础合同系存在于债权人和债务人之间的,保理银行并非基础合同的当事人,故基础合同无效并不当然导致保理业务合同无效。根据民法基本原理,双方当事人通谋所为的虚伪意思表示,在当事人之间发生绝对无效的法律后果。但在虚伪表示的当事人与第三人之间,则应视该第三人是否知道或应当知道该虚伪意思表示而发生不同的法律后果:当第三人知道其与当事人之间的虚伪意思表示时,虚伪表示的无效可以对抗该第三人;当第三人不知道其与当事人之间的虚伪意思表示时,该虚伪意思表示的无效不得对抗善意第三人。据此,在基础合同因债权人和债务人双方通谋实施的虚伪意思表示而无效的情况下,保理业务合同并不当然因此而无效。在本案中,在债务人中铁新疆公司以应收账款不真实为由向债权受让人工行钢城支行提出抗辩时,保理业务合同是否有效取决于工行钢城支行在签订保理业务合同时是否有理由相信应收账款债权真实、合法、有效,即其对债务人中铁新疆公司所主张的债权不真实瑕疵是否知道或应当知道。

关于执行阶段"仲裁裁决逾期利息部分的计算方法不明确导致无法计算出具体数额"的司法处理方式,2018 年 3 月 1 日起施行的《最高人民法院关于人民法院办理仲裁裁决执行案件若干问题的规定》(以下简称《仲裁裁决执行规定》)第 3 条进一步明确了仲裁裁决或者仲裁调解书执行内容无法执行的情形。

根据《仲裁裁决执行规定》第 3 条的规定,仲裁裁决或者仲裁调解书执行内容具有下列情形之一导致无法执行的,人民法院可以裁定驳回执行申请;导致部分无法执行的,可以裁定驳回该部分的执行申请;导致部分无法执行且该部分与其他部分不可分的,可以裁定驳回执行申请。(1)权利义务主体不明确;(2)金钱给付具体数额不明确或者计算方法不明确导致无法计算出具体数额;(3)交付的特定物不明确或者无法确定;(4)行为履行的标准、对象、范围不明确。仲裁裁决或者仲裁调解书仅确定继续履行合同,但对继续履行的权利义务,以及履行的方式、期限等具体内容不明确,导致无法执行的,依照前款规定处理。这 4 种情形与《北京市法院执行局局长座谈会(第八次会议)纪要——关于仲裁裁决执行与不予执行申请审查若干问题的意见》(以下简称《北京高院仲裁执行意见》)第 7 条规定的可以裁定驳回执行申请的情形是一致的。只不过《北京高院仲裁执行意见》多了一种情形,即裁决没有给付内容的情形。

实践中,仲裁裁决内容不明确而无法执行的情况时有发生。以仲裁裁决继续履行的案例为例,个别仲裁庭裁决案件存在"简单粗暴"的情况,即只是裁决"继续履行",并不考虑如何实际继续履行,造成的后果就是当事人取得所谓胜诉的仲裁裁决后,往往"执行无门"。仲裁庭裁决继续履行,但是继续履行并不取决于被执行人,而取决于第三人(如合同的审批机关),如第三人不作为(审批机关不予审批或者审批机关认为已经不具备批准条件)，可能意味着当事人花费了大量的时间等待裁决，仲裁庭却未实质解决争议。

除此之外，仲裁裁决还可能出现文字、计算错误和内容遗漏的情况。《仲裁法》第48条规定了仲裁庭可就仲裁中计算错误等问题进行补正或更正。《仲裁裁决执行规定》第4条也进一步明确了在执行程序中如何处理该问题，即对仲裁裁决主文或者仲裁调解书中的文字、计算错误以及仲裁庭已经认定但在裁决主文中遗漏的事项，可以补正或说明的，人民法院应当书面告知仲裁庭补正或说明，或者向仲裁机构调阅仲裁案卷查明。仲裁庭不补正也不说明，且人民法院调阅仲裁案卷后执行内容仍然不明确具体无法执行的，可以裁定驳回执行申请。结合本案，对仲裁裁决逾期利息部分的计算方法不明确导致无法计算出具体数额问题，一是仲裁庭可对逾期利息部分的计算方法进行补正，二是由人民法院向仲裁机构调阅仲裁案卷查明。如仲裁庭不补正也不说明，人民法院调阅仲裁案卷后执行内容仍然不明确无法执行的，人民法院可以裁定驳回该部分的执行申请。

二、法律实务操作

(一)重点难点问题

1. 争议解决条款的独立性

《民法典》第507条规定:“合同不生效、无效、被撤销或者终止的，不影响合同中有关解决争议方法的条款的效力。”

《仲裁法》第19条第1款规定:“仲裁协议独立存在，合同的变更、解除、终止或者无效，不影响仲裁协议的效力。”

仲裁庭有权确认合同的效力。在诉讼程序和仲裁程序中，合同无效并不影响合同约定的管辖条款的效力，即当事人不得以合同存在效力瑕疵，作为对抗人民法院和仲裁机构管辖案件的理由。

2. 争议解决条款独立的理论依据

(1)主合同和争议解决条款的法律性质不同

主合同是为实现当事人之间商事交易的权利义务，是实体法上的契约;争议解决条款是为将来可能发生的争议以约定的方式来解决，是程序法上的契约，具有备用条款的性质，不一定会被启动。

(2)争议解决条款的独立性有利于保护当事人的正当期待

①当事人在合同中设置争议解决条款的目的在于为争议的解决制定具有可预见性和可控制性的方法，从尊重当事人意志的角度出发，当事人对于解决争议的正当期待应得到尊重和保护。

②争议解决条款独立性有助于体现效率和公平的价值。

③争议解决条款独立于主合同,能使争议解决机构尽快地依照当事人约定的途径处理争议,从而减少时间和金钱上的耗费,缩短管辖权纠缠和法律选择的过程。

3. 保理合同的内涵

保理融资是保理商应债权人的申请,在债权人将应收账款转让给保理商后,为债权人提供资金融通,包括贷款、销售分户账管理、应收账款催收、资信调查与评估、信用风险控制及坏账担保等服务。

(1)保理合同涉及的主体

保理商:开展保理业务的金融机构及商业保理公司。

债权人:基础合同中的债权人,其在保理合同中将基础合同中的应收账款转让给保理商,因此又是保理合同中的应收账款出让人。

债务人:基础合同项下的付款义务人。

(2)保理合同涉及的概念

基础合同:应收账款债权人与债务人签订的有关销售货物、提供服务或出租资产等的交易合同。

保理合同:债权人与保理商之间签订的,约定由应收账款债权人将现有的或者将有的应收账款转让给保理人,保理人提供资金融通、应收账款管理或者催收、应收账款债务人付款担保等服务的合同。

4. 保理法律关系的构成要件

构成保理法律关系,应当同时具备以下几个基本条件:(1)保理商必须是依照国家规定、经过有关主管部门批准可以开展保理业务的金融机构和商业保理公司;(2)保理法律关系应当以债权转让为前提;(3)保理商与债权人应当签订书面的保理合同;(4)保理商应当提供下列服务中的至少一项服务,融资、销售分户账管理、应收账款催收、资信调查与评估、信用风险控制及坏账担保等。

5. 保理法律关系与借款法律关系的区别

保理法律关系不同于一般借款法律关系:(1)保理法律关系中,一般存在两个合同、三方当事人;而借款法律关系中,一般存在双方当事人。(2)保理法律关系中,保理融资款的第一还款来源是债务人支付的应收账款,而非债权人直接归还保理融资款。(3)保理商接受债务人依基础合同支付的应收账款,在扣除保理融资本息及相关费用后,应将余额返还债权人。

6. 保理合同的融资成本预扣问题

保理合同的融资成本是指保理费用,即应收账款转让人为办理保理业务而向保理商支付的费用和报酬,一般由保理服务费和保理预付款利息两部分组成。其中保理服务费是指保理商为办理保理业务而向应收账款转让人收取的费用,一般包括保理手续费、单据处理费等。保理预付款利息是指应收账款转让人因使用保理预付款而向保理商支付的报酬,分正常期利息、宽限期利息和逾期利息。其计算公式为:保理预付款利息 = 保理预付款 × 利率 × 占用时间。

保理合同属于《民法典》中的有名合同,人民法院和仲裁机构在审理保理合同纠纷案件时,应依照《民法典》的有关规定进行办理。而根据保理合同的性质以及《民法典》第 467 条第 1 款"本法或者其他法律没有明文规定的合同,适用本编通则的规定,并可以参照适用本编或者其他法律最相类似合同的规定"的规定,"预扣利息"问题宜参照《民法典》中关于借款合同的相关规定进行适用。

我国《民法典》第 670 条明确规定了借款利息不得在本金中扣除。但在《民法典》实施前,人民法院和仲裁机构往往出于尊重当事人订立保理合同时的真实意思自治,即只要双方关于预扣融资成本的合同约定是出于真实意思表示,则该约定一般认定为有效,当事人双方应当按照约定履行各自的义务。①

当前,《民法典》并未对保理合同中预扣融资成本的行为进行合法性评价,而在《民法典》借款合同专章中,第 670 条则明确规定了"借款的利息不得预先在本金中扣除。利息预先在本金中扣除的,应当按照实际借款数额返还借款并计算利息"。在保理合同纠纷案件的审理中,能否参考适用前述规定?倘若适用,则随着保理本金的减少,势必影响保理合同相关服务费率的调整。

值得注意的是,根据《最高人民法院关于进一步加强金融审判工作的若干意见》的政策精神可知,其实质上已经对当事人以预扣租金、保证金等方式变相抬高实体经济融资成本进行了否定评价。而保理行业长期作为违法高利转贷的高发行业,禁止预先扣除利息、严禁高利放贷和高利转贷以及商业保理监管政策日趋严格,部分法院也更加倾向于对在保理融资款中预扣利息的做法持否定态度。

因此,在现行法律未有进一步明确规定之前,保理合同履行过程中预扣融资成本的行为,在诉讼和仲裁程序中仍存有一定的败诉风险。

当然,如果保理商与债权人签订的合同名为保理合同,经审查不符合保理合同的构成要件,实为其他法律关系的,应按照实际法律关系处理(如借款关系)。例如,东莞市创丰贸易有限公司、麦某青、麦某威、梁某彬诉深圳前海富海融通保理有限公司合同纠纷二审案②即是名为保理,实为借贷。债权人与保理商签署保理合同并申请融资,双方

① 参见新疆维吾尔自治区乌鲁木齐市中级人民法院民事判决书,2015 乌中民二初字第 112 号。广东省深圳市中级人民法院民事判决书,(2016)粤 03 民终 11619 号。

② 参见广东省深圳市中级人民法院民事判决书,(2015)深中法商终字第 2992 号。

未向债务人履行通知义务,后融资逾期保理商诉至法院。债权人辩称:双方不存在实质的保理关系,保理公司以商业保理的形式掩盖了从事高利贷款业务的事实,保理合同无效,作为从合同的担保合同亦无效,担保人无须承担担保责任。理由:一是未将应收账款转让通知债务人,也未将债务人支付的应收账款作为第一还款来源;相反,还款义务人为融资客户。二是融资期限(6 个月)届满日早于应收账款(1 年)到期日。三是债权人出具"借据"。法院认为:本案保理合同的内容及履行过程符合借款合同的特征,不具有保理合同的典型特征,应认定为"名为保理,实为借贷",《商业保理合同》作为事实上的借款合同应属有效,债权人应偿还本金并按中国人民银行同期同类贷款利率的 4 倍支付利息。保理法律纠纷当中的保理业务即便被认定为"名为保理,实为借贷",但并不意味着保理公司的权利无法得到法院支持。根据《最高人民法院关于审理民间借贷案件适用法律若干问题的规定》的司法解释,当前司法部门已经普遍肯定了法人间借贷行为的效力,保理公司的权利可以在借贷法律关系下进行保护。虽然应收账款债务人在这种情况下基本不承担还款义务,但是保理申请人仍需向保理公司承担保理融资本金及利息的返还义务。

7. 仲裁裁决的执行

(1)仲裁裁决执行的意义

仲裁裁决书自作出之日起发生法律效力,当事人应当履行仲裁裁决;仲裁调解书与仲裁裁决书具有同等的法律效力,调解书经双方当事人签收,即应自觉予以履行。在通常情况下,当事人协商一致将纠纷提交仲裁,都会自觉履行仲裁裁决。但实际上,由于种种原因,当事人不自动履行仲裁裁决的情况并不少见,在这种情况下,另一方当事人即可请求法院强制执行仲裁裁决。《仲裁法》第 62 条规定:"当事人应当履行裁决。一方当事人不履行的,另一方当事人可以依照民事诉讼法的有关规定向人民法院申请执行。受申请的人民法院应当执行。"

执行仲裁裁决是法院对仲裁制度予以支持的最重要的表现,具有重要意义。首先,执行仲裁裁决是使当事人的权利得以实现的有效保证。仲裁裁决的作出只是为权利人提供实现其权利的可能性,因为仲裁裁决被赋予法律上的强制力,可以迫使义务人履行自己的义务。但是,仲裁裁决只有真正得到执行后,权利人才能由此实现自己的权利。其次,执行仲裁裁决是仲裁制度得以存在和发展的最终保证。在义务人不主动履行仲裁裁决时,如果法律不赋予仲裁裁决强制执行的效力,仲裁裁决书无疑只是一纸空文。只有规定执行程序,才能体现仲裁裁决的权威性,从而在保证实现当事人权利的同时,也保证仲裁制度的顺利发展。

(2)执行仲裁裁决的条件

仲裁裁决的执行,必须符合下列条件。

①必须有当事人的申请。

一方当事人不履行仲裁裁决时,另一方当事人(权利人)须向人民法院提出执行申请,人民法院才可能启动执行程序。是否向人民法院申请执行,是当事人的权利,人民法院没有主动采取执行措施对仲裁裁决予以执行的职权。如果是国内仲裁裁决,一方当事人不履行仲裁裁决的,那么另一方当事人可以向被执行人住所地或者被执行的财产所在地的人民法院申请执行。

《仲裁裁决执行规定》第 2 条第 1 款、第 2 款规定:"当事人对仲裁机构作出的仲裁裁决或者仲裁调解书申请执行的,由被执行人住所地或者被执行的财产所在地的中级人民法院管辖。符合下列条件的,经上级人民法院批准,中级人民法院可以参照民事诉讼法第三十八条的规定指定基层人民法院管辖:(一)执行标的额符合基层人民法院一审民商事案件级别管辖受理范围;(二)被执行人住所地或者被执行的财产所在地在被指定的基层人民法院辖区内。"

如果是涉外仲裁裁决,根据《民事诉讼法》第 290 条的规定,"……一方当事人不履行仲裁裁决的,对方当事人可以向被申请人住所地或者财产所在地的中级人民法院申请执行"。

如果是国外仲裁机构的裁决,那么根据《民事诉讼法》第 304 条的规定,"在中华人民共和国领域外作出的发生法律效力的仲裁裁决,需要人民法院承认和执行的,当事人可以直接向被执行人住所地或者其财产所在地的中级人民法院申请。被执行人住所地或者其财产不在中华人民共和国领域内的,当事人可以向申请人住所地或者与裁决的纠纷有适当联系的地点的中级人民法院申请。人民法院应当依照中华人民共和国缔结或者参加的国际条约,或者按照互惠原则办理"。

②必须向人民法院递交申请执行书(可书面可口头)和据以执行的法律文书。

申请执行书应写明:申请执行的事项和理由,被申请执行人拒不履行义务的事实和依据,需要执行的标的物的名称、数量及所在地,被申请执行人的经济状况和可供执行的财产状况。另外,申请执行人还应当提交据以执行的仲裁裁决书以及人民法院认为必须提交的其他材料。

③当事人必须在法定期限内提出申请。

仲裁当事人在提出执行申请时,应遵守法定期限,及时行使自己的权利,超过了法定期限再提出申请执行时人民法院不予受理。关于申请执行的期限,我国《仲裁法》规定,当事人可以依照《民事诉讼法》的有关规定办理。《民事诉讼法》第 250 条规定,"申请执行的期间为二年。申请执行时效的中止、中断,适用法律有关诉讼时效中止、中断的规定。前款规定的期间,从法律文书规定履行期间的最后一日起计算;法律文书规定分期履行的,从最后一期履行期限届满之日起计算;法律文书未规定履行期间的,从法律文书生效之日起计算”之规定,即仲裁当事人提出执行申请的期限为 2 年,此期间从法律文书规定的履行期间的最后一日起计算;法律文书规定分期履行的,从规定的每次履行期间的最后一日起计算;法律文书未规定履行期间的,从法律文书生效之日起计算。

④当事人必须向有管辖权的人民法院提出申请。

当事人申请执行仲裁裁决必须向有管辖权的人民法院提出。如何确定人民法院的管辖权,根据《仲裁法》的规定,应适用民事诉讼法的有关规定。

《民事诉讼法》规定由人民法院执行的其他法律文书,由被执行人住所地或者被执行人财产所在地人民法院执行,即当事人应向被执行人住所地或者被执行人财产所在地的人民法院申请执行仲裁裁决。

8. 执行仲裁裁决的程序

(1)申请执行

义务方当事人在规定的期限内不履行仲裁裁决时,权利方当事人在符合前述条件的情况下,有权请求人民法院强制执行。当事人申请执行时应当向人民法院递交申请书,在申请书中应说明对方当事人的基本情况以及申请执行的事项和理由,并向法院提交作为执行依据的生效的仲裁裁决书或仲裁调解书。

(2)法院执行

对依法设立的仲裁机构作出的裁决,一方当事人不履行的,对方当事人可以向有管辖权的人民法院申请执行。受申请的人民法院应当执行。申请执行的期间为 2 年。申请执行时效的中止、中断,适用法律有关诉讼时效中止、中断的规定。人民法院自收到申请执行书之日起超过 6 个月未执行的,申请执行人可以向上一级人民法院申请执行。

①执行员接到申请执行书或者移交执行书,应当向被执行人发出执行通知,并可以立即采取强制执行措施。

②被执行人未按执行通知履行法律文书确定的义务,人民法院有权向有关单位查询被执行人的存款、债券、股票、基金份额等财产情况。人民法院有权根据不同情形扣押、冻结、划拨、变价被执行人的财产。人民法院查询、扣押、冻结、划拨、变价的财产不得超出被执行人应当履行义务的范围。

③财产被查封、扣押后,执行员应当责令被执行人在指定期间内履行法律文书确定的义务。被执行人未按仲裁裁决书或调解书指定的期间履行给付金钱义务的,应当加倍支付迟延履行期间的债务利息;未按规定期间履行其他义务的,应当支付迟延履行金。人民法院采取有关强制措施后,被执行人仍不能偿还债务的,应当继续履行义务,即申请人发现被执行人有其他财产的,可以随时请求人民法院予以执行。

④被执行人不履行法律文书确定的义务的,人民法院可以对其采取或者通知有关

单位协助采取限制出境，在征信系统记录、通过媒体公布不履行义务信息以及法律规定的其他措施。被执行人未按执行通知履行法律文书确定的义务，应当报告当前以及收到执行通知之日前1年的财产情况。被执行人拒绝报告或者虚假报告的，人民法院可以根据情节轻重对被执行人或者其法定代理人、有关单位的主要负责人或者直接责任人员予以罚款、拘留。

⑤在执行中，双方当事人自行和解达成协议的，执行员应当将协议内容记入笔录，由双方当事人签名或者盖章。申请执行人因受欺诈、胁迫与被执行人达成和解协议，或者当事人不履行和解协议的，人民法院可以根据当事人的申请，恢复对原生效法律文书的执行。在执行中，被执行人向人民法院提供担保，并经申请执行人同意的，人民法院可以决定暂缓执行及暂缓执行的期限。被执行人逾期仍不履行的，人民法院有权执行被执行人的担保财产或者担保人的财产。

9. 不予执行仲裁裁决和撤销仲裁裁决的区别

不予执行仲裁裁决和撤销仲裁裁决都是人民法院对仲裁行使司法监督权的体现，是在符合法律规定的特定情形下对仲裁裁决的否定。但两者也有不同之处，其具体体现在以下几个方面。

（1）提出请求的当事人不同

有权提出撤销仲裁裁决申请的当事人可以是仲裁案件中的任何一方当事人，不论其是仲裁裁决确定的权利人还是义务人；而《仲裁裁决执行规定》实施前有权提出不予执行仲裁裁决的仅是被申请执行仲裁裁决的一方当事人。虚假诉讼和虚假仲裁一直是实现司法公正的一大障碍。对于虚假诉讼，近年来司法机关愈发严厉地对其进行打击。《民事诉讼法》第59条第3款赋予了案外人针对损害其权益的错误判决提起撤销之诉的权利；第234条允许案外人在强制执行阶段提起执行标的异议之诉；《最高人民法院关于适用〈中华人民共和国民事诉讼法〉审判监督程序若干问题的解释》第5条还明确规定，案外人针对生效判决、裁定、调解书有权申请再审。2016年《最高人民法院关于防范和制裁虚假诉讼的指导意见》将虚假诉讼的类型、特点进行专门说明与系统整理，明确要求各级人民法院从各个层面严厉制裁虚假诉讼。但是就仲裁而言，在《仲裁裁决执行规定》发布前，基于原有的法律规定，案外人对虚假仲裁往往束手无策，陷入救济困难。仲裁的首要原则是当事人自治原则，即仲裁程序的启动依赖于当事人之间明确的仲裁协议或条款。仲裁审理过程不公开，仲裁裁决保密，因此案外人在一般情况下对仲裁内容和结果不得而知。与此同时，仲裁实行一裁终局制，对于裁决结果有错误的，根据《仲裁法》第58条及《民事诉讼法》第248条的规定，仅仲裁双方当事人有权申请撤销仲裁裁决或不予执行的司法审查。当事人自治、保密、一裁终局、司法审查对第三人的封闭，这些特点最终导致近年来虚假仲裁的泛滥，尤其是在司法机关严打严防虚假诉讼的情况下,虚假仲裁更成为当事人加以利用谋取不合法权益的主要手段。《仲裁裁决执行规定》第 9 条、第 18 条分别规定了案外人申请不予执行仲裁裁决的程序条件和实体审查的标准。最高人民法院对现有法律框架内可以申请不予执行的主体进行了扩张性解释,允许案外人在有证据证明仲裁案件当事人恶意仲裁或者虚假仲裁损害其合法权益的情况下,向人民法院申请不予执行仲裁裁决或者仲裁调解书。故有权提出不予执行仲裁裁决的,可以是被申请执行仲裁裁决的一方当事人,也可以是利益受到损害的案外人。

(2)提出请求的期限不同

当事人请求撤销仲裁裁决的,应当自收到仲裁裁决书之日起 6 个月内向人民法院提出。被执行人向人民法院申请不予执行仲裁裁决的,应当在执行通知书送达之日起 15 日内提出书面申请;有《民事诉讼法》第 248 条第 2 款第 4 项、第 6 项规定情形且执行程序尚未终结的,应当自知道或者应当知道有关事实或案件之日起 15 日内提出书面申请。案外人向人民法院申请不予执行仲裁裁决或者仲裁调解书的,应当自知道或者应当知道人民法院对该标的采取执行措施之日起 30 内提出。

(3)管辖法院不同

根据《仲裁法》第 58 条规定,当事人申请撤销仲裁裁决,应当向仲裁委员会所在地的中级人民法院提出。而被执行人或案外人提出不予执行仲裁裁决的只能向申请执行人所提出执行申请的法院提出。对于被执行人、案外人对仲裁裁决执行案件申请不予执行的,该申请的审查属于对仲裁裁决的司法监督范畴,为统一对仲裁裁决司法监督的审查尺度,《仲裁裁决执行规定》明确规定,对不予执行申请的审查仍由负责执行的中级人民法院负责。即使执行案件已指定基层人民法院管辖的,应当于收到不予执行申请后 3 日内移送原执行法院另行立案审查处理。这充分体现了人民法院对仲裁裁决不予执行的审慎态度。

(4)法律程序不同

在撤销仲裁裁决的程序中,法院认为可以由仲裁庭重新仲裁的,应通知仲裁庭在一定期限内重新仲裁;而对于被执行人或案外人提出不予执行仲裁裁决的,法院不可要求仲裁庭重新仲裁,而是应当组成合议庭围绕被执行人申请的事由、案外人的申请进行审查。对不予执行仲裁裁决案件的审查,人民法院应当在立案之日起 2 个月内审查完毕并作出裁定;有特殊情况需要延长的,经本院院长批准,可以延长 1 个月。人民法院裁定撤销仲裁裁决或者基于被执行人申请裁定不予执行仲裁裁决,原被执行人申请执行回转或者解除强制执行措施的,人民法院应当支持。人民法院基于案外人申请裁定不予执行仲裁裁决或者仲裁调解书后,案外人亦可向人民法院提出申请执行回转或者解除强制执行措施。

（二）相关法律法规政策

1.《仲裁裁决执行规定》第 2 条、第 3 条、第 22 条、第 23 条、第 24 条。

2.《民法典》第 761 ~ 769 条。

（三）思考与实践问题

1. 争议解决条款中约定类似“履行本合同产生的纠纷，应提交 × × 仲裁委员会进行仲裁，仲裁不成的，由人民法院管辖”表述的条款，是否有效？

2. 简述反向保理与正向保理的区别。

3. 简述仲裁裁决不予执行的情形。

相关参考文献

包晓丽：《保理项下应收账款转让纠纷的裁判分歧与应然路径》，载《当代法学》2020 年第 3 期。

黄和新：《保理合同：混合合同的首个立法样本》，载《清华法学》2020 年第 3 期。

李宇：《保理合同立法论》，载《法学》2019 年第 12 期。

林文学：《〈民法典〉合同编新规定及其适用》，载《法律适用》2020 年第 19 期。

牛鹏、黄雄义：《中国仲裁裁决撤销与不予执行制度的回顾、现状与展望——兼评最高人民法院关于仲裁最新司法解释的相关规定》，载《武汉仲裁》2018 年第 1 期。

案例六　某商业银行信托纠纷仲裁案

商业银行信托纠纷案通常涉及差额补足协议的法律效力及法律性质的认定。《九民纪要》出台以前,司法实务对于此种差额补足协议的合法性及法律性质均存在多种观点。本案即涉及结构化信托中优先级与劣后级受益人间差额补足协议的效力和履行问题。正确理解刚性兑付、场外配资和借贷关系的构成要件,厘清结构化信托中优先级与劣后级受益人的权利义务关系,把握差额补足协议性质认定的要点是本案的重点。

一、案例研判

(一)基本案情

申请人与某信托公司签署了信托文件。该信托文件包括《信托合同》《信托计划说明书》《信托计划认购风险申明书》等与信托计划相关的文件。《信托计划认购风险申明书》载明“……信托计划不承诺保本或最低收益……”《信托合同》主要约定:信托计划是指受托人设立的“信托计划”,申请人为委托人 A(亦为信托计划受益人),信托资金为 1.2 亿元,受托人为某信托公司,投资顾问为某资本管理有限公司,保管银行为中国工商银行股份有限公司广东省分行营业部;信托期限预计为 24 个月,自信托计划成立之日起计算;信托计划合格投资者不少于 2 人;信托财产运用方向为投资二级市场流通股票;投资顾问提供投资建议,该建议由受托人进行审核,在没有异议的情况下进行投资操作;受托人开设信托计划专用证券账户进行证券投资操作;受托人指定专职的信托经理负责逐日盯市,进行风险监控;信托计划向受益人 A 采取现金转换的方式进行信托利益转换,受益人 A 每次获得的信托利益转换金额 = 受益人 A 持有的初始信托单位份额 ×1 元 ×6.1% × 核算期间天数 ÷ 360;向受益人 B 采取份额转化的方式进行信托利益转换,受益人 B 每次获得的信托利益转换份额 = 受益人 B 持有的初始信托单位份额 ×1 元 ×6.1% × 核算期间天数 ÷ 360 ÷ 该信托利益核算日当日的信托单位净值;信托计划的预警值 = 初始信托单位总份额 ×1 元 ×88%,本信托计划的止损值 = 初始信托单位总份额 ×1 元 ×83%;信托计划存续期内任何一个交易日(T 日)收盘后的信托财产禁止等于或低于信托计划设置的止损值,受托人将以录音电话、短信、电子邮件、传真或其他通信工具等方式中的任意一种通知追加资金义务人追加增强信托资金,追加资金义务人需在T+1日13:00之前足额追加增强信托资金使T日信托财产净值在预警值以上;如果追加资金义务人未在规定时间内足额追加增强信托资金,则在T+1日13:00开盘后受托人有权对信托计划持有的证券资产按市价委托方式进行变现,直至信托计划资产全部变现为止;当信托财产净值小于等于止损值且信托计划项下财产全部变现,受托人有权宣布信托计划提前终止;追加资金义务人为全体委托人。《信托计划说明书》载明信托计划的基本信息、风险揭示与风险承担等内容。

申请人与被申请人签订《差额付款合同》,"鉴于"条款载明申请人作为信托计划优先级委托人,被申请人作为信托计划优先级委托人本金及预期收益的差额义务补足人,承诺在该信托计划任一收益分配日,对申请人本金及收益的实现承担无条件差额补足义务;第2条"差额付款承诺"载明,被申请人不可撤销的承诺,如申请人在信托计划终止且完成清算时(包括提前终止)获取的财产及收益不足以覆盖其初始委托资产本金、按照信托合同约定的年预期收益率(6.1%)计算的收益及各项费用,则被申请人应向申请人履行差额付款补足义务,被申请人应于接到申请人付款通知之日起1个工作日内以现金方式向申请人补足差额部分。

2017年4月,申请人通过银行转账方式向信托计划专用银行账户支付1亿元;2017年4月14日和15日,被申请人通过银行转账方式分两次向信托计划专用银行账户支付共计5000万元,认购信托计划B级份额。

2017年4月15日,某信托公司宣告信托计划成立,信托计划初始募集金额为1.6亿元,2个初始委托人,其中A类委托人1人,委托金额为1亿元,B类委托人1人,委托金额为6000万元;信托计划有24个月的存续期限。

2017年4月20日至2018年3月20日,信托计划向申请人6次分配信托利益。

2018年4月6日,某信托公司公布《信托计划终止分配公告》,声明该信托计划于2018年4月6日提前终止;可分配申请人信托利益8000万元;应向被申请人分配信托利益0元。

至此,从2017年3月15日信托计划成立至2018年6月6日信托计划提前终止,信托计划实际存续天数为448天。

2018年4月6日,申请人向被申请人寄送《合顺36号付款通知》,载明信托计划已终止并完成清算,申请人获得的财产及收益不足以覆盖初始委托资本本金及年预期收益率(6.1%),故要求被申请人在收到该通知后1个工作日内以现金方式向申请人补足1300万元。同时,申请人工作人员王某向被申请人发送短信,短信内容与上述付款通知相同。

2017 年 12 月 19 日(T 日),信托计划财产净值低于信托计划止损值,按照《信托合同》的约定,同为追加资金义务人的申请人与被申请人应在 2017 年 12 月 20 日(T+1 日)13:00 之前追加增强信托资金。但是,申请人与被申请人并未这样做,导致某信托公司对信托计划持有的证券资产进行平仓变现。根据《信托合同》的约定,当信托财产净值小于等于止损值且信托财产全部变现,受托人有权宣布信托计划提前终止。2018 年 4 月 6 日,某信托公司发布《终止分配公告》,载明信托计划于当日提前终止;2018 年 4 月 8 日,某信托公司再次发出《说明函》,重申信托计划于 2018 年 4 月 6 日提前终止。

(二)焦点分析

本案争议的焦点是《差额付款合同》的性质问题。被申请人认为《差额付款合同》是隐性担保合同、场外配资合同、借贷合同、赠与合同。以下结合《信托合同》《差额付款合同》的内容及相关法律法规和司法解释对《差额付款合同》的性质进行分析。

1.《差额付款合同》是否为刚性兑付的隐性担保

被申请人认为,《差额付款合同》第 2 条表明,信托财产清算后,作为优先级委托人的申请人如果不能从信托公司获得本金和固定投资收益,劣后级委托人就要保证优先级委托人获得全部信托投资本金及按年化 6.1% 计算的固定收益,不足部分由被申请人补足。这种约定突破了信托投资风险自担的原则,由信托公司和劣后级委托人向优先级委托人承担变相保本保收益的担保安排。

资管产品的本质是"受人之托,代人理财",刚性兑付条款与这种理念相背离,盲目地抬高无风险收益率水平,扰乱金融市场的基本秩序。面对诱人的收益率和低风险,大量投资者进行冒险投机行为,容易引发一系列的风险问题。刚性兑付使风险停留在金融体系内部,让本应该由消费者承担的投资损失风险转嫁给金融机构承担。金融机构作为市场的重要主体,应当避免这种现象的发生。因此,《九民纪要》第 92 条对刚性兑付条款的效力作出回应,明确规定刚性兑付条款无效。实践中,刚性兑付条款一般不会在合同当中明确约定,大多数情况下当事人会采取更隐蔽的"抽屉协议"或者其他方式约定,但无论以哪种方式,该协议均确认无效。《中国人民银行、中国银行保险监督管理委员会、中国证券监督管理委员会、国家外汇管理局关于规范金融机构资产管理业务的指导意见》(以下简称《资管新规》)中规定作出刚性兑付的主体是资产管理产品的发行人、管理人及其委托人,而《九民纪要》中规定信托公司、商业银行等金融机构作为资产管理产品的受托人与受益人订立的含有刚兑条款的合同,这一改变也意味着由受托人作出的保底承诺才构成刚性兑付条款。

本案中,信托计划虽然明确约定了预期年化收益率,但并没有承诺保证优先级受益人本金不会受损或者必须能达到预期收益,信托合同中只是约定了不同受益人的类型以及分配顺序。优先级、劣后级受益权是为不同风险偏好的投资人提供不同的投资工具,属于行业惯例,亦为司法实践所支持、合法有效。《信托计划认购风险申明书》也载明信托计划不承诺保本或最低收益。故从合同条款来看,并不能证明信托公司对优先级受益人作出了保底承诺。《差额付款合同》中约定被申请人作为信托计划优先级委托人本金及预期收益的差额义务补足人,承诺在该信托计划任一收益分配日,对申请人本金及收益的实现承担无条件差额补足义务,这是第三方承诺的保本保收益条款,不属于刚性兑付的情形。

2.《差额付款合同》是否具有场外配资性质

被申请人认为,本案的实质是申请人将资金拆借给信托公司,并以信托计划的名义将资金用于股市,并由信托公司或劣后级受益人进行保本保息,属于利用信托通道进行的场外配资。司法实践普遍认为,"场外股票融资"合同属于原《合同法》第52条(《民法典》无此条)规定的情形,侵犯社会公共利益,应认定为无效合同。

在一般情况下,配资业务的主体为具备相应资格的证券公司,整个融资的过程是在证券交易场所中进行的,由政府部门进行监管。而场外配资是指银行、信托、民间配资公司等非证券经营机构向投资者提供的股票融资行为,这种行为规避了法律监管,相关部门无法掌握市场中资金来源、杠杆比例等具体情形,加剧了金融风险。

我国法律层面对场外配资的情形规定不多。2015年深圳市中级人民法院就场外股票融资合同纠纷发布了裁判指引,该指引界定了场外配资的概念和行为模式,确认了合同的无效性。但是实务中也存在不同的观点,认为我国法律条文并没有明确否认场外配资合同的效力,而裁判指引作为地方部门发布的规范性法律文件效力层级较低,不足以否定合同的有效性。2019年最高人民法院发布了《九民纪要》,第86条对场外配资业务在主体、方式等方面均进行了限缩界定。该纪要明确规定了场外配资合同的效力,任何单位或个人订立的场外配资合同确定无效,可以从事配资业务的主体仅限于依法取得资格的证券公司。因此,关于场外配资合同效力问题有了明确的、最高的司法标准。在本案中被申请人并未提供任何证据证明该合同属于场外配资,不能认定为无效合同。

3.《差额付款合同》是否将信托投资业务异化为类借贷业务

《中华人民共和国商业银行法》(以下简称《商业银行法》)第43条规定,"商业银行在中华人民共和国境内不得从事信托投资和证券经营业务,不得向非自用不动产投资或者非银行金融机构和企业投资,但国家另有规定的除外"。我国商业银行法和证券法均严厉禁止银行资金违规进入股市,维护广大投资者的合法权益,推动金融市场的健康发展。被申请人认为,本案中申请人实际提供的是"类借贷"业务,其至少收回贷款本金及6.1%的利息;而每期信托利益分配也并不是按照信托产品的实际收益进行分配,而是按照固定的金额进行分配,类似于支付利息。所以申请人是以信托投资的名义,通过借贷的方式将资金违规流入股市。

《商业银行法》中虽然规定了商业银行的资金不得违规流入股市的限制性条款,但这只是一般性原则,我国经济、金融领域多次进行改革,国务院相关部委也出台了一系列“国家的另行规定”。2014年颁布实施的《中国人民银行、原中国银行业监督管理委员会、中国证券监督管理委员会、中国保险监督管理委员会、国家外汇局关于规范金融机构同业业务的通知》第6条规定,银行可以进行同业投资,购买信托投资计划,这也就意味着银行依法进行信托投资是国家认可的行为。

本案中某信托公司和申请人签订了信托合同,其从未以任何形式保证返还委托金本金,只依据合同约定向申请人分配信托利益。被申请人作为劣后级受益人,依据《差额付款合同》的约定应当支付实际收益与本金及预期利益之间的差额。在借贷关系中,债务人收到借款本金后,需承担如期返还债权人本金及利息的义务。但是本案中履行分配利益的义务主体是信托公司而非被申请人,因此两位受益人之间并不是借贷关系。在结构化信托中,申请人和被申请人作为不同级别的受益人,他们之间不直接发生财产关系,一方不需要知晓其他受益人的信用能力和履约能力,而借款合同当然需要考虑对方的还款能力,所以本案并不能等同于普通的民间借贷纠纷。

4.《差额付款合同》是否为赠与合同

被申请人认为,申请人与被申请人同为信托计划委托人,被申请人并不参与信托计划的管理,被申请人不负有向申请人承担任何法定的补偿或赔偿义务。故差额补足行为的本质,是被申请人向申请人进行的赠与,《差额付款合同》的本质为赠与合同。现财产权利并未转移,被申请人有权撤销。

我国法律规定了赠与合同的构成要件,合同的成立需要双方的合意,受赠人在接受赠与时要有明确的意思表示,而本案中双方当事人从未达成任何有关赠与的合意。赠与合同中应当明确赠与的财产,而《差额付款合同》中并没有相关内容;赠与是无偿的,而差额补足义务方可以通过权利方的投资或者其他安排得到收益;赠与可以被撤销,但《差额付款合同》明确了被申请人不可撤销承诺。因此,《差额付款合同》并不等同于赠与合同。

(三)案例评析

本案审理中最核心的问题是《差额付款合同》的效力认定问题。申请人认为,《差额付款合同》有效,被申请人有向申请人补足差额的合同义务,但被申请人至今未履行差额付款义务,已构成严重违约;被申请人认为,《差额付款合同》的主要内容为被申请人对申请人的本金和收益承担无条件、无对价的保障义务,违反监管规定,侵害金融管理秩序,损害公共利益的合同应认定无效。

申请人与被申请人签订《差额付款合同》,条款载明申请人作为信托计划优先级委托人,被申请人作为信托计划优先级委托人本金及预期收益的差额义务补足人,承诺在该信托计划任一收益分配日,对申请人本金及收益的实现承担无条件差额补足义务;并且约定该"差额付款承诺"属于不可撤销的承诺。本案中,申请人与被申请人签订的《差额付款合同》,系双方当事人真实意思表示,内容不违反我国法律、行政法规的强制性规定,应为有效的合同,双方当事人应当按照约定履行自己的权利义务。

在司法实践中,为满足不同资金状况、不同风险偏好投资者差异化的投资需求,越来越多的集合资管计划采取结构化分层的模式以吸引更多的投资者。而约定由劣后级投资人对优先级投资人的投资收益承担差额补足责任,作为一种内部增信措施,是结构化资管产品中常见的条款。在这种增信措施中,劣后受益人实际上以自己的投资及资管产品中的收益对优先受益人提供了保障。但差额补足作为一种金融创新,其法律性质在理论和实务中一直存在争议,主要存在以下三种观点:一是独立合同义务说,该观点认为《信托合同》不是主债权债务合同,《差额付款合同》应视为独立于《信托合同》之外、由双方当事人自愿达成的合同,劣后级受益人应当依据合同约定承担相应的责任。二是保证担保说,该观点认为《差额付款合同》与主合同存在关联关系,针对的是同一笔款项,《差额付款合同》实际上是一种变相担保。依据《九民纪要》第 91 条的规定,判断差额补足是否为有效担保,取决于其是否符合法律关于保证的构成要件的规定。如果合同中约定了"担保"等明显具有保证意思的字样时,可能被认定为符合法律关于保证的规定,适用保证的相关规定承担责任。三是债务加入说,这种观点认为差额补足属于并存的债务承担,即第三人与债权人、债务人达成三方协议或第三人与债权人达成双方协议或第三人向债权人单方承诺由第三人履行债务人的债务,但同时不免除债务人履行义务的债务承担方式。

对于差额补足协议的效力认定,司法实践中通常认为差额补足是一种自由约定的保障措施,基于民法中的意思自治原则,差额补足协议的效力应当予以肯定。2019 年《九民纪要》明确承认了差额补足协议的有效性。其主要基于以下几点:第一,差额补足协议系双方当事人真实意思表示,内容不违反我国法律、行政法规的强制性规定,应为有效的合同,双方当事人应当按照约定履行自己的权利义务。第二,差额付款合同中约定的差额补足义务虽然不是《民法典》规定的典型担保类型,但也不能否认其所具有的担保功能;在债务人不能清偿债务时,义务人应当承担差额补足的责任。第三,强调物权效力与合同效力两分法。差额补足协议不是原《中华人民共和国物权法》(以下简称原《物权法》)中规定的法定担保类型,不具有担保物权的法律效力,但该协议也起到实际的担保作用,因此不能直接否认合同的效力。

本案还涉及结构化信托中优先级受益人与劣后级受益人之间越过受托人而约定的差额补足协议是否构成"刚性兑付"。在《九民纪要》发布以前,禁止信托产品刚性兑付的条款分布于《信托公司管理办法》、《信托公司集合资金信托计划管理办法》和《资管新规》之中，但上述规定均用于规范信托公司的从业行为，而不调整受益人之间的法律关系。另外，从立法目的分析，禁止“刚性兑付”的目的仅在于规避金融机构作出保本保守的承诺，而非绝对化地禁止投资收益人获取投资保障。因为从事资产管理的金融机构对受益人作出保本保收益的承诺，会导致金融机构在无力兑现承诺时引发传导性的金融风险，进而影响社会的公共利益，而受益人通过其他合法方式对投资获取保障并不会造成此类影响。所以，除非实际履行差额补足义务的是受托的金融机构，否则优先级受益人与劣后级受益人之间越过信托公司而约定的差额补足协议原则上不构成“刚性兑付”。还需注意的是，即使《资管新规》对“刚性兑付”的范围进行了扩大，但其生效时间以及其第29条规定的“过渡期”使得其适用范围在时间上也有所限制。

在《九民纪要》发布以后，司法实践中已经形成较为统一的裁判观点，即在信托到期后，劣后级受益人负有对优先级受益人从信托财产获得利益与其投资本金及约定收益之间的差额承担补足义务，优先级受益人请求劣后级受益人按照约定承担责任的，人民法院依法予以支持。

二、法律实务操作

（一）重点难点问题

1.合同无效事由的相关法律规定

（1）《民法典》规定的民事法律行为无效的情形：①无民事行为能力人实施的民事法律行为无效。②行为人与相对人以虚假的意思表示实施的民事法律行为无效。③违反法律、行政法规的强制性规定的民事法律行为无效。④行为人与相对人恶意串通，损害他人合法权益的民事法律行为无效。[①]

（2）原《合同法》第52条规定的合同无效的情形[②]：①一方以欺诈、胁迫的手段订立合同，损害国家利益；②恶意串通，损害国家、集体或者第三人利益；③以合法形式掩盖非法目的；④损害社会公共利益；⑤违反法律、行政法规的强制性规定。

（3）《最高人民法院关于适用〈中华人民共和国合同法〉若干问题的解释（一）》（法释〔1999〕19号，已失效）第10条规定的合同无效的情形：当事人超越经营范围订立合同，人民法院不因此认定合同无效。但违反国家限制经营、特许经营以及法律、行政法规禁止经营规定的除外。

---

① 参见《民法典》第144条、第146条、第153条、第154条。

② 《民法典》无此条规定。

2. 结构化信托优先级和劣后级权利义务分配关系

信托中的优先级与劣后级是指权益分配的不同顺序。功能是：不同的风险，不同的回报。

信托资产由托管银行进行监管，客户的单位资产由信托进行计算并由托管银行进行检查。每个单元完全独立运行。当单位资产低于警告线时，客户将不再能够购买证券，并且受托人将通过电话和传真通知客户，并要求客户汇出资金。客户可以选择是否添加资金。

优先级风险低，收益率低。劣后级具有较高的风险和较高的产量。如果产品遭受损失，它将首先损失劣后级资金。只有当所有劣后级资金都流失时，优先级资金才会受到损害。如果产品有利可图，利润很大，那么向优先级分配原始协议中约定的较低收益率之后，所有剩余利润将由劣后级拥有。

从结构化信托的定义来看，与一般信托模型相比，其最大的特点是结构化信托的受益人有多个类别，受益权的内容也有所不同。其中，受益人的类型可以分为优先级受益人、普通级受益人和劣后级受益人。受益人权利的内容的特殊性集中在优先级受益人的优先受偿上。结构化信托的特点是受益人种类繁多，受益权的内容不同，这就产生了难以区分不同受益人与受托人以及受益人之间法律关系的问题。

优先级受益人有权要求受托人提前分配信托利益，并应履行其义务，全额认购优先信托单位的股份；劣后级受益人有权要求信托公司分配次级信托利益，并应充分履行义务以认购次级信托单位的股份；在结构化信托中，受托人有权要求受益人支付信托报酬，并应充分履行信息披露，风险警告和通知的义务。信托合同针对不同类型受益人的收益和风险的商业安排反映了各方的真实意图。优先级受益人和劣后级受益人具有信托法律关系；劣后级受益人对优先级受益人的单方面承诺，独立于信托法律关系，实质上，它为结构化信托提供了信用增强措施。

3. 刚性兑付的概念及处理思路

刚性兑付是指信托产品到期后，信托公司必须对其进行兜底处理，并将本金和收入分配给投资者。当信托计划无法兑现或难以兑现时，信托公司将发行新产品来处理该计划。实际上，我国没有法律规定要求信托公司必须兜底处理，这只是信托业的一条不成文规则。

监管机构通过列举行为清楚地展示了刚性兑付的概念。在 2018 年的《资管新规》中，监管部门将 4 种行为定性为刚性兑付：(1)资产管理产品的发行人或者管理人违反真实公允确定净值原则，对产品进行保本保收益；(2)采取滚动发行等方式，使资产管理产品的本金、收益、风险在不同投资者之间发生转移，实现产品保本保收益；(3)资产管理产品不能如期兑付或者兑付困难时，发行或者管理该产品的金融机构自行筹集资金偿付或者委托其他机构代为偿付;(4)金融管理部门认定的其他情形。

司法机关的定义更加简要。《九民纪要》将"刚性兑付"定义为:"信托公司、商业银行等金融机构作为资产管理产品的受托人与受益人订立的含有保证本息固定回报、保证本金不受损失等保底或者刚兑条款的合同。"

在监督的强大压力下,很少有合同直接规定刚性兑付的情况。"刚性兑付"更多地以更隐蔽的方式出现,这使诉讼案件的情况更加复杂,司法判决的难度也大大增加。

《九民纪要》第92条规定了涉及信托业的刚性兑付纠纷的处理,并为上述刚性兑付条款的有效性提供了初步的司法答复。第92条的主要内容是保底或刚兑条款无效。该条规定,作为资产管理产品的受托人的信托公司,商业银行和其他金融机构,应取得本金和利息有保证的固定收益,并保证本金不会丢失。合同正在等待担保的,或者该条款刚刚履行的,人民法院应当确认该条款无效。最高人民法院认为,刚性兑付违反了《信托法》的强制性规定,但是这一要求是否应当导致保底和刚兑条款无效,需要从法益衡量的角度进行研究。首先,刚性兑付将风险保留在金融体系内,并将应由消费者承担的投资损失风险转移给金融机构。这很容易导致风险累积并引发系统性风险。其次,刚性兑付偏离了资产管理产品的本质,即"受他人委托,代表他人管理财富",提高了无风险收益水平,扰乱了资金价格。

最高人民法院也意识到刚性兑付的形式更隐蔽,因此指出,无论形式如何,"抽屉协议"或其他手段均应视为无效。值得一提的是,《九民纪要》第92条规定,在事前刚兑的情况下,刚性兑付条款无效。关于《资管新规》中提到的事后情形,《九民纪要》没有判断其效力。

《九民纪要》第92条的第二个主题是在"刚性兑付"被视为无效后如何确定民事责任。该条规定,受益人要求受托人对其因过失造成的损失承担赔偿责任的,人民法院应当依法予以支持。保底承诺或者刚兑无效后,并不意味着受托人不承担任何责任。在刚性兑付被视为无效的情况下,并不意味着受托人不需要承担民事责任。根据《民法典》第157条的规定:"民事法律行为无效、被撤销或者确定不发生效力后,行为人因该行为取得的财产,应当予以返还;不能返还或者没有必要返还的,应当折价补偿。有过错的一方应当赔偿对方由此所受到的损失;各方都有过错的,应当各自承担相应的责任。法律另有规定的,依照其规定。"

在司法实践中,没有关于如何判断当事方的过失程度和确定仅针对"约定刚性兑付"行为的损害赔偿金额的案例。就信托公司而言,作为一家专业金融机构,它应该意识到监管机构对"刚性兑付"的禁令。

4. 场外配资的概念及特征

我国在法律法规层面没有对场外配资进行明确的定义。2015年11月发布的《深圳市中级人民法院关于审理场外股票融资合同纠纷案件的裁判指引》明确，“场外股票融资合同是指未经金融监督管理部门批准，法人、自然人或其他组织之间约定融资方向配资方交纳一定现金或一定市值证券作为保证金，配资方按杠杆比例，将自有资金、信托资金或其他来源的资金出借给融资方用于买卖股票，并固定收取或按盈利比例收取利息及管理费，融资方将买入的股票及保证金让与给配资方作担保，设定警戒线和平仓线，配资方有权在资产市值达到平仓线后强行卖出股票以偿还本息的合同。包括但不限于具有上述实质内容的股票配资合同、借钱炒股合同、委托理财合同、合作经营合同、信托合同等”。

《九民纪要》第 86 条规定了场外资金配置业务的主体和方式，场外配资业务主要是指一些 P2P 公司或者私募类配资公司利用互联网信息技术，搭建起游离于监管体系之外的融资业务平台，将资金融出方、资金融入方即用资人和券商营业部三方连接起来，配资公司利用计算机软件系统的二级分仓功能将其自有资金或者以较低成本融入的资金出借给用资人，赚取利息收入的行为。

最高人民法院第二审判庭在《〈全国民商事审判工作会议纪要〉理解与适用》一书中指出：“银行使用委托理财资金进行投资，结构性信托产品，是否违反相关法律，法规，并根据监管要求，与信托公司之间签订的有关合同是否有效，需要根据信托合同的类型进行详细分析。对于具有股票分配功能的结构化信托合同和伞式信托合同，应将其视为场外分配。如果信托公司尚未获得保证金融资和证券借贷的国家特许经营许可证，则该合同被视为无效。”

场外配资的特征主要有：(1) 投资者将资金从场外借给金融家进行股票交易。(2) 融资人向出资人指定的证券交易账户交纳一定的保证金，出资人以该保证金为基础，按照一定的杠杆比率将要汇入的资金存入该证券交易账户，固定收取利息，并设置一条警告线。在仓库线中，出资者有权出售股票以在资产到达清算线后偿还本金和利息。(3) 出资人向金融机构提供账户密码，由金融机构进行证券交易，由金融机构实际控制并独立确定账户内资金的操作。

5. 借贷关系的认定

(1) 借贷合意，借贷合意是借贷合同成立并生效的问题，借贷行为就是借贷合同实际履行的问题。在民间借贷纠纷中，借贷合意可以通过提交借据、收据、欠条等债权凭证来证明贷款人与借款人之间存在借贷合意。在判断是否具有借贷合意时，要注意区分是与法人组织之间的借贷合意还是与法人组织的法定代表人个人之间的借贷合意。

(2) 借贷行为，实际的借贷行为发生与否，需要贷款人提供向借款人或借款人指定的账户转款的凭证；如果是现金支付的，需要提供借款期间的取款凭证或资金来源证明，证明现金支付的合理性。

6. 赠与合同的性质及终止

赠与合同的性质:(1)双方行为。赠与合同须当事人双方意思表示一致才能成立,如果赠与人有赠与的表示,但受赠人并没有接受的意思,则合同仍不能成立,故与馈赠这种单方行为不同。(2)诺成行为。大多数国家遵循罗马法的传统,规定当当事人同意其意向时就建立礼品合同,不必等待交付赠与物,即为诺成行为。(3)无偿行为。原则上,受赠人不因赠与合同而承担任何义务,故为无偿行为。

根据《民法典》“合同编”第11章之规定,赠与合同的终止有以下三种情形。

(1)赠与合同的任意撤销。赠与合同的任意撤销是指赠与人在转让赠与财产之前,可以根据其意愿任意撤销赠与合同。但是,具有救灾、扶贫等社会福利和道德义务性质的赠与合同,以及经公证的捐赠合同,捐赠人不得随意撤销赠与合同。

(2)赠与合同的法定撤销。在赠与合同中,赠与财产转让后,捐赠人丧失了任意取消赠与合同的权利,但赠与人仍然具有取消赠与的合法权利。如果满足以下条件,则仍可撤销赠与合同:①受赠人严重侵犯了捐赠人或捐赠人的近亲属;②受赠人对赠与人有扶养义务而不履行的;③受赠人不履行赠与合同中约定的义务。

赠与人的撤销权应自知道或应当知道撤销原因之日起1年内行使。这个期间为除斥期间,在此期间之后,捐赠者不能再行使撤销权。如果受赠人的违法行为导致捐赠人死亡或丧失民事行为能力,则继承人或其法定代表人可以撤销赠与。赠与人的继承人或法定代表人的撤销权应自知道或应当知道撤销理由之日起6个月内行使。这也是除斥期间。

(3)赠与合同的法定解除。如果赠与人的经济状况严重恶化,严重影响其生产,经营或家庭生活,可以解除赠与合同,不再履行赠与义务。合同的解除不具有追溯效力,赠与人无权要求受赠人退还已履行的赠与财产。受赠人在其义务范围内应承担与出卖方相同的瑕疵担保责任。

(二)相关法律法规政策

1.《民法典》第143条、第146条、第657条、第667条。

2.《九民纪要》第86~92条。

3.《信托公司管理办法》第37条。

4.《信托公司集合资金信托计划管理办法》第8条。

5.《中国人民银行、中国银行保险监督管理委员会、中国证券监督管理委员会、国家外汇管理局关于规范金融机构资产管理业务指导意见》第19条、第20条、第21条。

6.《广东省深圳市中级人民法院关于审理场外股票融资合同纠纷案件的裁判指引》(2015)第1条、第2条。

（三）思考与实践问题

1. 结构化信托设立后的法律关系有哪些？

2. 信托业务中“刚性兑付”的构成要素有哪些？其法律效力如何认定？

3. 场外配资的内涵及其法律效力如何认定？

4. 如何认定结构化信托计划中的优先级受益人与劣后级受益人之间构成借贷关系？

相关参考文献

洪艳蓉：《论基金托管人的治理功能与独立责任》，载《中国法学》2019 年第 6 期。

朱大明：《论信托投资产品刚性兑付的法律规制》，载《法学》2019 年第 4 期。

彭俞超、何山：《资管新规、影子银行与经济高质量发展》，载《世界经济》2020 年第 1 期。

王玥：《认真对待“刚性兑付”——资管新规与“刚性兑付”效力认定的裁判思维》，载《经济法论坛》2019 年第 1 期。

文海兴：《新〈证券法〉下信托业的制度优化》，载《中国金融》2020 年第 8 期。

案例七　债权转让的管辖适用之非金融机构受让金融借款纠纷仲裁案

在民商事关系中，合同债权的转让往往意味着权利义务的概括转让，仲裁协议作为相对独立于主合同的备用条款，在一般情况下，应随主债权一并转让。合同债权转让以后，合同权利义务以及适用的法律不会因为主体性质的变更而发生变化。

一、案例研判

（一）基本案情

2017年7月1日，甲公司出于融资需要，与乙公司（信托公司）签订了《特定资产权益融资协议》，约定甲公司将其名下的办公楼抵押给乙公司，乙公司向甲公司发放贷款1000万元，期限为2017年6月1日至2018年6月1日，贷款年利率为14%；若甲公司未按期足额还本付息，逾期部分在贷款利率的基础上加收50%的罚息；双方因履行该合同发生的争议，提交X市仲裁委员会进行仲裁。在协议签订当日，双方至登记机关办理了抵押登记手续，乙公司向甲公司指定的银行账户发放了1000万元的贷款。

2017年12月1日，乙公司与丙公司签订《债权转让协议》，并将原有的《特定资产权益融资协议》作为《债权转让协议》的附件。《债权转让协议》约定，由丙公司全面继受乙公司在《特定资产权益融资协议》中享有的全部权利。当日，乙公司将《债权转让协议》抄送给了甲公司负责人，要求甲公司在后续阶段向丙公司履行还本付息的合同义务。甲公司负责人收到通知后，复函表示同意。

2018年7月2日，丙公司提示甲公司还款日期已到，请甲公司按照《特定资产权益融资协议》《债权转让协议》的约定，向丙公司履行还本付息的合同义务，但甲公司多次推脱，始终未向丙公司支付本息。

2018年7月15日，丙公司发现甲公司一直存在以不合理低价变卖公司财产等抽逃资金的情形。

2018年8月2日,丙公司向X市仲裁委员会申请仲裁,申请对甲公司名下1000万元银行存款进行财产保全;请求裁决甲公司向丙公司偿还2017年7月1日至2018年7月1日的本息共计1140万元,2018年7月2日至2018年8月2日的利息、罚息共计20万元;甲公司承担本案的仲裁费、保全费、律师费等相关债权实现费用。

甲公司则认为,根据我国原《合同法》第81条(现为《民法典》第547条第1款)规定,"债权人转让权利的,受让人取得与债权有关的从权利,但该从权利专属于债权人自身的除外"。本案甲乙两公司关于仲裁条款的约定,具有从权利的属性,专属于债权人本身,不应随着主债权一并转移,即甲乙之间关于仲裁管辖的约定,不适用于债权转让后的情形,甲丙之间不存在仲裁协议,本案不应由X市仲裁委员会进行管辖。此外,即便X市仲裁委员会对本案享有管辖权,但由于乙公司属于非银行金融机构,无权经营银行贷款业务,甲乙双方签订的《特定资产权益融资协议》实为贷款合同,应属无效。无效合同的后果是甲公司返还借款本金,按中国人民银行发布的同期同类贷款利率标准支付资金占用期间的利息,而不是按照14%的年利率进行偿付。同时,丙作为非金融机构性质的债权受让方,不享有加收逾期罚息的权利。

2018年9月1日,经仲裁委员会主任指定,3名仲裁员组成合议庭对本案进行了审理。

(二)焦点分析

1. X市仲裁委员会对本案是否享有管辖权

原《合同法》第79条规定,"债权人可以将合同的权利全部或者部分转让给第三人,但有下列情形之一的除外:(1)根据合同性质不得转让;(2)按照当事人约定不得转让;(3)依照法律规定不得转让"。① 原《合同法》第80条规定,"债权人转让权利的,应当通知债务人。未经通知,该转让对债务人不发生效力。"②

甲公司认为:根据我国原《合同法》第81条的规定,"债权人转让权利的,受让人取得与债权有关的从权利,但该从权利专属于债权人自身的除外"③,本案甲乙两公司关于仲裁条款的约定,具有从权利的属性,专属于债权人本身,不应随主债权一并转移,即

① 原《合同法》第79条为现规定在《民法典》第545条,内容略有调整,为"债权人可以将债权的全部或者部分转让给第三人,但是有下列情形之一的除外:(一)根据债权性质不得转让;(二)按照当事人约定不得转让;(三)依照法律规定不得转让。当事人约定非金钱债权不得转让的,不得对抗善意第三人。当事人约定金钱债权不得转让的,不得对抗第三人"。

② 原《合同法》第80条现为《民法典》第546条,内容为:债权人转让债权,未通知债务人的,该转让对债务人不发生效力。债权转让的通知不得撤销,但是经受让人同意的除外。

③ 原《合同法》第81条现为《民法典》第547条,内容略有调整,为"债权人转让债权的,受让人取得与债权有关的从权利,但是该从权利专属于债权人自身的除外。受让人取得从权利不因该从权利未办理转移登记手续或者未转移占有而受到影响"。

甲乙之间关于仲裁管辖的约定，不适用于债权转让以后的情形，甲丙之间不存在仲裁协议，本案不应由X市仲裁委员会进行管辖。

《最高人民法院关于适用〈中华人民共和国仲裁法〉若干问题的解释》第9条规定："债权债务全部或者部分转让的，仲裁协议对受让人有效，但当事人另有约定、在受让债权债务时受让人明确反对或者不知有单独仲裁协议的除外。"

具体到本案，甲乙双方签订的《特定资产权益融资协议》本质为借款合同，不存在当事人约定不得转让或法律规定不得转让的情形，乙公司作为债权人，有权将其在借款合同中享有的债权转让给丙公司，并且其已将债权转让的通知送达债务人甲公司。故丙公司有权行使乙公司在《特定资产权益融资协议》中享有的全部权利，原乙公司作为仲裁主体的资格亦随之转变为由丙公司享有，即原债权债务双方的协议管辖效力，及于债权转让后的债权人丙公司及债务人甲公司，X市仲裁委员会对本案享有仲裁管辖权。

2. 甲公司提出的乙公司无贷款业务资质，故协议无效之主张，能否得到支持

甲公司认为：由于乙公司属于非银行金融机构，无权经营银行贷款业务，甲乙双方签订的《特定资产权益融资协议》实为贷款合同，应属无效。无效合同的后果是甲公司返还借款本金，按中国人民银行发布的同期同类贷款利率标准支付资金占用期间的利息，而不是按照14%的年利率进行偿付。

但是，《信托公司管理办法》第2条第1款规定："本办法所称信托公司，是指依照《中华人民共和国公司法》和本办法设立的主要经营信托业务的金融机构。"《信托公司管理办法》第20条第1款规定："信托公司固有业务项下可以开展存放同业、拆放同业、贷款、租赁、投资等业务。投资业务限定为金融类公司股权投资、金融产品投资和自用固定资产投资。"

据此，乙公司作为信托公司，属于我国法律规定的金融机构，依法具有发放贷款的业务资质。《特定资产权益融资协议》系各方当事人的真实意思表示，且内容不违反我国法律、行政法规的强制性规定，应当认定为有效。仲裁委员会对甲公司提出的乙公司无贷款业务资质，协议无效之主张，不予支持。

3. 丙公司作为非金融机构性质的债权受让方，是否享有加收罚息的权利

原《合同法》第207条规定："借款人未按照约定的期限返还借款的，应当按照约定或国家有关规定支付逾期利息。"[①]逾期利息即罚息，罚息不是金融机构的专属权利。当前，我国现行法律法规对非金融机构收取罚息并无禁止性规定。丙公司的债权系从乙公司受让取得，在甲乙公司签订的协议有效的情况下，丙公司作为乙公司的合法债权受让人，相应地享有协议中约定的各项权益，其中包括对逾期罚息的收取。

---

① 原《合同法》第207条现为《民法典》第676条。

（三）案例评析

1. 债权转让管辖纠纷是一个复杂的问题，在不同的情况下，债权转让管辖纠纷的判断存在差异

（1）债权转让的，原债权债务管辖条款效力及于受让人

在某娱乐公司与某影业公司管辖权异议案①中，法院认为，债权受让人主张债权时，只能依原债务关系产生的管辖提起诉讼，原债权债务协议约定管辖条款效力及于受让人。

2011 年，某艺术公司与某娱乐公司签订合约，约定产生纠纷时由我国香港特别行政区法院排他性管辖。其后，艺术公司将所持股份中的 5% 的项目收益权移交影业公司。2016 年，影业公司以娱乐公司拒绝支付项目收益为由，在广东省某中级人民法院起诉。

法院认为：第一，影业公司依艺术公司与娱乐公司所签合约提起本案诉讼，请求判令娱乐公司按约定支付影片收益。由于影业公司系受让艺术公司在合约中约定的项目收益权而成为债权人，故依原《合同法》第 82 条②“债务人接到债权转让通知后，债务人对让与人的抗辩，可以向受让人主张”的规定，娱乐公司可向影业公司主张其基于合约对艺术公司享有的抗辩权，包括实体上的抗辩和程序上的抗辩，即影业公司应受合约约束，合约中协议管辖条款效力应及于影业公司。第二，《最高人民法院关于适用〈中华人民共和国民事诉讼法〉的解释》（2015 年版）第 531 条第 1 款规定：“涉外合同或者其他财产权益纠纷的当事人，可以书面协议选择被告住所地、合同履行地、合同签订地、原告住所地、标的物所在地、侵权行为地等与争议有实际联系地点的外国法院管辖。”案涉合约由我国香港特别行政区法院排他性管辖的约定应确认有效，裁定驳回影业公司起诉。

（2）受让人起诉债务人，不能依其与转让人的约定确定管辖

最高人民法院裁定的“沈阳卡斯特公司与自贡长征公司、长春三环公司债权转让纠纷管辖权异议案③”中，明确了在受让人基于债权转让直接向债务人主张债权的情况下，不能以转让人与受让人之间合同约定的履行地确定合同案件的管辖法院。2006 年，自贡市某公司（以下简称自贡公司）与长春市某公司（以下简称长春公司）签订机床买卖合同，约定合同履行地为四川省自贡市某区。长春公司随后与沈阳市某公司（以下简称沈阳公司）签订订货合同，约定将从自贡公司所购机床转卖沈阳公司，该合同未约

---

① 参见广东省高级人民法院民事判决书（2016）粤民辖终 312 号。

② 现为《民法典》第 548 条。

③ 参见李延忱：《当事人对管辖权异议裁定能否申请再审问题研究——以沈阳卡斯特公司与自贡长征公司、长春三环公司债权转让纠纷管辖权异议一案为例》，载景汉朝主编：《立案工作指导（2013.3 · 总第 38 辑）》，人民法院出版社 2014 年 5 月版。

定合同履行地。自贡公司交货后,长春公司将其对沈阳公司的债权转让给自贡公司。2011 年,自贡公司向自贡市中级人民法院起诉长春公司、沈阳公司要求连带支付 397 万余元货款。

法院认为:本案系自贡公司将设备卖给长春公司,长春公司再卖给沈阳公司,各方当事人之间均是按照各自的合同约定,履行相应的合同义务,长春公司与自贡公司之间的买卖合同,以及沈阳公司与长春公司之间的订货合同均具有独立性。沈阳公司与自贡公司之间并无直接的买卖合同或承揽合同关系。在长春公司将其对沈阳公司享有的债权转让给自贡公司、自贡公司基于债权转让直接向沈阳公司主张债权的情况下,不能以长春公司与自贡公司之间的合同约定确定案件的管辖法院,而应根据《民事诉讼法》第 24 条规定,由被告住所地或合同履行地法院管辖。从合同性质来看,上述买卖合同、订货合同无论是合同内容还是名称,均不符合承揽合同特征,显然不能以加工行为地的自贡市为合同履行地。而从合同其他内容及有关案件事实来看,亦无法确定合同履行地,故本案应以被告住所地确定管辖法院。在本案存在两个被告的情况下,根据具体情况,最高人民法院确定由长春公司住所地法院管辖。

(3)不良资产受让方起诉,受限于原借款合同管辖约定

在某化工集团诉某投资公司借款合同纠纷案①中,最高人民法院明确不良债权虽几经转让,但新的债权人均未与债务人、保证人重新约定管辖法院的,原协议管辖约定应认定继续有效的裁判思路。

2000 年,位于河南省的某化工公司与银行签订借款合同,由位于北京市的某化工集团提供保证担保,借款合同和保证合同均由银行所在地法院管辖。之后,该银行又将该债权转让给位于北京市的某投资公司。投资公司在北京市起诉,化工集团主张应按原始借款保证合同约定的地域管辖确定,即河南省高级人民法院才有管辖权。北京市高级人民法院一审认为:债权再次转让形成新的债权债务关系,原借款保证合同就地域管辖约定对新的法律关系主体不具有约束力,故驳回化工集团管辖异议。化工集团向最高人民法院上诉称:两次债权转让均属于原合同权利义务的概括转让,新的受让人应承继履行让与人在原合同中的全部义务,包括约定管辖。

法院认为:投资公司主张的债权受让自银行。本案所涉原始借款保证合同约定,如发生纠纷由银行所在地法院通过诉讼方式解决。本案所涉主债权经过转让,相关的债权转让合同当事人未与主债务人和保证人约定新的管辖法院,亦未排除原借款保证合同中对管辖权的约定。根据《最高人民法院关于审理涉及金融资产管理公司收购、管理、处置国有银行不良贷款形成的资产的案件适用法律若干问题的规定》(法释〔2001〕

① 最高人民法院民事判决书,(2006)民二终字第 186 号。

12号,已失效)第3条第2款“原债权银行与债务人有协议管辖约定的,如不违反法律规定,该约定继续有效”之规定,以及《最高人民法院关于金融资产管理公司收购、处置银行不良资产有关问题的补充通知》第1条“……金融资产管理公司受让不良贷款后,通过债权转让方式处置不良资产的,可以适用本院发布的上述规定”之规定,可认定各原始借款保证合同约定的纠纷解决方式对本案双方当事人仍然具有约束力。另外,审理化工集团与投资公司之间因保证合同产生的纠纷,应以相关的借款关系为基础,而原债权人银行与主债务人化工公司住所地均在河南省,由河南省的有关法院审理本案便于查清案件事实。依《最高人民法院关于各高级人民法院受理第一审民事、经济纠纷案件问题的通知》(法发〔1999〕11号,已失效)有关规定,本案争议金额达到河南省高级人民法院受理标准,故裁定移送河南省高级人民法院审理。

当事人在订立合同时,为解决可能发生的纠纷而明确约定了管辖法院。此后基于合同形成的债权几经转让,但新的债权人均未与债务人、保证人重新约定管辖法院,亦未排除原合同关于管辖法院约定的,只要原协议管辖约定不违反法律规定,则应认定继续有效。

2. 本案还涉及非金融机构能否受让金融借款的问题

第一种观点:不能受让。

理由1:金融业是一种特许行业,放贷收息是经营贷款业务的金融机构的一项特许权利。因此,由贷款而形成的债权及其他权利只能在具有贷款业务资格的金融机构之间转让。未经许可,不得将其债权转让给非金融机构。如果允许任意转让,则违反金融秩序,并可能导致非金融机构通过转让模式实现对金融监管的规避的风险。

理由2:如果将贷款债权转让给非金融机构,则受让债权的企业成为新的债权人,对原借款人享有债权,原贷款合同的主体将变更为非金融机构,将构成企业间借贷。《最高人民法院关于对企业借贷合同借款方逾期不归还借款的应如何处理的批复》中指出,企业借贷合同违反有关金融法规,属无效合同。如果认定金融机构与非金融机构的债权转让合同有效,将与“非金融企业之间不得借贷”的规定相悖。

第二种观点:可以受让。

理由1:金融机构将债权转让给非金融机构,目前尚没有法律或者行政法规对此作出明确的禁止性规定。因此,只要债权的转让不在《民法典》第545条规定的禁止转让的情形之列,就应当认定转让行为有效。

理由2:金融机构转让具体债权的行为属于债权人将合同权利转让给第三人,并非属于向社会不特定对象发放贷款的经营性活动,不涉及从事贷款业务的资格问题。

理由3:金融机构将其债权以合理价格转让给受让方,不会导致金融秩序的混乱。

理由4:就债权转让行为的性质而言,金融机构转让不良贷款债权与金融资产管理公司再次转让不良贷款债权并无本质区别。金融资产管理公司通过公开拍卖等方式可将其从银行受让来的金融债权转让给其他非金融机构或个人,最终仍将形成非金融机构和个人持有债权并向债务人进行追索的局面。不同之处仅在于金融资产管理公司通过公开拍卖等方式转让不良贷款债权的行为已经得到国家法律法规的明确认可。

本书认同第二种观点。

理由1:转让的时间是在金融机构按约发放贷款之后,作为金融贷款合同的当事人,金融机构已经履行完毕贷款合同规定的发放贷款的主要义务,此时金融机构与债务人之间的债权关系与一般的合同债权关系没有区别,非金融机构受让贷款债权后向债务人主张权利的行为不属于经营贷款业务,因此受让人不需要具备从事贷款业务的资格。而且,从法律性质上讲,这是一种合同权利转让,而不是合同的概括转让,不会导致非金融机构取代金融机构在合同中的地位。因此,不会构成企业间的借贷关系。

理由2:从立法层面上讲,确认转让行为无效必须以法律和行政法规为依据,但我国法律、行政法规对银行对外转让贷款债权并无禁止性规定,“法无禁止则自由”。同时,《民法典》第545条对于债权转让的合法性已有概括性的规定,为金融机构将贷款债权转让给非金融机构奠定了法律基础。

理由3:从政策层面上看,原银监会已在《中国银行业监督管理委员会关于商业银行向社会投资者转让贷款债权法律效力有关问题的批复》中明确:“一、对商业银行向社会投资者转让贷款债权没有禁止性规定,转让合同具有合同法上的效力……二、转让具体的贷款债权,属于债权人将合同的权利转让给第三人,并非向社会不特定对象发放贷款的经营性活动,不涉及从事贷款业务的资格问题,受让主体无须具备从事贷款业务的资格。”

此外,最高人民法院的判例亦持肯定观点。湖南省绿兴源糖业有限公司、丁某耀诉怀化市鹤城区城市建设投资有限公司借款合同纠纷再审案①的民事裁定书中指出:银行贷款债权属于可转让债权,可转让给金融机构以外的自然人、法人或者其他组织。那么,其他金融机构亦可向非金融机构转让贷款债权。

但是并非所有的贷款债权都能转让。《最高人民法院关于审理涉及金融不良债权转让案件工作座谈会纪要》第6条明确规定了禁止转让的几种情形:(1)债务人或者担保人为国家机关的;(2)被有关国家机关依法认定为涉及国防、军工等国家安全和敏感信息的以及其他依法禁止转让或限制转让情形的;(3)与受让人恶意串通转让不良债权的;(4)转让不良债权公告违反《金融资产管理公司资产处置公告管理办法(修订)》规定,对依照公开、公平、公正和竞争、择优原则处置不良资产造成实质性影响的;(5)实

① 参见最高人民法院民事裁定书,(2015)民申字第2040号。

际转让的资产包与转让前公告的资产包内容严重不符，且不符合《金融资产管理公司资产处置公告管理办法(修订)》规定的；(6)根据有关规定应经合法、独立的评估机构评估，但未经评估的；或者金融资产管理公司与评估机构、评估机构与债务人、金融资产管理公司和债务人以及三方之间恶意串通，低估、漏估不良债权的；(7)根据有关规定应当采取公开招标、拍卖等方式处置，但未公开招标、拍卖的；或者公开招标中的投标人少于3家(不含3家)的；或者以拍卖方式转让不良债权时，未公开选择有资质的拍卖中介机构的；或者未依照《中华人民共和国拍卖法》的规定进行拍卖的；(8)根据有关规定应当向行政主管部门办理相关报批或者备案、登记手续而未办理，且在一审法庭辩论终结前仍未能办理的；(9)受让人为国家公务员、金融监管机构工作人员、政法干警、金融资产管理公司工作人员、国有企业债务人管理人员、参与资产处置工作的律师、会计师、评估师等中介机构等关联人或者上述关联人参与的非金融机构法人的；(10)受让人与参与不良债权转让的金融资产管理公司工作人员、国有企业债务人或者受托资产评估机构负责人员等有直系亲属关系的；(11)存在其他损害国家利益或社会公共利益的转让情形的。

本案中，乙公司与丙公司签订《债权转让协议》，并于当日将《债权转让协议》抄送给了甲公司负责人，且甲公司负责人收到通知后，复函表示同意。债权转让以合法有效的金融借款合同为前提的，债权转让协议是双方经平等协商达成的合意，乙公司在转让债权后履行了通知义务，符合债权转让的程序要件。

债权转让后，受让方无论是金融机构还是非金融机构，都不属于经营贷款业务，而仅仅是在实现债权，并且目前尚没有法律或者行政法规对非金融机构受让金融债权作出明确的禁止性规定。因此，乙丙公司的债权转让行为有效。

3.本案还涉及关于非金融机构受让债权后能否向债务人主张罚息、复利的问题

中国人民银行是金融机构借款利息业务的管理机关，其制定颁布的《人民币利率管理规定》(银发〔1999〕77号)第20条、第21条规定，对贷款期内不能按期支付的利息按合同利率计收复利，贷款逾期后改按罚息利率计收复利。《中国人民银行关于人民币贷款利率有关问题的通知》(银发〔2003〕251号)第3条第2款规定，对逾期或未按合同约定用途使用借款的贷款，从逾期或未按合同约定用途使用贷款之日起，按罚息利率计收利息，直至清偿本息为止。对不能按时支付的利息，按罚息利率计收复利。从上述规定来看，金融机构与借款人关于借款计收复利的合同约定符合国家关于金融机构借款利息的相关规定。

但是收取罚息、复利是否属于金融机构的专有权利，即非金融机构可否受让收取罚息、复利的权利，法律没有明确规定。在司法实践中，最高人民法院在一份判决中提出，“对逾期债务收取罚息，是金融机构依据央行规定享有的专有权利，金融机构之外的一

般民事主体没有收取罚息的资格。本案债权之表外利息，含有的罚息部分，富朗公司无权享有，应当从接受的债权中剔除罚息部分”①。在另一份判决中该院又指出，“依据民事诉讼不告不理的基本原则，当事人没有上诉的，原则上法院不应审查，但特殊情形除外。本案中，佳林造革公司对该问题并未提起上诉，应认定其对该利息的给付予以认可。但根据《民法典》第547条第1款关于‘债权人转让债权的，受让人取得与债权有关的从权利，但是该从权利专属于债权人自身的除外’的规定，由于收取复息是金融机构依法享有的专有权利，DAC公司并非金融机构，无权享有该权利，故关于利息的给付，本院予以调整，在本案债权转让对债务人发生效力后，DAC公司请求佳林造革公司给付迟延履行期间的利息应按照同期银行贷款利率计付”②。《人民币利率管理规定》是中国人民银行针对金融机构就利率所作的专门规定，旨在有效发挥利率杠杆对国民经济的调节作用，维护正常的金融秩序，计收罚息和复利并非金融机构的专属权利。罚息和复利实质上均属逾期违约金，与其他违约金在法律性质上并无本质区别。目前尚无法律、司法解释明确禁止金融机构以外的市场主体在借款关系中收取罚息及复利。

收取罚息、复利是否是金融机构的专有权利，法律并无明确规定。从本质上看，罚息是对借款人违约行为收取的较高利息，复利是对借款人不按期支付利息的部分收取利息，两者均有其存在的现实基础，并不因贷款人是金融机构或非金融机构而有区别。借款合同是《民法典》“合同编”规定的有名合同，自然也可以约定违约责任，例如，逾期归还借款要支付违约金、逾期归还利息要支付违约金等，这些约定与罚息、复息本质上是相同的。换言之，“逾期利息的计算标准高于一般银行同期贷款利率的设定表现了逾期利息的惩罚性，支付逾期利息即具有承担因违约逾期还贷而应支付违约金的性质”。如果非金融机构主张违约金，法院予以保护，主张罚息、复利，法院则不予保护，这种处理结果难免有形式主义之嫌。从借款人的角度来说，向金融机构借款违约时需要承担罚息、复利，一旦金融机构将债权转让给非金融机构，则无须支付罚息、复利，这种后果有损于合法债权受让人的利益而有益于违约的借款人，与民法平等保护当事人的合法权益的理念也格格不入。

因此，一些地方法院对此进行了创新探索。浙江省高级人民法院有关指导意见，针对复利问题规定“有证据证明债权人出示的借据系双方对前期借款本金和利息进行滚动结算后重新出具，计算复利的，折算后的实际利率没有超出四倍利率的，借据确认的欠款金额可以认定为本金；折算后的实际利率超出四倍利率，超出部分的利息应当从本金中扣减”。针对罚息问题规定，“借贷双方对逾期利率有约定，从其约定。超出四倍

① 《商事审判指导》2010年第1辑，人民法院出版社2010年版，第150～154页。

② 《商事审判指导》2010年第1辑，人民法院出版社2010年版，第150～154页。

利率的，超出部分的利息，法院一般不予保护。逾期利率没有约定或者约定不明的，法院可以区分不同情况处理：（一）仅约定借期内的利率，没有约定逾期利率的，出借人参照约定的利率或者根据《中国人民银行关于人民币贷款利率有关问题的通知》（银发〔2003〕251 号）第三条关于罚息利率的规定，以约定利率再上浮 30% ~50% 的利率，向借款人主张逾期还款利息的，可以予以支持，但均以不超出四倍利率为限”。上述规定，适用于民间借贷纠纷，认可了罚息，部分认可了复利（息），实质上否定了罚息、复利是金融机构专有权利的观点。

最高人民法院的司法观点近年来有所转变。2015 年 9 月，最高人民法院审理的江苏龙商实业投资有限公司（以下简称龙商公司）诉沈阳百格投资有限公司（以下简称百格公司）借款合同纠纷案①中，其针对百格公司与龙商公司、江苏万世同仁投资发展集团股份有限公司等借款合同纠纷相关问题进行认定。在该案中，2013 年 11 月 4 日，华信公司和龙商公司签订《特定资产融资协议》及补充协议，约定华信公司分两期向龙商公司融资 25 万元，融资收益为日利率 14%/360。同时约定，龙商公司按季度支付融资收益，到期一次性还本，如存在未按时足额支付融资收益的情况，华信公司可以提前宣布债权到期。除可以追索自执行日开始的利息外，还可以按照 14%/360 的标准计收逾期利息，即总利率为 28%/360，并可以将未支付的利息计入本金计收复利。2014 年 9 月 28 日，该案原告百格公司在支付对价后，从华信公司处获得《特定资产融资协议》及补充协议项下的全部债权，通过快递向龙商公司等债务人和保证人寄发《债权转让通知》并进行公证。由于龙商公司未按期支付融资收益，百格公司遂向法院提起诉讼。辽宁省高级人民法院一审支持了百格公司的请求，判决龙商公司支付本金、利息及复利，利息和违约金按照 28%/360 计算。其后，龙商公司不服提起上诉。

在上述案件中，龙商公司提出，计收罚息是金融机构的“专属性权利”，根据《民法典》第 547 条第 1 款的规定属于“不可转让的从权利”。最高人民法院明确指出，百格公司收取罚息的权利是继受华信公司，且法律未禁止非金融机构计收罚息，故驳回龙商公司的该项上诉意见。

而关于非金融机构收取复利的问题，上诉过程中并未涉及。但一审法院已明确百格公司可以计收复利，在判决得到最高人民法院维持原判的情形下，应当认为非金融机构可以继受金融机构收取复利的权利。

实践中，信托贷款合同往往存在罚息、复利和违约金约定并存的情况。罚息、复利和违约金均属于借款人未能全面履行合同时，对其施加的惩罚性措施。

关于罚息、复利和违约金并存时，司法实践中的裁判尺度问题，根据《民法典》第

① 最高人民法院民事判决书，（2015）民二终字第 156 号。

585条的规定,当事人可以约定一方违约时应当根据违约情况向对方支付一定数额的违约金,也可以约定因违约产生的损失赔偿额的计算方法。约定的违约金低于造成的损失的,当事人可以请求人民法院或者仲裁机构予以增加;约定的违约金过分高于造成的损失的,当事人可以请求人民法院或者仲裁机构予以适当减少。《最高人民法院关于适用〈中华人民共和国合同法〉若干问题的解释(二)》(法释〔2009〕5号,已失效)的规定是:当事人主张约定的违约金过高请求予以适当减少的,人民法院应当以实际损失为基础,兼顾合同的履行情况、当事人的过错程度以及预期利益等综合因素,根据公平原则和诚实信用原则予以衡量,并作出裁决。当事人约定的违约金超过造成损失的30%的,一般可以认定为原《合同法》第114条第2款规定的"过分高于造成的损失"。在司法实践中,法院往往会综合罚息、复利和违约金的约定以及当事人的违约情况,酌定最终的裁判金额。结合以往判例,法院实际上并未按照金融机构的实际损失认定罚息、复利和违约金的总金额,而通常是以借款合同本金为基数,24%的年化利作为罚息、复利和违约金的总金额的裁判上限。

虽然非银行业金融机构借贷与民间借贷不同,且非银行业金融机构借贷的利息、复利、罚息、违约金、其他费用等总计融资成本的最高限制并无明确的法律规定。但就金融在市场经济中的定位而论,金融应为实体经济服务,促进资金这一生产要素在各产业和企业之间良性流动,并分享实体经济发展中创造的价值。按照金融借贷与民间借贷的市场定位和风险与利益一致的市场法则,金融借贷利率不应高于民间借贷的利率,故金融机构的融资费用上限亦应参照适用《最高人民法院关于审理民间借贷案件适用法律若干问题的规定》规定的民间借贷利率上限。

二、法律实务操作

(一)重点难点问题

1.债权转让与仲裁管辖

(1)债权转让的概念

债权转让,又称债权让与或合同权利的转让,是指债权人通过协议将其债权全部或者部分转让给第三人的行为。在债权全部让与时,受让人取代原债权人成为合同关系的新债权人,原债权人脱离合同关系;在部分让与时,受让人作为第三人将参加到原合同关系之中,与原债权人共同享有债权。债权转让,只是主体上的变更,如果存在债的主要内容变更,则发生新的合同关系,而不属于转让性质。

(2)债权转让的条件

第一,存在有效的债权。债权的有效存在是债权转让的前提。以无效的债权转让他人,或者以已经消灭的债权转让他人,是转让标的不能。这种限制性规定的意义在于防止受让人、国家、集体利益受损。由于转让无效致使受让人受损的，转让人应予以赔偿。

第二，债权的转让人与受让人达成转让合意。债权转让是一种处分行为，必须符合民事行为的生效条件。转让人主体必须符合资格，即具有处分能力，是完全的民事行为能力人。双方的意思表示必须真实。不是真实的意思表示，债权转让无效。如果一方当事人欺诈、胁迫或乘人之危，转让无效。合同被撤销后，受让人已接受债务人清偿的，应作为不当得利返还原债权人。

第三，被转让的债权具有可让与性。根据债的有关原理，某些合同是不可让渡的，其债权也应不可转让。第一种是基于个人信任关系而发生的债权、以特定身份关系继承的债权、不作为的债权、因继承发生的遗产给付请求权。第二种是属于从权利的债权。从权利随主权利的移转而移转，若将从权利和主权利分开单独转让，则为性质上所不允许。如保证债权为担保主债权而存在，若与主债权分离，其担保性质自然丧失，所以不得单独转让。第三种是依合同当事人约定不得转让的债权。按照当事人意思自治原则，当事人对债权转让的禁止可以在合同中约定，也可以在合同订立之后另行约定，但必须在债权尚未转让之前作出，否则转让有效。第四种是依法律规定不得转让的债权。

第四，有转让通知。我国《民法典》对债权转让的生效要件采用的是通知主义原则，即当债权转让的通知抵达债务人时，债权转让才具备生效的资格。其承认了债权转让是债权人的处分行为，为债权人的自由处分提供了便利和保护，又保护了债务人不因债权人将债权转让于他人而蒙受不测之损害。在实践中，通知的行为既可由债权转让人直接通知债务人，也可以由受让人持其与债权人达成的债权转让协议或债权人出具的债权转让凭证进行通知，两种通知的法律效果应等同。

(3)债权转让与仲裁条款的关系

从本质上看，仲裁条款体现的是程序性的权利，而主合同约定的更多的则是实体性的权利。一般认为，仲裁条款的独立性，是指仲裁条款虽然作为主合同的一部分，但其在性质上、效力上均独立于主合同，其效力有独立的确定性，不受主合同变更、解除、终止、无效等情形的影响。我国《民法典》第507条“合同不生效、无效、被撤销或者终止的，不影响合同中有关解决争议方法的条款的效力”之规定，亦体现了上述精神。

同时，我国《民法典》第570条规定：“债权人转让债权的，受让人取得与债权有关的从权利，但是该从权利专属于债权人自身的除外。受让人取得从权利不因该从权利未办理转移登记手续或者未转移占有而受到影响。”但仲裁条款中的管辖约定是否属于从权利，是否专属于债权人自身，是否可以随主债权的转移而转移，法律却未作规定。从这个角度出发，债权转让以后，仲裁条款的可约束性又存在不确定因素。

债权转让后原仲裁条款的管辖约定能否对受让人有效呢？虽然法律无明文规定，但在现有司法解释中可找到推导依据。《最高人民法院关于适用〈中华人民共和国仲裁法〉若干问题的解释》第 9 条规定："债权债务全部或者部分转让的，仲裁协议对受让人有效，但当事人另有约定、在受让债权债务时受让人明确反对或者不知有单独仲裁协议的除外。"如果债务人与次债务人有仲裁管辖的约定时，受让方可以通过明确拒绝该约定的方式改变案件的管辖，否则就要接受仲裁管辖的约束。在司法实践中，最高人民法院作出的(2016)最高法民辖终 217 号民事判决书裁定：债权转让明确约定受让人不接受买卖合同中的仲裁条款，仲裁条款对受让人不具有拘束力，仲裁管辖无效。

从上述司法解释来看，原债权债务双方的仲裁条款管辖效力是及于债权转让后的债权人及债务人的。协议管辖本身体现的是当事人双方平等合意，是尊重债权债务双方对争议解决方式的选择的体现，目的是节省双方成本和司法资源，有利于高效率解决争议。一般情况下，债权的转让对于债务人本身并没有损害，只是履行义务的对象发生变化，因此承认原协议管辖的效力是尊重原合同意志的体现，没有理由因债权转让就否认原协议管辖的效力。本案中，甲乙公司签订的《特定资产权益融资协议》、乙丙公司签订的《债权转让协议》，均是各方当事人的真实意思表示，不违反法律法规的强制性规定，合法有效。乙公司在转让债权当日通知甲公司，且甲公司复函表示同意。因此，仲裁条款对甲公司有效，X 市仲裁委员会享有案件管辖权。

2. 民间借贷关系与金融借款关系

(1)相关概念

《最高人民法院关于审理民间借贷案件适用法律若干问题的规定》第 1 条规定：该规定所称的民间借贷，是指自然人、法人和非法人组织之间进行资金融通的行为。经金融监管部门批准设立的从事贷款业务的金融机构及其分支机构，因发放贷款等相关金融业务引发的纠纷，不适用该规定。

民间借贷是指自然人之间、自然人与法人或者其他组织之间，以及法人与其他组织相互之间，以货币或其他有价证券为标的进行资金融通的行为。

金融借款是指办理贷款业务的金融机构作为贷款人一方，向自然人、法人、其他组织等提供贷款，借款人到期返还借款并支付利息的行为。

(2)民间借贷与金融借款的异同

相同点：民间借贷与金融借款在本质上都是借款关系，都受《民法典》"合同编"关于借款合同法律规定的限制。

不同点：①主体不同。民间借贷法律关系的主体为金融机构以外的自然人、法人、其他组织，而金融借款法律关系的主体一方必定为经监管部门批准成立的金融机构，包括银行业金融机构和非银行金融机构。②形式不同。金融借款为要式行为，合同的订立必须以书面形式达成,而民间借贷则无此限制。③目的不同。民间借贷行为可能是有偿借贷,也可能是无偿借贷,而金融借款的借款方必须向出借方支付一定的利息。④成立时间不同。《民法典》第679条规定:自然人之间的借款合同,自贷款人提供借款时成立。可见民间借贷是实践合同,其成立的前提是借贷物的实际支付;而金融借款是诺成合同,双方当事人协商一致,金融借款关系即可成立。⑤利息不同。民间借贷利息由当事人约定,在合同中没有约定或者约定不明确,应推定为无息。但是,最高不得超过年利率15.4%。而金融借款关系是商业行为,收取利息以求盈利,如果有约定按照约定,没有约定,按照中国人民银行规定的利率上下限确定。⑥合同管理不同。民间借贷较少受到国家监管,不违法即可。但是,有偿借款不应该违反国家强制性规定。金融借款受国家严格监管。⑦适用法律不同。民间借贷行为受到《民法典》《最高人民法院关于审理民间借贷案件适用法律若干问题的规定》等法律及相关司法解释的调整,而金融借款关系中,金融借款利率受中国人民银行规定的贷款利率的限制。

3. 非金融机构受让金融借款的效力

非金融机构受让金融借款后,作为受让人一方的非金融机构与债务人的纠纷通常集中在非金融机构能否继承原合同收取罚息、复利等原本属于金融机构的合同权利。

《民法典》第676条规定:"借款人未按照约定的期限返还借款的,应当按照约定或国家有关规定支付逾期利息。"当前,我国现行法律法规对非金融机构收取罚息并无禁止性规定。非金融机构的债权系从金融机构处合法受让取得,在原金融借款合同有效的情况下,非金融机构作为合法债权受让人,应享有转让协议中约定的各项权益,其中即包括对逾期罚息的收取权利。《民法典》第545条规定,债权人可以将债权的全部或者部分转让给第三人。由此可知,受让人继受合同权利的范围和原合同应当具有一致性。

从这个意义上来说,合同权利的转让不会让合同性质发生转变。即使金融借款合同的性质是由金融机构的主体性质决定的,债权转让后,原金融借款合同约定的权利义务以及适用的法律不会因为主体性质的变更而发生变化。丙公司的债权系从乙公司受让取得,在甲乙公司签订的协议有效的情况下,丙公司作为乙公司的合法债权受让人,相应地享有协议中约定的各项权益,其中即包括对逾期罚息的收取权利。

4. 仲裁中的财产保全

(1)仲裁财产保全的概念和条件

仲裁中的财产保全,是指仲裁机构在受理当事人仲裁申请后,对案件作出仲裁裁决前,为保证将来仲裁裁决得以实现,而由法院对当事人的财产或争执标的物采取强制措施的制度。

《仲裁法》第28条规定,一方当事人因另一方当事人的行为或者其他原因,可能使裁决不能执行或者难以执行的,可以申请财产保全。根据法律的规定,仲裁中的财产保全应当符合下列条件:①仲裁案件必须具有给付内容。②必须因一方当事人的行为或者其他原因,可能使将来的仲裁裁决不能执行或难以执行。③仲裁当事人申请财产保全必须符合法定程序。

(2)仲裁财产保全的程序

第一,仲裁当事人提出申请。仲裁中的财产保全,必须由仲裁当事人提出申请,而且应当根据法律的规定在仲裁机构受理仲裁申请后,对仲裁案件作出仲裁裁决前,提出财产保全申请。

第二,仲裁当事人应当向仲裁委员会递交财产保全申请书。按照仲裁程序,仲裁当事人不能直接向人民法院递交财产保全申请书。仲裁委员会应将当事人的财产保全申请按照民事诉讼法的有关规定提交人民法院(申请人住所地或者财产所在地的基层人民法院)。

第三,人民法院依照民事诉讼法的规定对财产保全申请进行审查,并决定是否采取财产保全措施以及采取何种措施。

第四,仲裁当事人对人民法院财产保全的裁定不服,可以向人民法院申请复议一次,复议期间不停止裁定的执行。

(3)申请人的责任

《仲裁法》第28条第3款规定,申请有错误的,申请人应当赔偿被申请人因财产保全所遭受的损失,即当事人申请财产保全有错误的,应当赔偿被申请人因财产保全所遭受的财产损失。仲裁委员会不承担赔偿责任。

(二)相关法律法规政策

1.《民法典》第507条、第545条、第546条、第547条、第548条、第585条第2款、第676条、第679条。(原《合同法》第57条、第79条、第80条、第81条、第82条、第114条第2款、第207条、第210条。)

2.《信托公司管理办法》第2条第1款。

3.《仲裁法》第28条、第30条、第31条、第32条、第34条、第36条、第37条。

4.《最高人民法院关于适用〈中华人民共和国民事诉讼法〉的解释》(2015年)第531条第1款。

5.《人民币利率管理规定》第20条、第21条。

6.《最高人民法院关于适用〈中华人民共和国仲裁法〉若干问题的解释》第9条。

7.《最高人民法院关于审理涉及金融不良债权转让案件工作座谈会纪要》。

8.《最高人民法院关于审理涉及金融资产管理公司收购、管理、处置国有银行不良贷款形成的资产的案件适用法律若干问题的规定》(法释〔2001〕12号,已失效)第3条第2款。

9.《最高人民法院关于金融资产管理公司收购、处置银行不良资产有关问题的补充通知》第1条。

10.《最高人民法院关于对企业借贷合同借款方逾期不归还借款的应如何处理的批复》。

11.《中国银行业监督管理委员会关于商业银行向社会投资者转让贷款债权法律效力有关问题的批复》。

12.《中国人民银行关于人民币贷款利率有关问题的通知》第3条第2款。

(三)思考与实践问题

1. 简述债权转让与仲裁管辖的关系。

2. 仲裁庭组成包括哪些法定程序?

3. 简述仲裁员的法定回避情形。

相关参考文献

刘杰山:《论非银行金融机构间信托债权转让——以我国金融资产管理公司与信托公司间债权转让为视角》,载《太原理工大学学报(社会科学版)》2015年第2期。

谢晓斌:《合同债权转让情形诉讼管辖权归属研究——以受让人与原合同债务人纠纷为视角》,载《法制与经济》2014年第15期。

朱虎:《禁止转让债权的范围和效力研究:以〈民法典〉规则为中心》,载《法律科学(西北政法大学学报)》2020年第5期。

王子杰:《债权转让后新债权人与债务人纠纷的管辖权问题研究》,载《海峡法学》2020年第1期。

案例八　王某某等人借贷合同之连带担保责任纠纷仲裁案

一、案例研判

(一)基本案情

2015年4月25日,申请人与第一被申请人签订《借款合同》,该合同约定:申请人向第一被申请人出借人民币2000万元;借款期限为5个月;按月计息,借款利率为每月1.5%;第一被申请人应按约定还本付息、支付费用;未按期还款的,应从逾期之日起,按本合同约定利息上浮50%计算罚息并按逾期还款金额的0.5%每日向申请人支付滞纳金;第一被申请人未按合同约定还本付息、给付费用的,除按本合同第6条约定承担罚息、滞纳金外,还应承担欠款金额10%的违约金。同日,第二被申请人、第三被申请人与申请人签订《保证合同一》;第四被申请人与申请人签订《保证合同二》。两合同约定:保证人自愿就第一被申请人在主合同项下的全部借款本金、利息、罚息、违约金、损害赔偿金、实现债权的费用以及其他应向出借人清偿的款项向申请人提供保证担保;保证方式为担保范围内向申请人提供不可撤销的无限连带责任保证;保证期间为主合同项下债务履行期届满之日起2年;保证人违反保证合同约定,应向申请人赔偿其因此遭受的实际损失,保证人承担上述违约责任并不会对保证合同中连带责任担保造成任何减损,保证人仍应当继续对主合同的履行承担无限连带责任。

2015年4月25日,申请人按照合同约定向第一被申请人指定的账号共转账2000万元。第一被申请人向申请人出具《借据》,承诺:按期如数归还借款,如果未能偿还,愿意承担一切经济、法律责任;如逾期还款,利息及相关费用按照借款合同的约定计算,逾期加倍计付罚息。

自2015年8月25日始,第一被申请人未再向申请人支付任何借款本金及利息,第二被申请人、第三被申请人、第四被申请人也未代偿。

为解决上述欠款问题。2015年8月26日,申请人委托朋友与第五被申请人签订

《认购书》，约定申请人以预售总价 2000 万元的价格认购第五被申请人的 20 套房产。同日，又签订《房产回购协议》，约定：第五被申请人在 2015 年 8 月至 2016 年 2 月期间可随时以认购价格回购上述所认购的房产。

2016 年 9 月 30 日，申请人与第一被申请人、第二被申请人、第三被申请人、第四被申请人、第五被申请人签订《协议书》。该协议约定：第一被申请人、第五被申请人需按照欠款金额从上述欠款之日起按日千分之一点五的标准向申请人支付未还款项的利息直至完全清偿欠款为止；第二被申请人、第三被申请人、第四被申请人、第五被申请人仍就上述债务向申请人承担无限连带保证责任。各方一致同意将《借款合同》《认购书》以及该协议项下的争议提交 B 市仲裁委员会仲裁解决。

2017 年 1 月 12 日，申请人与第五被申请人签署《补充协议（二）》，就第五被申请人如何归还借款进行约定。

2017 年 9 月 22 日，申请人与第五被申请人、第五被申请人股东签署《备忘录》，该备忘录约定第五被申请人寻求多途径解决欠款问题。

2019 年 10 月 30 日，申请人向 B 市仲裁委员会申请仲裁。仲裁庭开庭前申请人明确第一被申请人和第五被申请人为共同债务人，第二被申请人、第三被申请人、第四被申请人为连带保证人。

申请人为保障债权执行，向 B 市人民法院申请对被申请人采取财产保全措施。

（二）焦点分析

本案既涉及程序问题，也涉及实体问题。仲裁机构管辖权的确定、第三人能否加入仲裁程序、仲裁时效如何计算以及 2017 年 10 月 1 日开始实施的原《中华人民共和国民法总则》（以下简称原《民法总则》）3 年诉讼时效规定是否适用本案，均属于程序问题。而本案第二被申请人、第三被申请人、第四被申请人是否承担连带保证责任则属于实体问题，判断第二被申请人、第三被申请人、第四被申请人是否承担连带保证责任的核心在于保证期间的识别及债权人是否在保证期间内向保证人主张了权利。

1. 仲裁机构管辖权的问题

被申请人认为，申请人与第一被申请人 2015 年 4 月 25 日签订的《借款合同》及申请人与第二被申请人、第三被申请人、第四被申请人签订的两份保证合同均未对争议解决的方式作出约定。2016 年 9 月 30 日签订的《协议书》虽有争议解决的仲裁条款，但其并未约定《协议书》与两份保证合同就争议解决方式不一致时应适用《协议书》的条款，因此 B 市仲裁委对两份保证合同的争议无管辖权。

2019 年 11 月 3 日，五被申请人向某中级人民法院申请确认仲裁协议效力。该案于 2020 年 2 月 20 日审查终结。

该中级人民法院查明："《协议书》是申请人与第二被申请人、第三被申请人、第四被申请人签订保证合同之后并以保证合同为基础签订的,两者有关争议解决方式的约定如有不同,应以《协议书》约定为准……《协议书》属于各方当事人对争议解决方式的变更。《协议书》第4条具有请求仲裁的意思表示;仲裁事项、选定的仲裁委员会明确清晰。故争议解决仲裁条款合法有效,对签约的各方均具有约束力。”根据上述生效的民事裁定,法院认为仲裁委员会对本案的保证合同争议有管辖权。

2. 仲裁进行时第三人加入的问题

五被申请人认为:根据《协议书》的相关内容,申请人已将债权转让给其朋友,因此本案涉及其朋友的权利义务,仲裁庭应追加其朋友为本案的第三人参加仲裁。仲裁庭认为:2015年8月26日签订的《认购书》实际上是第五被申请人以自有物对第一被申请人的债务提供担保。认购书协议项下所有权利是由申请人和第一被申请人享有,债权并没有转让。

根据原《合同法》第402条(现为《民法典》第925条)规定受托人以自己的名义,在委托人的授权范围内与第三人订立的合同,第三人在订立合同时知道受托人与委托人之间的代理关系的,该合同直接约束委托人和第三人,但有确切证据证明该合同只约束受托人和第三人的除外。本案中,《认购书》签订时,委托人(申请人)、受托人(朋友)、第三人(第五被申请人)均知晓各方当事人的存在并了解委托人与受托人之间的代理关系,应视为三方均同意包括仲裁条款在内的合同条款直接约束申请人与第五被申请人。

申请人的朋友与申请人和第五被申请人没有签订仲裁协议,《仲裁规则》没有第三人参与仲裁的规定,仲裁庭无权把没有仲裁协议的案外人追加进来。故被申请人要求追加其朋友作为本案的第三人参加仲裁,仲裁庭不予支持。

3. 本案仲裁时效的问题

根据《仲裁法》第74条“法律对仲裁时效有规定的,适用该规定。法律对仲裁时效没有规定的,适用诉讼时效的规定”之规定,本案仲裁时效适用诉讼时效的规定。

关于申请人要求第五被申请人清偿债务的诉讼时效的计算问题。第五被申请人在本案中看起来是用自己的房产给第一申请人设置了让与担保。但在2016年9月30日,申请人与第五被申请人签订的《协议书》中,约定了第五被申请人在期限内不能办理转移登记则第一被申请人、第五被申请人需立即清偿申请人欠款。第一被申请人、第五被申请人仍需按照欠款金额从上述欠款之日起向申请人支付未还款项的利息直至完全清偿欠款为止。从实际证据来看,第五被申请人实际上已经作为了债务人的角色同意偿还欠款。

《协议书》签订后,第一被申请人未履行还款义务,2017年1月2日,申请人与第五被申请人签署《补充协议(二)》,就第五被申请人如何归还借款进行了约定,诉讼时效于2017年1月13日中断;2017年9月22日,申请人与第五被申请人、第五被申请人的股东签署《备忘录》,就解决申请人债务问题作出五种清偿方案,诉讼时效于2017年9月23日再次中断。根据原《中华人民共和国民法通则》(以下简称原《民法通则》)第135条"向人民法院请求保护民事权利的诉讼时效期间为二年,法律另有规定的除外"之规定,本案主债权诉讼时效届满日是2019年9月。根据原《民法总则》第188条(现为《民法典》第188条)的规定:向人民法院请求保护民事权利的诉讼时效期间为3年。法律另有规定的,依照其规定。根据《最高人民法院关于适用〈中华人民共和国民法总则〉诉讼时效制度若干问题的解释》(法释〔2018〕12号,已失效)第2条"民法总则施行之日,诉讼时效期间尚未满民法通则规定的二年或者一年,当事人主张适用民法总则关于三年诉讼时效期间规定的,人民法院应予支持"及第5条"本解释自2018年7月23日起施行。本解释施行后,案件尚在一审或者二审阶段的,适用本解释;本解释施行前已经终审,当事人申请再审或者按照审判监督程序决定再审的案件,不适用本解释"之规定,本案自2017年9月22日起算诉讼时效,按照当时的2年诉讼时效规定,诉讼时效期间应当是2017年9月22日至2019年9月21日。在2017年10月1日(原《民法总则》施行之日),该仲裁时效并未满2年,且在前述司法解释施行之后,本案仍在仲裁审理阶段。根据《最高人民法院关于适用〈中华人民共和国民法总则〉诉讼时效制度若干问题的解释》(法释〔2018〕12号,已失效)第2条的规定,申请人要求第五被申请人清偿债务可适用民法总则3年诉讼时效期间的规定。

关于对第一被申请人诉讼时效的计算问题。根据2016年9月30日签订的《协议书》,第一被申请人与第五被申请人是作为共同债务人为申请人的借款承担清偿责任。根据2008年《最高人民法院关于审理民事案件适用诉讼时效制度若干问题的规定》第17条第1款(2021年1月1日施行的该规定的条款为第15条第1款)"对于连带债权人中的一人发生诉讼时效中断效力的事由,应当认定对其他连带债权人也发生诉讼时效中断的效力"规定,第五被申请人于2017年1月5日和2017年9月22日承认申请人债权而导致诉讼时效中断对第一被申请人亦发生诉讼时效中断的效力。申请人于2019年10月30日提起仲裁要求第一被申请人清偿债务未超过诉讼时效。

4. 本案第二被申请人、第三被申请人、第四被申请人的连带保证责任问题

2015年4月25日,第二被申请人、第三被申请人、第四被申请人与申请人签订的保证合同约定的保证方式为不可撤销的无限连带责任保证;保证范围为主合同项下的全部借款本金、利息、罚息、违约金、损害赔偿金、实现债权的费用以及其他应向出借人清偿的款项;保证期间为主合同项下债务履行期届满之日起2年,即2015年9月1日至2017年8月31日。2016年9月30日申请人与第二被申请人、第三被申请人、第四被申请人、第五被申请人签署《协议书》,该协议第3条约定:"第二被申请人、第三被申请

人、第四被申请人仍就上述债务向申请人承担无限连带保证责任。”

《协议书》应视为申请人与第二被申请人、第三被申请人、第四被申请人就上述借款债务形成了新的保证关系，担保方式为连带责任保证；对担保期间未作出明确约定；对主债务履行期限未作出明确的约定。原《担保法》第26条第1款规定，“连带责任保证的保证人与债权人未约定保证期间的，债权人有权自主债务履行期届满之日起六个月内要求保证人承担保证责任”。[①]《最高人民法院关于适用〈中华人民共和国担保法〉若干问题的解释》（法释〔2000〕44号，已失效）第33条规定：“主合同对主债务履行期限没有约定或者约定不明的，保证期间自债权人要求债务人履行义务的宽限期届满之日起计算。”

2017年1月12日，就如何归还借款事宜，申请人与第五被申请人签署《补充协议（二）》，《补充协议（二）》可视为申请人向第五被申请人主张了债权，主债务履行期届满日为2017年1月13日，保证责任的保证期间从2017年1月13日起算，根据原《担保法》第26条第1款“连带责任保证的保证人与债权人未约定保证期间的，债权人有权自主债务履行期届满之日起六个月内要求保证人承担保证责任”之规定，保证期为2017年1月13日至2017年7月12日，申请人应在此期间向第二被申请人、第三被申请人、第四被申请人要求承担保证责任。但申请人未能提供在2017年1月13日至2017年7月12日期间有向第二被申请人、第三被申请人、第四被申请人提出承担保证责任要求的证据。根据原《担保法》第26条第1款“连带责任保证的保证人与债权人未约定保证期间的，债权人有权自主债务履行期届满之日起六个月内要求保证人承担保证责任。在合同约定的保证期间和前款规定的保证期间，债权人未要求保证人承担保证责任的，保证人免除保证责任”之规定，第二被申请人、第三被申请人、第四被申请人免除保证责任。

（三）案例评析

连带责任保证的债务人在主合同规定的履行期届满没有履行债务的，债权人既可以要求债务人履行债务，也可以要求保证人在其保证范围内承担保证责任，保证人没有先诉抗辩权。

《民法典》第692条规定：债权人与保证人……没有约定或者约定不明确的，保证期间为主债务履行期限届满之日起6个月。《民法典》第693条规定：一般保证的债权人

---

① 《民法典》第692条规定：债权人与保证人可以约定保证期间，但是约定的保证期间早于主债务履行期限或者与主债务履行期限同时届满的，视为没有约定；没有约定或者约定不明确的，保证期间为主债务履行期限届满之日起六个月。债权人与债务人对主债务履行期限没有约定或者约定不明确的，保证期间自债权人请求债务人履行债务的宽限期届满之日起计算。该条对债权人与保证人约定保证期间的各种可能情况均作了规定。

未在保证期间对债务人提起诉讼或者申请仲裁的,保证人不再承担保证责任。连带责任保证的债权人未在保证期间请求保证人承担保证责任的,保证人不再承担保证责任。在保证期间内,债权人依法向连带责任保证人请求承担保证责任,保证人不得拒绝,这就是连带责任保证中保证期间效力的积极方面。如果在保证期间内债权人没有要求保证人承担保证责任,则保证人免除保证责任,这是连带责任保证中保证期间的消极效力。

本案审理中最核心的问题在于对被申请人保证期间的识别。本案涉及对第二被申请人、第三被申请人、第四被申请人保证期间的识别,申请人于2015年4月25日与第二被申请人、第三被申请人、第四被申请人签订的保证合同约定了2年期的连带保证期间;但2015年9月30日与第二被申请人、第三被申请人、第四被申请人、第五被申请人签订的《协议书》没有约定具体的保证期间,《协议书》中新的担保条款可视为对原保证合同担保条款的变更。根据原《担保法》第26条的规定,未约定保证期间的,保证期间为主债务履行期届满之日起6个月;因申请人未在《借款合同》到期后6个月内向第二被申请人、第三被申请人、第四被申请人主张履行保证责任,第二被申请人、第三被申请人、第四被申请人因此而免除保证责任。

在司法实践中,存在大量类似本案多次签订补充协议时债权人审核疏忽等原因导致在签订补充协议时疏忽保证期间的约定,此时,保证期间为主债务履行期届满之日起6个月。6个月的时间很短,如果债权人不熟悉有关担保的法律法规及司法解释,很容易错过在6个月担保期内向保证人主张保证责任,导致因担保人免责而债权人的债权无法实现的不利后果。因此,在涉及包含担保责任条款的借款合同出现数次修改、变更时一定注意对担保形式、担保期间、担保责任范围等内容重点审核和把关。

二、法律实务操作

(一)重点难点问题

1. 一般保证和连带责任保证的区分

(1)一般保证

一般保证,是指当事人在保证合同中约定,债务人不能履行债务时,由保证人承担保证责任的保证。具有以下特点:

①保证方式由当事人在保证合同中约定或者推定。保证方式是保证合同应当具备的内容之一,担保法要求每一保证合同都应明确约定其保证方式,如果双方没有约定和约定不明的,不能视为连带责任保证成立,而是推定为一般保证成立。

②保证人只在债务人不能履行债务时承担保证责任。债务人不履行债务通常有四种形态:履行不能、拒绝履行、履行迟延和履行不当。其中,履行不能又分为自始不能与

嗣后不能、客观不能与主观不能。作为一般保证构成要件的“债务人不能履行债务”是指客观上无法履行债务或是没有能力履行债务。因此,只有在债务人事实上已不可能再履行债务时,保证人才承担一般保证的保证责任。

③保证人有权行使先诉抗辩权,即一般保证的保证人在主合同纠纷未经审判或仲裁,并就债务人财产依法强制执行仍不能履行债务前,保证人可以拒绝承担保证责任,此即保证人享有先诉抗辩权。一般保证的保证人承担保证责任,必须是被保证的主合同已经经过审判或仲裁,后又依法对债务人即被保证人的财产采取强制执行措施,但债务人的财产仍不能清偿债务的情况下,否则,一般保证的保证人有权要求债权人即保证权人先就主债务人即被保证人的财产诉请强制执行,从而拒绝承担保证责任。

④法律对保证期间规定得比较严格,即一般保证的保证人与债权人未约定保证期间的,保证期间为主债务履行期届满之日起6个月。无论是在约定保证期间,还是在法定保证期间,只要债权人对债务人提起诉讼或申请仲裁,保证人的责任则形成,转化为保证之债。在保证之债期间,债权人提起诉讼和申请仲裁后该保证之债则适用诉讼时效中断的相关规定。

相关法律规定如下。《民法典》第686条规定:保证的方式包括一般保证和连带责任保证。当事人在保证合同中对保证方式没有约定或者约定不明确的,按照一般保证承担保证责任。

第687条规定:当事人在保证合同中约定,债务人不能履行债务时,由保证人承担保证责任的,为一般保证。一般保证的保证人在主合同纠纷未经审判或者仲裁,并就债务人财产依法强制执行仍不能履行债务前,有权拒绝向债权人承担保证责任,但是有下列情形之一的除外:(1)债务人下落不明,且无财产可供执行;(2)人民法院已经受理债务人破产案件;(3)债权人有证据证明债务人的财产不足以履行全部债务或者丧失履行债务能力;(4)保证人书面表示放弃该款规定的权利。

(2)连带责任保证

连带责任保证,是指当事人在保证合同中约定保证人与债务人对债务承担连带责任的保证。具有以下特点:

①连带责任保证的债务人在主合同规定的履行期届满没有履行债务的,债权人既可以要求债务人履行债务,也可以要求保证人在其保证范围内承担保证责任,保证人没有先诉抗辩权。

②连带责任保证的保证人与债权人未约定保证期间的,债权人有权自主债务履行期届满之日起六个月内要求保证人承担保证责任。

③在合同约定的保证期间和法定的保证期间内,债权人要求保证人承担法律责任,则保证责任转化成保证之债,这里的“期间”包括以下几种情况:第一,当事人约定的保

证期间早于或者等于主债务的履行期,视为此时当事人未约定保证期间,直接适用法定保证期间,即自主债务履行期届满之日起6个月;第二,当事人约定的保证期间短于主债务履行期届满后6个月的,应视为6个月;第三,当事人约定的保证期间长于主债务履行期届满后6个月的,从其约定;第四,没有约定或者约定不明确的,保证期间为主债务履行期限届满之日起6个月。

相关法律规定如下。《民法典》第688条规定:当事人在保证合同中约定保证人和债务人对债务承担连带责任的,为连带责任保证。连带责任保证的债务人不履行到期债务或者发生当事人约定的情形时,债权人可以请求债务人履行债务,也可以请求保证人在其保证范围内承担保证责任。

2. 连带保证人的保证责任

连带责任保证的债务人在主合同规定的履行期届满没有履行债务的,债权人既可以要求债务人履行债务,也可以要求保证人在其保证范围内承担保证责任,保证人没有先诉抗辩权。

(1)保证具有从属于主债务的性质,保证责任的范围要受保证从属性的影响,不得超出主债务的范围,在强度上也不得重于主债务。

(2)对于保证责任的范围,《民法典》第691条规定,"保证的范围包括主债权及其利息、违约金、损害赔偿金和实现债权的费用。当事人另有约定的,按照其约定"。即当事人在不超过主债务的限度内可以自行约定保证责任范围。保证合同系债权人与保证人在自由、平等的基础上协商确定的,保证人可以约定担保部分债务,也可约定担保全部债务;可以约定只就主债务本身担保,也可约定对主债务及其产生的附带债务作担保。

(3)保证合同成立后,主债务缩小的,保证责任的范围随之缩小,但主债务扩大而未经保证人同意的,保证责任的范围不因此而扩张。

《民法典》第695条规定:"债权人和债务人未经保证人书面同意,协商变更主债权债务合同内容,减轻债务的,保证人仍对变更后的债务承担保证责任;加重债务的,保证人对加重的部分不承担保证责任。债权人和债务人变更主债权债务合同的履行期限,未经保证人书面同意的,保证期间不受影响。"

最高人民法院相关司法解释中也有类似规定,如《最高人民法院关于审理经济合同纠纷案件有关保证的若干问题的规定》(法发〔1994〕8号,已失效)第12条第2款规定:"债权人与被保证人未经保证人同意,在主合同履行期限内变更合同其他内容而使被保证人债务增加的,保证人对增加的债务不承担保证责任。"

《民法典》删除了原《担保法》关于合同约定不明或未约定保证范围的情形下保证人对全部债务承担责任的规定。在这种情况下,保证范围为《民法典》第691条规定的范围,即主债权及利息、违约金、损害赔偿金和实现债权的费用。这一规定更加科学合理,也避免了对《担保法》规定的全部债务承担责任可能产生的不同理解。

(4)保证期间是指保证责任的存续期间,连带保证责任也不例外。如果在保证期间内,债权人依法向连带责任保证人请求承担保证责任,保证人不得拒绝,这就是连带责任保证中,保证期间效力的积极方面。如果在保证期间内债权人没有要求保证人承担保证责任,则保证人免除保证责任,这是连带责任保证中保证期间的消极效力。根据《民法典》第 693 条“一般保证的债权人未在保证期间对债务人提起诉讼或者申请仲裁的,保证人不再承担保证责任。连带责任保证的债权人未在保证期间请求保证人承担保证责任的,保证人不再承担保证责任”的规定,本案中,申请人并未在保证期间内向第二、第三、第四被申请人(担保人)主张权利,其保证期间经过后,申请人再要求第二、第三、第四被申请人承担连带保证责任则于法无据。

3. 仲裁协议的效力认定

仲裁协议是当事人自愿把他们之间业已发生的或将来可能发生的特定争议交付仲裁机构解决的共同意思表示。就内容而言,仲裁协议是程序选择的契约,是一种关于争议解决方式的合意,是约定把争议交给第三者解决的协议。

仲裁协议一经合法成立,当事人即丧失了就特定争议向法院起诉的权利,而相应地承担着将特定争议提交仲裁并服从仲裁裁决的义务。就仲裁机构(仲裁员)而言,有效的仲裁协议是仲裁员或仲裁机构受理案件及进行仲裁的依据,也是排斥法院对争议案件管辖权的依据。

对仲裁协议效力有权作出确认的机构包括仲裁委员会和人民法院。在仲裁裁决作出前,当事人可以要求仲裁委员会或者法院认定协议效力;仲裁裁决作出后,协议效力只能由法院认定。对仲裁协议效力的认定权由仲裁庭掌握,这是大多数国家实行的一项原则。它可以避免法院过早干预仲裁,减轻法院负担,并有利于加速仲裁程序,防止当事人恶意拖延,降低当事人花费,提高仲裁效率。

人民法院对仲裁协议效力予以认定体现了司法对仲裁的监督。《最高人民法院关于审理仲裁司法审查案件若干问题的规定》第 2 条规定:申请确认仲裁协议效力的案件,由仲裁协议约定的仲裁机构所在地、仲裁协议签订地、申请人住所地、被申请人住所地的中级人民法院或者专门人民法院管辖。当事人对仲裁协议的效力有异议,应当在仲裁庭首次开庭前提出。《最高人民法院关于适用〈中华人民共和国仲裁法〉若干问题的解释》第 12 条规定:“当事人向人民法院申请确认仲裁协议效力的案件,由仲裁协议约定的仲裁机构所在地的中级人民法院管辖;仲裁协议约定的仲裁机构不明确的,由仲裁协议签订地或者被申请人住所地的中级人民法院管辖。”根据《最高人民法院关于确认仲裁协议效力几个问题的批复》第 3 条的规定,当事人对仲裁协议的效力有异议,一方当事人申请仲裁机构确认仲裁协议效力，另一方当事人请求人民法院确认仲裁协议无效，如果仲裁机构先于人民法院接受申请并已作出决定，人民法院不予受理；如果仲裁机构接受申请后尚未作出决定，人民法院应予受理，同时通知仲裁机构终止仲裁。

涉及海事海商纠纷仲裁协议效力的案件，由仲裁协议约定的仲裁机构所在地、仲裁协议签订地、申请人住所地、被申请人住所地的海事法院管辖；上述地点没有海事法院的，由就近的海事法院管辖。

司法实务中，仲裁协议无效的情形有如下几种：(1)自始无效。①约定的仲裁事项超出法定范围。②主体为无民事行为能力人或限制行为能力人。③一方采用胁迫手段，迫使对方订立仲裁协议。(2)经撤销无效。①意思表示不真实的仲裁协议。②一方受欺诈、重大误解或被他方乘人之危。(3)不明确的仲裁协议因当事人未能补救而无效。如双方对仲裁事项、仲裁机构没有约定或约定不明确。

4. 仲裁程序中第三人的加入

追加当事人是民事诉讼法的规定，在必要共同诉讼中，必须参加共同诉讼的当事人没有参加诉讼的，人民法院应当通知其参加诉讼。追加当事人有两种方式：一种是依职权追加，另一种是依申请追加。在民事诉讼程序中人民法院对当事人提出的申请，应当进行审查，申请无理的，驳回申请；申请符合法律规定的，书面通知被追加的当事人参加诉讼。仲裁是基于当事人双方合意而发生的，没有仲裁协议就没有仲裁活动。现行法律没有赋予仲裁庭追加第三人的权利。因此，仲裁庭追加第三人于法无据。

作为解决纠纷的程序性机制，仲裁与民事诉讼有相同之处，但是两者本质上仍有许多区别。诉讼以国家强制力为后盾，法院行使的是国家审判权，其管辖权的取得不以当事人的同意为必要条件，当事人也无权约定排除司法管辖，所以民事诉讼本质上是国家公权力介入私人纠纷。这种解决方式具有一定程度上的开放性，公权力可以根据审判的需要扩展诉讼的参加人。即便如此，出于对公民处分权的尊重，在一些特殊的必要共同诉讼中，如继承案件、共同侵权案件仍强调尊重当事人的选择权和处分权，限制公权力的使用。仲裁是一种解决民商事争议的非司法方式，无论是仲裁机构还是临时仲裁庭都具有民间性，是非官方的民间机构，这也是仲裁不同于诉讼的根本之处。尽管在我国绝大多数地方的仲裁委员会仍由国家或地方财政予以扶持，但这并不能否定仲裁机构的民间性质。诉讼中追加当事人是法院的职权之一，是司法权行使的结果。仲裁庭进行仲裁的权力源于当事人的授权，不能强令第三方参加仲裁。同时，秘密性也是仲裁的主要特点之一，强令第三方参加将使仲裁丧失秘密性。因此，仲裁庭并不具有自行决定追加当事人的权力。

5. 共同被告

根据《民事诉讼法》第55条的规定，当事人一方或者双方为二人以上，其诉讼标的是共同的,或者诉讼标的是同一种类、人民法院认为可以合并审理并经当事人同意的,为共同诉讼。

民事诉讼中的共同被告,一类是在普通的共同诉讼中,法院根据原告提出申请,许可追加。但此种追加必须要经过被告和拟新追加的被告明示同意,所以在实践中发生较少争议。另一类是在必要的共同诉讼中,法院依照职权追加被告(包括原、被告提出追加申请或建议,法院根据案件审理情况依职权追加被告),无须各方同意。对此,人民法院应当从以下方面进行审查:第一,是否必要的共同诉讼。我国《民法典》规定的共同所有、共同继承、共同承担连带责任、共同侵权、合伙制度等,决定民事诉讼可能产生必要的共同诉讼。必须是必要的共同诉讼遗漏了被告,除此之外法院没有权利再行追加被告。依据《民事诉讼法》第 59 条规定,如与案件有法律上的利害关系,也只能列为第三人,而不能是被告。第二,原告是否同意追加。由于法律赋予原告选择确定被告的诉讼权利,那么诉谁、不诉谁应当尊重原告的意见。对于被告提出追加共同被告的申请,人民法院经审查认定确属必要的共同诉讼遗漏的当事人,应当行使法官释明权,告知原告并征求其意见。原告同意追加的,裁定准许;原告不同意追加的,可以借鉴行政诉讼法的规定,列其为诉讼中的第三人参与诉讼。

实务中,可列为共同被告或追加共同被告的情形包括但不限于下列情形:(1)个体工商户、个人合伙或私营企业挂靠集体企业并以集体企业的名义从事生产经营活动的,在诉讼中,该个体工商户、个人合伙或私营企业与其挂靠的集体企业为共同诉讼人。(2)营业执照上登记的业主与实际经营者不一致的,以业主和实际经营者为共同诉讼人。(3)个人合伙的全体合伙人在诉讼中为共同诉讼人。个人合伙有依法核准登记的字号的,应在法律文书中注明登记的字号。全体合伙人可以推选代表人;被推选的代表人,应由全体合伙人出具推选书。(4)企业法人分立的,因分立前的民事活动发生的纠纷,以分立后的企业法人为共同诉讼人。(5)借用业务介绍信、合同专用章、盖章的空白合同书或者银行账户的,出借单位和借用人为共同诉讼人。(6)在继承遗产的诉讼中,部分继承人起诉的,人民法院应通知其他继承人作为共同原告参加诉讼;被通知的继承人不愿意参加诉讼又未明确表示放弃实体权利的,人民法院仍应把其列为共同原告。(7)被代理人和代理人承担连带责任的,为共同诉讼人。(8)共有财产权受到他人侵害,部分共有权人起诉的,其他共有权人应当列为共同诉讼人。(9)保证人为借款人提供连带责任保证,出借人仅起诉借款人的,人民法院可以不追加保证人为共同被告;出借人仅起诉保证人的,人民法院可以追加借款人为共同被告。保证人为借款人提供一般保证,出借人仅起诉保证人的,人民法院应当追加借款人为共同被告;出借人仅起诉借款人的,人民法院可以不追加保证人为共同被告。

《最高人民法院关于审理民间借贷案件适用法律若干问题的规定》第 4 条规定:

“保证人为借款人提供连带责任保证,出借人仅起诉借款人的,人民法院可以不追加保证人为共同被告;出借人仅起诉保证人的,人民法院可以追加借款人为共同被告。保证人为借款人提供一般保证,出借人仅起诉保证人的,人民法院应当追加借款人为共同被告;出借人仅起诉借款人的,人民法院可以不追加保证人为共同被告。”

在仲裁程序中,仲裁庭应参照前述规定,根据一般保证、连带责任保证的不同情况,分别确定适当的被申请人(在被申请人均达成接受仲裁管辖约定的前提下)。

(二)相关法律法规政策

1. 原《担保法》第 18 ~ 26 条。

2.《最高人民法院关于适用〈中华人民共和国担保法〉若干问题的解释》(法释〔2000〕44 号,已失效)第 18 ~ 34 条。

3.《民法典》第 691 ~ 695 条。

(三)思考与实践问题

1. 司法实务中,在哪些情形下可认定仲裁协议无效?

2. 简述仲裁与诉讼在第三人加入制度上的区别。

3. 简述保证期间的特点及其与诉讼时效的区别。

4. 简述让与担保的概念和特点。

相关参考文献

曹志勋:《起诉中断诉讼时效规则的理论展开》,载《当代法学》2014 年第 6 期。

高圣平:《论担保物权“一般规定”的修改》,载《现代法学》2017 年第 6 期。

张鹏:《我国保证债务诉讼时效问题研究》,载《中外法学》2011 年第 3 期。

案例九　袁某与刘某、苏某等民间借贷纠纷仲裁案

民间借贷纠纷是当前司法诉讼和仲裁领域中较常见的民商事案件，本案拟通过对现实民间借贷纠纷焦点问题的分析，明确民间借贷的重点知识，梳理最高额担保的体系，加深读者对民间借贷纠纷有关内容的学习。

一、案例研判

(一) 基本案情

2019 年 3 月 14 日，袁某与刘某、苏某签订《最高额借款合同》，约定袁某在借款最高金额 1800 万元内向刘某、苏某出借借款，用于资金周转；借款期限为 1 个月；借款利率为 4.5%/月；还款方式为到期一次性还本付息；如果刘某、苏某未能按照合同约定支付借款利息，或未能按照合同约定的借款期限偿还借款，或未按照合同约定的借款用途使用借款，则应按逾期、挪用借款本金金额及逾期、挪用天数每日计收 0.2% 的违约金；合同项下的争议提交合同签订地有管辖权的法院解决。

同日，袁某与李某、肖某分别签订《最高额抵押合同》，约定李某、肖某提供房产为主合同《最高额借款合同》项下所形成的债权提供最高额抵押担保。抵押权存续期间与主债权的诉讼时效一致，即从抵押权生效之日起到被担保的主债权诉讼时效届满之日止。袁某与李某、肖某未办理抵押登记手续。

同日，袁某与王某、某科技公司、某实业公司分别签订《最高额保证合同》，约定被保证的主债权为主合同《最高额借款合同》项下所形成的债权，最高额为 1800 万元；保证方式为连带责任保证。保证期间为：对于借款，保证期间分笔计算，保证期间自借款到期之日起 2 年；对于主合同项下其他单笔债务，保证期间自债务履行期届满之日起 2 年；若发生法律法规规定或主合同约定的事项，债权人宣布债务提前到期的，保证期间自债务提前到期之日起 2 年。

签约当日，刘某、苏某出具《借据》，借袁某现金共计 1700 万元，用于流动资金。借款期限自 2019 年 3 月 14 日起至 2019 年 4 月 13 日止，逾期还款每天按借款本金的 0.2%

从借款之日起计算罚息，直至全部款项实际清偿之日止。

2019年3月15日，袁某向刘某、苏某指定账户转账1700万元。刘某、苏某出具《收款收据》。

后袁某与刘某、苏某、李某、肖某、王某、某科技公司、某实业公司签订《还款计划协议书》，约定针对《最高额借款合同》项下的借款，借款方同意在该协议签字起第一个星期内还款300万元，第二个星期内还款300万元，余款本息在第三个星期内全部还清。刘某、苏某承担袁某为实现债权而支出的费用，包括但不限于公证费、拍卖房产的所有税费、法院诉讼费、律师费、实现债权相关人员交通费及其他相关合理损失等。抵押方和担保方，即李某、肖某、王某、某科技公司、某实业公司，同意按原约定合同并对该还款计划协议书承担连带担保责任。因前述借款合同及还款计划协议书产生的纠纷提交A市仲裁委员会仲裁。

后刘某未按上述协议约定按时还款，袁某根据《还款计划协议书》中的仲裁条款向A市仲裁委员会提请仲裁，请求裁决刘某和苏某支付借款本金及利息以及请求依法裁决李某、肖某、王某、某科技公司、某实业公司对上述借款本息承担连带担保责任。

A市仲裁委员会于2019年6月受理了袁某与刘某、苏某等人之间的民间借贷纠纷案。刘某于2019年10月向A市中级人民法院提交仲裁协议效力异议申请。A市中级人民法院于2020年6月作出民事裁定，驳回刘某对仲裁协议效力的异议，确定仲裁协议合法有效，仲裁程序继续进行。王某于2020年7月向A市中级人民法院提交仲裁协议效力异议申请，后撤回该申请，2020年9月A市中级人民法院作出民事裁定，准许王某撤回申请，仲裁程序继续进行。

2021年3月25日，A市仲裁委员会作出仲裁裁决：刘某、苏某向袁某支付借款本金及利息。李某、肖某、王某、某科技公司、某实业公司对上述借款本息承担连带清偿责任。

（二）焦点分析

1. A市仲裁委员会对本案是否享有管辖权

根据意思自治原则，当事人可以在合同中约定通过诉讼或仲裁解决因合同产生的争议。我国《仲裁法》第5条规定，“当事人达成仲裁协议，一方向人民法院起诉的，人民法院不予受理，但仲裁协议无效的除外”。换言之，有效的仲裁协议可排除法院的管辖权。同时，有效的仲裁协议也是仲裁机构取得管辖权的前提。《仲裁法》第20条规定，“当事人对仲裁协议的效力有异议的，可以请求仲裁委员会作出决定或者请求人民法院作出裁定。一方请求仲裁委员会作出决定，另一方请求人民法院作出裁定的，由人民法院裁定。当事人对仲裁协议的效力有异议，应当在仲裁庭首次开庭前提出”。本案中，刘某以《最高额借款合同》与《还款计划书》中关于争议解决方式的约定冲突，仲裁协议无效为由在仲裁庭首次开庭前向A市中级人民法院提出确认仲裁协议无效的申请,实质上要解决的是案涉合同纠纷的管辖问题,即案涉纠纷应通过仲裁解决还是通过诉讼解决,属于民事纠纷处理进程中典型的程序性纠纷。

仲裁协议效力异议问题是程序性问题,审查仲裁协议效力应当侧重于形式审查,重点审查仲裁协议或合同所含仲裁条款是否符合我国《仲裁法》第16条规定的合法有效之仲裁协议应当具备的内容和形式,是否存在《仲裁法》第17条规定的无效情形。具体到本案,即使先签订的《最高额借款合同》约定出借款项和合同项下争议提交合同签订地有管辖权的法院解决,但当事人后签订的《还款计划协议书》明确提出请求仲裁的意思表示,也有确定的仲裁事项和选定的仲裁委员会,同时不存在法定无效情形,系真实意思表示,属于对合同争议解决条款内容的变更,并没有产生冲突。A市仲裁委员会根据《还款计划协议书》的仲裁条款对本案有管辖权。

2.本案中,刘某、苏某应偿还的借款本金和利息的金额该如何确定

关于本金的确定,自然人之间的借款合同为实践性合同,应按实际提供的借款确定借款本金的金额,本案借款本金为1700万元。关于利息的确定,关键是利率。《最高人民法院关于审理民间借贷案件适用法律若干问题的规定》(法释〔2015〕18号)①第26条第2款规定:"借贷双方约定的利率超过年利率36%,超过部分的利息约定无效……"本案中,《最高额借款合同》第1条1.3约定的借款利率为4.5%/月,即年利率为54%,因此刘某支付的超过年利率36%的还款应抵扣借款本金②。袁某提出仲裁请求时已对刘某支付的利息调整为按年利率36%计算,对此,仲裁庭予以认可。

当合同未约定先还本金还是利息,借款人在还款时亦未注明是先归还借款本金还是先支付借款利息时,如何确定还款顺序,对借贷双方的实体权益是有影响的,如先归还本金,借款人实际支付的利息相对更少,如先支付利息,借款人实际支付的利息则更多。《最高人民法院关于适用〈中华人民共和国合同法〉若干问题的解释(二)》(法释〔2009〕5号,已失效)第21条规定,债务人除主债务之外还应当支付利息和费用,当其给付不足以清偿全部债务时,并且当事人没有约定的,人民法院应当按照下列顺序抵

① 《最高法院关于审理民间借贷案件适用法律的解释》(法释〔2015〕18号)根据2020年8月18日最高人民法院审判委员会第1809次会议通过的《最高人民法院关于修改〈关于审理民间借贷案件适用法律若干问题的规定〉的决定》第一次修正,根据2020年12月23日最高人民法院审判委员会第1823次会议通过的《最高人民法院关于修改〈最高人民法院关于在民事审判工作中适用《中华人民共和国工会法》若干问题的解释〉等二十七件民事类司法解释的决定》第二次修正。

② 《最高人民法院关于审理民间借贷案件适用法律若干问题的规定》(法释〔2020〕17号)第25条规定,出借人请求借款人按照合同约定利率支付利息的,人民法院应予支持,但是双方约定的利率超过合同成立时一年期贷款市场报价利率四倍的除外。前款所称"一年期贷款市场报价利率",是指中国人民银行授权全国银行间同业拆借中心自2019年8月20日起每月发布的一年期贷款市场报价利率。

充:(1)实现债权的有关费用;(2)利息;(3)主债务。按照该规定及交易习惯,借款合同未约定还款时先还借款本金还是支付借款利息的,应先充抵借款利息,再充抵主债务即借款本金。因此,每一笔还款应先计算出当期利息金额,剩余部分计入本金偿还部分。下一笔还款的利息计算以已减去上一笔本金偿还部分的本金余额为基础,逐笔计算还款,得出尚未偿还的本金金额①。

3. 本案中,按年利率24%计算支付逾期利息的请求能否得到支持

《最高人民法院关于审理民间借贷案件适用法律若干问题的规定》(法释〔2015〕18号)第30条规定:"出借人与借款人既约定了逾期利率,又约定了违约金或者其他费用,出借人可以选择主张逾期利息、违约金或者其他费用,也可以一并主张,但总计超过年利率24%的部分,人民法院不予支持。"结合本案,《最高额借款合同》第4条7.3约定逾期还款的违约金是每日按0.2%计算,《借据》约定逾期还款则按借款本金金额0.2%每日从借款之日起计算罚息,但袁某主张按年利率24%计算逾期利息符合司法解释精神,仲裁庭予以支持②。

4. 本案中,李某、肖某、王某、某科技公司、某实业公司是否对借款本息承担连带担保责任。

"最高额担保"是上位概念,包括最高额人保和最高额物保。最高额人保就是最高额保证;最高额物保包括最高额抵押和最高额质押。最高额担保中最典型的担保方式是最高额抵押。最高额抵押是指为担保债务的履行,债务人或者第三人对一定期间内将要连续发生的债权提供担保财产的,债务人不履行到期债务或者发生当事人约定的实现抵押权的情形,抵押权人有权在最高债权额限度内就该担保财产优先受偿。最高额抵押区别于一般抵押的特征有二:一是最高额抵押担保的是未来一定期间内不确定的债权,而一般抵押担保的是已经确定的债权;二是最高额抵押就担保财产优先受偿有最高债权额的限度,当实际债权额低于最高债权额时,按实际债权额优先受偿,反之,按最高债权额优先受偿。最高额抵押本质上还是抵押,因此除适用最高额抵押权的规定外,还适用一般抵押权的规定。

本案中,尽管《最高额抵押合同》约定李某、肖某提供房产为主合同《最高额借款合

---

① 《最高人民法院关于适用〈中华人民共和国合同法〉若干问题的解释(二)》(法释〔2009〕5号)已失效。《民法典》第561条规定,债务人在履行主债务外还应当支付利息和实现债权的有关费用,其给付不足以清偿全部债务的,除当事人另有约定外,应当按照下列顺序履行:(1)实现债权的有关费用;(2)利息;(3)主债务。

② 《最高法院关于审理民间借贷案件适用法律的解释》(法释〔2015〕18号)已被修改。《最高人民法院关于审理民间借贷案件适用法律若干问题的规定》(法释〔2020〕17号)第29条规定,出借人与借款人既约定了逾期利率,又约定了违约金或者其他费用,出借人可以选择主张逾期利息、违约金或者其他费用,也可以一并主张,但是总计超过合同成立时一年期贷款市场报价利率四倍的部分,人民法院不予支持。

同》项下所形成的债权提供最高额抵押担保,但根据原《物权法》第 187 条[①]的规定,不动产抵押权的设立应当办理抵押登记。抵押权自登记时设立。本案袁某与李某、肖某并未办理抵押登记手续,故抵押权并没有设立。袁某与李某、肖某签订的《还款计划协议书》第 3 条约定,抵押方和担保方同意按原约定合同并对本还款计划协议书承担连带担保责任,即李某、肖某作为担保人愿意为《还款计划协议书》承担连带担保责任,但《还款计划协议书》没有担保期限约定。根据原《担保法》第 18 条的规定,当事人在保证合同中约定保证人与债务人对债务承担连带责任的,担保人承担连带责任保证。根据原《担保法》第 26 条"连带责任保证的保证人与债权人未约定保证期间的,债权人有权自主债务履行期届满之日起六个月内要求保证人承担保证责任……"之规定,袁某在还款截止日未收到还款后,于 2019 年 10 月提起仲裁,要求李某、肖某对刘某、苏某的借款承担连带担保责任,该主张是在主债务履行期届满之日起 6 个月内提出的,符合原《担保法》第 26 条的规定,因此李某、肖某应对刘某、苏某的借款本息承担连带担保责任。[②]

最高额保证是指保证人与债权人协议在最高债权额限度内就一定期间连续发生的借款合同或者某项商品交易合同订立一个保证合同,保证人在此最高限额内,承担保证责任。本案中,《最高额保证合同》第 4 条约定:对于借款,保证期间分笔计算,保证期间自借款到期之日起 2 年;对于主合同项下其他单笔债务,保证期间自债务履行期届满之

① 原《物权法》已失效。《民法典》第 395 条规定,债务人或者第三人有权处分的下列财产可以抵押:(1)建筑物和其他土地附着物;(2)建设用地使用权;(3)海域使用权;(4)生产设备、原材料、半成品、产品;(5)正在建造的建筑物、船舶、航空器;(6)交通运输工具;(7)法律、行政法规未禁止抵押的其他财产。抵押人可以将前款所列财产一并抵押。《民法典》第 402 条规定,以该法第 395 条第 1 款第 1 项至第 3 项规定的财产或者第 5 项规定的正在建造的建筑物抵押的,应当办理抵押登记。抵押权自登记时设立。《民法典》第 420 ~ 424 条是关于最高额抵押权的规定。《民法典》第 439 条规定出质人与质权人可以协议设立最高额质权。最高额质权除适用第十八章第一节动产质权有关规定外,还可以参照适用第十七章第二节(最高额抵押权)的有关规定。

② 原《担保法》已失效。《民法典》第 686 条规定,保证的方式包括一般保证和连带责任保证。当事人在保证合同中对保证方式没有约定或者约定不明确的,按照一般保证承担保证责任。《民法典》第 688 条规定,当事人在保证合同中约定保证人和债务人对债务承担连带责任的,为连带责任保证。连带责任保证的债务人不履行到期债务或者发生当事人约定的情形时,债权人可以请求债务人履行债务,也可以请求保证人在其保证范围内承担保证责任。《民法典》第 690 条规定,保证人与债权人可以协商订立最高额保证的合同,约定在最高债权额限度内就一定期间连续发生的债权提供保证。最高额保证除适用该章(保证合同)规定外,参照适用该法第二编最高额抵押权的有关规定。《民法典》第 692 条规定,保证期间是确定保证人承担保证责任的期间,不发生中止、中断和延长。债权人与保证人可以约定保证期间,但是约定的保证期间早于主债务履行期限或者与主债务履行期限同时届满的,视为没有约定;没有约定或者约定不明确的,保证期间为主债务履行期限届满之日起 6 个月。债权人与债务人对主债务履行期限没有约定或者约定不明确的,保证期间自债权人请求债务人履行债务的宽限期届满之日起计算。《民法典》第 693 条规定,一般保证的债权人未在保证期间对债务人提起诉讼或者申请仲裁的,保证人不再承担保证责任。连带责任保证的债权人未在保证期间请求保证人承担保证责任的,保证人不再承担保证责任。

日起2年;若发生法律法规规定或主合同约定的事项,债权人宣布债务提前到期的,保证期间自债务提前到期之日起2年。第5条约定:保证范围为主合同项下的债务本金、利息、罚息、违约金、损害赔偿金等费用。《还款计划协议书》第3条约定:抵押方和担保方同意按原约定合同并对本还款计划协议书承担连带担保责任。同时,袁某在约定的保证期间内申请仲裁,因此王某、某科技公司、某实业公司按《最高额保证合同》约定并对《还款计划书》中的债务承担连带担保责任。

(三)案例评析

本案中当事人以前后约定的合同争议解决条款冲突为由,在仲裁机构受理合同纠纷后,根据我国《仲裁法》第20条规定,向法院申请确认仲裁协议无效的仲裁司法审查。确认仲裁协议效力案件实质上要解决的是涉案合同纠纷的管辖问题,即案涉纠纷应通过仲裁解决还是通过诉讼解决,属于民事纠纷处理进程中典型的程序性纠纷。法律设置管辖异议前置程序的目的在于保障程序公正,但个案中当事人行使程序权利的动机各不相同,司法实践中滥用程序权利恶意拖延的情形不在少数。同一当事人就同一纠纷先后提出不同申请,或者利益相关的当事人针对同一纠纷分别提出申请,故意拖延时间,严重损害仲裁的效率和公信力,影响对方当事人合法权利的及时实现。

法院确认仲裁协议效力程序的启动会产生中止仲裁的效果。根据《最高人民法院关于确认仲裁协议效力几个问题的批复》第4条,一方当事人就合同纠纷或者其他财产权益纠纷申请仲裁,另一方当事人对仲裁协议的效力有异议,请求人民法院确认仲裁协议无效并就合同纠纷或者其他财产权益纠纷起诉的,人民法院受理后应当通知仲裁机构中止仲裁。人民法院依法作出仲裁协议有效或者无效的裁定后,应当将裁定书副本送达仲裁机构,由仲裁机构根据人民法院的裁定恢复仲裁或者撤销仲裁案件。可见仲裁机构已经受理的实体争议须在该程序性纠纷解决后方可继续进行。目前法院审理仲裁司法审查案件主要依据《仲裁法》及其司法解释、《民事诉讼法》及其司法解释、《最高人民法院关于审理仲裁司法审查案件若干问题的规定》、《最高人民法院关于仲裁司法审查案件报核问题的有关规定》等。这些规定明确了申请确认仲裁协议效力案件的管辖法院、审查程序、报核程序,但并没有明确审查期限,不利于从制度上保障程序审查的效率性原则。仅有一些地方法院通过指导意见规定了仲裁司法审查案件应自立案之日起2个月内审结,在一定程度上避免当事人恶意滥用仲裁协议效力异议权过分拖延时间和增加诉累。

法院对仲裁协议效力进行司法监督时,应当谨慎平衡当事人程序权利与司法效率,确认仲裁协议效力应以形式审查为主,同时应当恪守解决程序争议的界限,避免对后续实体争议的处理产生不当影响。在仲裁协议效力认定上,应当明确审查标准。仲裁协议的本质是当事人之间的合意,其成立与生效应当依据《民法典》的一般规定予以判断，如仲裁协议的主体应是平等主体的公民、法人和其他组织，且应具有相应民事行为能力，仲裁协议的范围应为合同及其他财产权益纠纷，仲裁协议订立要遵循平等自愿原则，仲裁协议的成立应符合要约、承诺等基本规则。此外，仲裁协议的订立，还必须符合《仲裁法》的特殊规定。《仲裁法》第16条明确规定，仲裁协议应当具有三项基本要素，即请求仲裁的意思表示、仲裁事项与选定的仲裁委员会。同时，仲裁协议一旦达成，便具有独立性，其在本质上属于《合同法》规定的"独立存在的有关解决争议方法的条款"。

我们应当对现行法院审查仲裁协议效力异议制度进行反思，既要保障当事人基于意思自治选择争议解决方法的程序公正，又要通过明确审查期限、审查标准等制度设计减少司法监督程序对仲裁程序的影响，降低被申请人滥用此项制度的可能性，在公正的基础上保障效率。

本案实体部分解决的是民间借贷纠纷，涉及借款合同和担保合同。在我国金融管制模式下，借贷行为根据贷款主体呈现二元结构，区分为商事借款和民事借款。在司法实务层面，前者被称为"金融借贷"，后者一般被称为"民间借贷"。作为社会经济发展中资金供需矛盾的有效解决方案，民间借贷在我国具有广泛的社会基础和深厚的历史渊源。一方面，民间借贷因具备形式灵活、手续简便、融资快捷等显而易见的优点而日趋活跃；另一方面，也因民间借贷天然具有的粗放、隐蔽、无序等特点，加上我国金融体制和法律体系不够完善，产生了大量纠纷。

利率问题是民间借贷的核心问题。2020年8月19日，最高人民法院发布《最高人民法院关于审理民间借贷案件适用法律若干问题的规定》，将民间借贷利率司法保护上限确定为一年期贷款市场报价利率的"4倍"。同时，鉴于2019年8月17日中国人民银行已经发布"中国人民银行公告〔2019〕第15号"，决定改革完善贷款市场报价利率（Loan Prime Roat，LPR）形成机制，参考近期LPR数据的运行情况，将民间借贷利率的保护标准与国家货币政策调控机制进行衔接，因此将民间借贷利率司法保护上限确定为一年期贷款市场报价利率的"4倍"，既能适应我国利率市场化改革的客观需要，又能有效降低民间融资的成本，为民间借贷市场发展预留空间。

从立法层面看，司法解释的修改也是为了符合《民法典》的规定。《民法典》第680条第1款规定："禁止高利放贷，借款的利率不得违反国家有关规定。""高利贷"产生的融资成本畸高，远远超过实体经济所能创造的利润，容易导致民间实体经济难以维系，出现资金链断裂、企业倒闭等问题，更严重的会导致大量民间资本远离民间实体经济，使民营实体产业不断空心化。此外，"高利贷"破坏民间资本运行生态，产生金融风险，扰乱金融秩序和社会稳定。民间借贷利率司法保护上限的设定为"高利贷"的判断提供了参照标准。本案中，《最高额借款合同》约定的借款利率为4.5%/月，《最高额借款合同》约定逾期还款的违约金是每日按0.2%计算，《借据》约定逾期还款，按借款本金额0.2%每日从借款之日起计算罚息,合同约定的利息和罚息的年利率都远远超过民间借贷利率司法保护的上限,因此超过部分不受法律保护。从民间借贷利率司法保护上限的规定来看,已经是一年期贷款市场报价利率的"4倍",可见国家并不禁止民间借贷的"高利",而是要求将"高利"控制在合理的范围内,在尊重意思自治的基础上促进民间借贷规范平稳健康发展。

二、法律实务操作

(一)重点难点问题

1. 仲裁协议效力异议

(1)仲裁协议效力异议的提出时间

《仲裁法》第20条第2款规定:"当事人对仲裁协议的效力有异议,应当在仲裁庭首次开庭前提出。"《最高人民法院关于适用〈中华人民共和国仲裁法〉若干问题的解释》第13条规定:"依照仲裁法第二十条第二款的规定,当事人在仲裁庭首次开庭前没有对仲裁协议的效力提出异议,而后向人民法院申请确认仲裁协议无效的,人民法院不予受理。仲裁机构对仲裁协议的效力作出决定后,当事人向人民法院申请确认仲裁协议效力或者申请撤销仲裁机构的决定的,人民法院不予受理。"

(2)仲裁协议效力异议的确认机构

《仲裁法》第20条第1款规定:"当事人对仲裁协议的效力有异议的,可以请求仲裁委员会作出决定或者请求人民法院作出裁定。一方请求仲裁委员会作出决定,另一方请求人民法院作出裁定的,由人民法院裁定。"仲裁协议效力可以由仲裁委员会确认,根据接受申请的仲裁委员会的仲裁规则进行处理,也可以请求法院作出裁定。当一方请求仲裁委员会作出决定,另一方请求人民法院作出裁定的,法院具有优先管辖权。根据《最高人民法院关于确认仲裁协议效力几个问题的批复》第4条的规定,法院确认仲裁协议效力程序的启动会产生中止仲裁的效果。

关于管辖法院,《最高人民法院关于审理仲裁司法审查案件若干问题的规定》第2条规定:"申请确认仲裁协议效力的案件,由仲裁协议约定的仲裁机构所在地、仲裁协议签订地、申请人住所地、被申请人住所地的中级人民法院或者专门人民法院管辖。涉及海事海商纠纷仲裁协议效力的案件,由仲裁协议约定的仲裁机构所在地、仲裁协议签订地、申请人住所地、被申请人住所地的海事法院管辖;上述地点没有海事法院的,由就近的海事法院管辖。"

关于法院审理程序,《最高人民法院关于审理仲裁司法审查案件若干问题的规定》第9条规定,对于申请人的申请,人民法院应当在7日内审查决定是否受理。人民法院受理仲裁司法审查案件后,应当在5日内向申请人和被申请人发出通知书,告知其受理情况及相关的权利义务。第 11 条规定,人民法院审查仲裁司法审查案件,应当组成合议庭并询问当事人。第 19 条规定,人民法院受理仲裁司法审查案件后,作出裁定前,申请人请求撤回申请的,裁定准许。第 20 条规定,人民法院在仲裁司法审查案件中作出的裁定,除不予受理、驳回申请、管辖权异议的裁定外,一经送达即发生法律效力。当事人申请复议、提出上诉或者申请再审的,人民法院不予受理,但法律和司法解释另有规定的除外。

(3)仲裁协议效力的审查事项

根据《仲裁法》第 16 条和《最高人民法院关于适用〈中华人民共和国仲裁法〉若干问题的解释》第 1 ~ 7 条规定对仲裁条款进行形式审查。《仲裁法》第 16 条规定,仲裁协议包括合同中订立的仲裁条款和以其他书面方式在纠纷发生前或者纠纷发生后达成的请求仲裁的协议。仲裁协议应当具有下列内容:(1)请求仲裁的意思表示;(2)仲裁事项;(3)选定的仲裁委员会。

根据《仲裁法》第 17 条的规定对仲裁条款进行内容审查,看是否具有以下情形导致仲裁协议无效:(1)约定的仲裁事项超出法律规定的仲裁范围的;(2)无民事行为能力人或者限制民事行为能力人订立的仲裁协议;(3)一方采取胁迫手段,迫使对方订立仲裁协议的。

《仲裁法》第 18 条规定,仲裁协议对仲裁事项或者仲裁委员会没有约定或者约定不明确的,当事人可以补充协议;达不成补充协议的,仲裁协议无效。

《仲裁法》第 19 条规定仲裁协议具有独立性,仲裁协议独立存在,合同的变更、解除、终止或者无效,不影响仲裁协议的效力。

2. 民间借贷

(1)民间借贷的概念及特点

民间借贷是指自然人、法人和非法人组织之间进行资金融通的行为。民间借贷具有以下特点:第一,民间借贷是一种民事法律行为。借贷双方通过签订书面借贷或达成口头协议形成特定的债权债务关系,从而产生相应的权利和义务。第二,民间借贷是出借人和借款人的合约行为。借贷双方是否形成借贷关系以及借贷数额、借贷标的、借贷期限等取决于借贷双方的书面或口头协议。只要协议内容合法,都是允许的,受到法律的保护。第三,民间借贷关系成立的前提是借贷物的实际交付。《民法典》第 679 条规定,自然人之间的借款合同,自贷款人提供借款时成立。第四,民间借贷可以有偿,也可以无偿,是否有偿由借贷双方约定。《民法典》第 680 条规定,禁止高利放贷,借款的利率不得违反国家有关规定。借款合同对支付利息没有约定的,视为没有利息。借款合同对支付利息约定不明确,当事人不能达成补充协议的,按照当地或者当事人的交易方式、交易习惯、市场利率等因素确定利息;自然人之间借款的,视为没有利息。

（2）民间借贷的本金和利息的确定

关于本金的确定，《最高人民法院关于审理民间借贷案件适用法律若干问题的规定》（法释〔2020〕17号）第26条规定："借据、收据、欠条等债权凭证载明的借款金额，一般认定为本金。预先在本金中扣除利息的，人民法院应当将实际出借的金额认定为本金。"第27条规定："借贷双方对前期借款本息结算后将利息计入后期借款本金并重新出具债权凭证，如果前期利率没有超过合同成立时一年期贷款市场报价利率四倍，重新出具的债权凭证载明的金额可认定为后期借款本金。超过部分的利息，不应认定为后期借款本金。按前款计算，借款人在借款期间届满后应当支付的本息之和，超过以最初借款本金与以最初借款本金为基数、以合同成立时一年期贷款市场报价利率四倍计算的整个借款期间的利息之和的，人民法院不予支持。"

关于利息的确定，《最高人民法院关于审理民间借贷案件适用法律若干问题的规定》（法释〔2020〕17号）第24条规定，借贷双方没有约定利息，出借人主张支付利息的，人民法院不予支持。自然人之间借贷对利息约定不明，出借人主张支付利息的，人民法院不予支持。除自然人之间的借贷外，借贷双方对借贷利息约定不明，出借人主张利息的，人民法院应当结合民间借贷合同的内容，并根据当地或者当事人的交易方式、交易习惯、市场报价利率等因素确定利息。

2020年8月20日，最高人民法院对民间借贷利率的司法保护上限进行调整，以中国人民银行授权全国银行间同业拆借中心每月20日发布的一年期贷款市场报价利率的4倍为标准确定民间借贷利率的司法保护上限，取代原来"以24%和36%为基准的两线三区"的规定，大幅度降低民间借贷利率的司法保护上限，促进民间借贷利率逐步与我国经济社会发展的实际水平相适应。《最高人民法院关于审理民间借贷案件适用法律若干问题的规定》（法释〔2020〕17号）第25条规定，出借人请求借款人按照合同约定利率支付利息的，人民法院应予支持，但是双方约定的利率超过合同成立时一年期贷款市场报价利率4倍的除外。"一年期贷款市场报价利率"，是指中国人民银行授权全国银行间同业拆借中心自2019年8月20日起每月发布的一年期贷款市场报价利率。

在新旧规定的衔接方面，《最高人民法院关于审理民间借贷案件适用法律若干问题的规定》（法释〔2020〕17号）第31条规定，该规定施行后，人民法院新受理的一审民间借贷纠纷案件，适用该规定。2020年8月20日之后新受理的一审民间借贷案件，借贷合同成立于2020年8月20日之前，当事人请求适用当时的司法解释计算自合同成立到2020年8月19日的利息部分的，人民法院应予支持；对于自2020年8月20日到借款返还之日的利息部分，适用起诉时该规定的利率保护标准计算。

关于逾期利息、违约金或者其他费用的确定，《最高人民法院关于审理民间借贷案件适用法律若干问题的规定》（法释〔2020〕17号）第28条规定，借贷双方对逾期利率有约定的，从其约定，但是以不超过合同成立时一年期贷款市场报价利率4倍为限。未约定逾期利率或者约定不明的，人民法院可以区分不同情况处理：(1)既未约定借期内利率，也未约定逾期利率，出借人主张借款人自逾期还款之日起参照当时一年期贷款市场报价利率标准计算的利息承担逾期还款违约责任的，人民法院应予支持；(2)约定了借期内利率但是未约定逾期利率，出借人主张借款人自逾期还款之日起按照借期内利率支付资金占用期间利息的，人民法院应予支持。第29条规定，出借人与借款人既约定了逾期利率，又约定了违约金或者其他费用，出借人可以选择主张逾期利息、违约金或者其他费用，也可以一并主张，但是总计超过合同成立时一年期贷款市场报价利率4倍的部分，人民法院不予支持。

3. 担保的基本原理

(1)担保的概念

担保，即债的担保，是指法律为保证特定债权人利益的实现而特别规定的以第三人的信用或者以特定财产保障债务人履行债务、债权人实现债权的制度。担保这一概念具有以下三个方面的含义：第一，债的担保是保障特定债权人债权实现的法律制度；第二，债的担保是以第三人的信用或者特定财产来保障债权人债权实现的制度；第三，债的担保是对债的效力的一种补充和加强，是对债务人信用的一种保证措施。

(2)担保的体系

根据用于债权担保的标的，担保可分为人的担保、物的担保和金钱担保。

①人的担保。人的担保是指自然人或法人以其自身的资产或信用担保债务履行的一种担保制度。人的担保最典型的方式是保证。

②物的担保。担保物权，通常称为物的担保，是指以债务人或第三人的财产为债权提供担保。严格地说，物的担保与担保物权仍有一定的区别。担保物权所说的物，并不限于有体物。在担保物权中，还存在权利质权、优先权等以无体物(权利)为标的物的情况。但由于担保物权的典型形式是以动产和不动产为标的，所以一般认为，它是与人的担保相对应的一种形式。物的担保的典型方式是抵押、质押和留置。

③金钱担保。金钱担保是指以金钱为担保标的物而设定的担保。金钱担保实质上可以认为是一种特殊的物的担保，是以转移金钱占有为标志的担保，如定金。

《民法典》第392条规定了对混合担保的处理，即被担保的债权既有物的担保又有人的担保，债务人不履行到期债务或者发生当事人约定的实现担保物权的情形，债权人应当按照约定实现债权；没有约定或者约定不明确，债务人自己提供物的担保的，债权人应当先就该物的担保实现债权；第三人提供物的担保的，债权人可以就物的担保实现债权，也可以请求保证人承担保证责任。提供担保的第三人承担担保责任后，有权向债务人追偿。

(3)担保的法律地位

1995年《担保法》出台,我国对各种担保制度作出了全面、系统的规定,使不同的担保制度集中在一起并因此成为能够加以统一适用的有机整体。后原《物权法》第四编规定了“担保物权”,在原《担保法》及其司法解释的基础上扩大了抵押物范围、质押权利种类,设立了最高额质押制度,规定了动产浮动抵押制度,明确了物权登记部门,改变了担保权的行使方式,赋予了担保权人在物的担保和人的担保上的选择权。在《民法典》体系中,不同的担保制度被分别规定于不同的编章中。保证制度被作为一种具体契约规定在《民法典》“合同编”中的“保证合同”章;抵押、质押和留置作为三种担保物权被规定在《民法典》“物权编”中;定金被规定在《民法典》“合同编”通则中的“违约责任”一章内。

4. 最高额担保的体系

最高额担保是上位概念,包括最高额人保和最高额物保。最高额人保就是最高额保证,最高额物保包括最高额抵押和最高额质押。最高额担保中最典型的担保方式是最高额抵押。

(1)最高额抵押

①最高额抵押的概念

最高额抵押,是指为担保债务的履行,债务人或者第三人对一定期间内将要连续发生的债权提供担保财产的,债务人不履行到期债务或者发生当事人约定的实现抵押权的情形,抵押权人有权在最高债权额限度内就该担保财产优先受偿。

②最高额抵押的特征

第一,最高额抵押担保的债权是一定期间内将要连续发生的债权,即是将来发生的债权而现在尚未发生。实际发生的债权是连续的、不特定的,即债权人并不规定实际发生债权的次数和数额。但对于最高额抵押权设立前已经存在的债权,经当事人同意,也可以转入最高额抵押担保的债权范围。

第二,最高额抵押设有最高债权额度,债权人仅在最高限度内对抵押财产行使优先受偿权。关于最高额抵押中的最高额如何理解,在理论与实践中均存在争议。理论上可分为本金最高额和债权最高额两种不同的学说观点。本金最高额观点认为,只有债权本金受最高限额约束,债权之利息、违约金、实现债权费用等其他项费用不受最高限额约束。债权最高额观点认为,债权本金及产生之利息、违约金、实现债权的费用等项都应受最高额约束,若债权本金加利息等其他费用超过最高限额,则超过部分不享有优先受偿权。根据《最高人民法院关于适用〈中华人民共和国民法典〉有关担保制度的解释》第15条的规定,最高额担保中的最高债权额,是指包括主债权及其利息、违约金、损害赔偿金、保管担保财产的费用、实现债权或者实现担保物权的费用等在内的全部债权,但是当事人另有约定的除外。登记的最高债权额与当事人约定的最高债权额不一致的,人民法院应当依据登记的最高债权额确定债权人优先受偿的范围。

第三,最高额抵押权的从属性具有特殊性。通说认为,抵押权在发生、处分和消灭上具有从属性。最高额抵押权作为一种特殊的抵押权,其从属性也有特殊性。在发生上的从属性方面,通说认为,抵押权的发生以主债权的发生为前提,而最高额抵押权的特殊性在于最高额抵押权成立在先,而债权可能成立在后。在处分上的从属性方面,一般认为,抵押权随主债权的转移一并处分,而《民法典》第 421 条规定,最高额抵押担保的债权确定前,部分债权转让的,最高额抵押权不得转让,但当事人另有约定的除外。在消灭上的从属性方面,一般抵押权所担保的债权如因清偿、提存、抵销、免除等而全部消灭时,抵押权亦随之消灭。最高额抵押权并不因抵押存续期间内的某一具体债权的消灭而消灭。

③最高额抵押权的设立

最高额抵押权的设立与普通抵押权的设立,程序上没有多大差别,都须依当事人的设定行为而发生。其特殊性体现在以下三个方面。第一,最高额抵押权须为继续性法律关系中的不特定债权而设立。第二,当事人须订立最高额抵押合同。第三,设立最高额抵押权须进行登记。根据法律规定,抵押权登记根据抵押标的物的性质采取登记成立要件主义和登记对抗主义两种方法。《民法典》第 395 条规定,债务人或者第三人有权处分的下列财产可以抵押:(1)建筑物和其他土地附着物;(2)建设用地使用权;(3)海域使用权;(4)生产设备、原材料、半成品、产品;(5)正在建造的建筑物、船舶、航空器;(6)交通运输工具;(7)法律、行政法规未禁止抵押的其他财产。抵押人可以将前款所列财产一并抵押。《民法典》第 402 条规定,以《民法典》第 395 条第 1 款第 1 项至第 3 项规定的财产或者第 5 项规定的正在建造的建筑物抵押的,应当办理抵押登记。抵押权自登记时设立。《民法典》第 403 条规定,以动产抵押的,抵押权自抵押合同生效时设立;未经登记,不得对抗善意第三人。

④最高额抵押的债权确定

根据《民法典》第 423 条的规定,有下列情形之一的,抵押权人的债权确定:(1)约定的债权确定期间届满;(2)没有约定债权确定期间或者约定不明确,抵押权人或者抵押人自最高额抵押权设立之日起满 2 年后请求确定债权;(3)新的债权不可能发生;(4)抵押权人知道或者应当知道抵押财产被查封、扣押;(5)债务人、抵押人被宣告破产或者解散;(6)法律规定债权确定的其他情形。

⑤最高额抵押与动产浮动抵押的区别

根据《民法典》第 396 条的规定,动产浮动抵押是指企业、个体工商户、农业生产经营者可以将现有的以及将有的生产设备、原材料、半成品、产品抵押,债务人不履行到期债务或者发生当事人约定的实现抵押权的情形，债权人有权就抵押财产确定时的动产优先受偿。

最高额抵押与动产浮动抵押的区别在于：第一，最高额抵押的抵押财产可以是动产或不动产，而且抵押权设立时抵押财产是确定的；动产浮动抵押的抵押财产是现有的以及将有的生产设备、原材料、半成品、产品，属于动产，而且抵押权设立时抵押财产是不确定的。第二，最高额抵押权设立时所担保的债权是不确定的，而动产浮动抵押设立时担保的债权是确定的。

（2）最高额质押

《民法典》第439条规定，出质人与质权人可以协议设立最高额质权。最高额质权除适用动产质权有关规定外，参照适用最高额抵押权的有关规定。

（3）最高额保证

最高额保证，是指保证人与债权人协议在最高债权额限度内就一定期间连续发生的借款合同或者某项商品交易合同订立一个保证合同，保证人在此最高限额内，承担保证责任。最高额保证除适用有关保证合同的规定外，参照适用最高额抵押权的有关规定。

关于保证期间，《民法典》及其司法解释对有关保证期间的规定进行整合和修改。《民法典》第692条规定："保证期间是确定保证人承担保证责任的期间，不发生中止、中断和延长。债权人与保证人可以约定保证期间，但是约定的保证期间早于主债务履行期限或者与主债务履行期限同时届满的，视为没有约定；没有约定或者约定不明确的，保证期间为主债务履行期限届满之日起六个月。债权人与债务人对主债务履行期限没有约定或者约定不明确的，保证期间自债权人请求债务人履行债务的宽限期届满之日起计算。"《民法典》第693条规定，一般保证的债权人未在保证期间对债务人提起诉讼或者申请仲裁的，保证人不再承担保证责任。连带责任保证的债权人未在保证期间请求保证人承担保证责任的，保证人不再承担保证责任。《最高人民法院关于适用〈中华人民共和国民法典〉有关担保制度的解释》第30条规定："最高额保证合同对保证期间的计算方式、起算时间等有约定的，按照其约定。最高额保证合同对保证期间的计算方式、起算时间等没有约定或者约定不明，被担保债权的履行期限均已届满的，保证期间自债权确定之日起开始计算；被担保债权的履行期限尚未届满的，保证期间自最后到期债权的履行期限届满之日起开始计算。前款所称债权确定之日，依照《民法典》第423条的规定认定。"第32条规定："保证合同约定保证人承担保证责任直至主债务本息还清时为止等类似内容的，视为约定不明，保证期间为主债务履行期限届满之日起六个月。"

（二）相关法律法规政策

1.《民法典》第395条、第420～424条、第686条、第690～693条。

2.《最高人民法院关于确认仲裁协议效力几个问题的批复》第4条。

3.《最高人民法院关于审理仲裁司法审查案件若干问题的规定》第1条、第2条、第5条、第7条、第8条、第9条、第11条、第19条、第20条、第22条。

4.《最高人民法院关于审理民间借贷案件适用法律若干问题的规定》(法释〔2020〕17号)第1～3条、第9条、第10条、第13～16条、第24～31条。

(三)思考与实践问题

1. 当事人在仲裁协议中仅约定了纠纷适用的仲裁规则,且无法达成补充协议的,仲裁协议是否有效?

2. 简述民间借贷利息的确定。

3. 简述最高额抵押债权确定的情形。

相关参考文献

郭明瑞、房绍坤:《担保法》(第2版),中国政法大学出版社2012年版。

王乐兵:《担保法专论》,对外经济贸易大学出版社2018年版。

薛晓雪、俞能强:《民间借贷纠纷法律规范与诉讼指引》,中国政法大学出版社2015年版。

最高人民法院民事审判第一庭编著:《最高人民法院新民间借贷司法解释理解与适用》,人民法院出版社2020年版。

陈光卓:《最高额抵押中的最高额应为债权最高限额》,载《人民司法》2019年第20期。

房绍坤、吴兆祥、郝倩:《论最高额抵押权》,载《法学家》1998年第2期。

刘勇:《〈民法典〉第680条评注(借款利息规制)》,载《法学家》2021年第1期。

案例十 民间借贷的利率适用之某贷款公司借款合同利率纠纷仲裁案

民间借贷关系中，当事人在履行时容易因利率、本金、违约金的认定和适用问题上发生纠纷，出借人超出法律规定上限的民间借贷利率的主张，将不能得到人民法院和仲裁机构的支持。本案通过对现实民间借贷案例的焦点问题进行分析，对借款合同关键要素的梳理，培养读者对民间借贷合同的法律审查能力，并掌握特定情形下申请撤销仲裁裁决的法律程序。

一、案例研判

（一）基本案情

2018 年 1 月 1 日，张某向某贷款公司借款 10 万元，双方签订的《借款合同》约定：某公司向张某发放 10 万元借款本金，借款期限为 1 年，借款年利率为 30%，借款用途为购置汽车；张某将其名下位于 A 市价值 20 万元的房产抵押；若张某违约，则须向某公司支付 1 万元违约金；双方因履行本合同所产生的所有纠纷，应提交 X 市仲裁委员会，按照其有效的仲裁规则进行仲裁。合同签订当日，某公司扣除 3 万元利息后，向张某指定的银行账户发放了 7 万元借款。

2019 年 1 月 1 日，张某向某公司提出，近期资金紧张，可否先偿还 5000 元，剩余 65,000 元待 2019 年 2 月 1 日资金周转过来以后再行偿还。某公司表示同意给张某延展 1 个月的免息还款期限。当日，张某以银行转账形式向某公司指定的账户转入 5000 元，转账备注为“还款”。

2019 年 2 月 1 日，某公司向张某催还剩余的 65,000 元款项，张某表示《借款合同》约定的利息过高，且认为某公司预扣利息的做法侵害了借款人的合法利益，拒绝偿还剩余 65,000 元款项，并称《借款合同》中的抵押条款涉及不动产，违反了《民事诉讼法》关于不动产专属管辖的强制规定，故仲裁条款无效，X 市仲裁委员会对此不享有管辖权。

2019年2月5日,在多番催促未果后,某公司向X市仲裁委员会提交仲裁,请求裁决张某偿还剩余的65,000元本息,并支付1万元违约金,承担本案相关的仲裁费和律师费,同时确认某公司对涉案不动产享有抵押权。X市仲裁委员会受理本案后,对双方发出了开庭传票,开庭日期为2019年3月10日,但误将发给张某的传票的开庭日期印为2019年6月1日。

2019年3月10日,X市仲裁委员会在张某未到庭参与辩论的情况下,对本案进行开庭审理,并作出了缺席裁决。数日后,张某接到X市仲裁委员会寄送的《裁决书》,才得知本案已经在其缺席的情况下进行了裁决。

2019年4月,张某向X市中级人民法院提出撤销仲裁裁决的申请,法院受理张某的申请后通知仲裁庭在一定期限内重新仲裁,仲裁庭依据《仲裁法》和X市仲裁委员会的仲裁规则于2019年6月作出新的裁决,但张某收到仲裁裁决书后没有自动履行仲裁裁决事项,2019年8月某公司向法院申请强制执行。

(二)焦点分析

本案的焦点既有仲裁程序法上的问题也有民事实体法上的问题。就程序而言,涉及仲裁管辖权,仲裁程序违法被人民法院撤销裁决,仲裁裁决执行的条件和程序等。就实体而言涉及民间借贷"砍头息"的效力认定,民间借贷利率的主张与限制,违约金在民间借贷关系中的适用等。

1. 本案中,X市仲裁委员会是否享有管辖权

《民事诉讼法》第34条第1项规定,"因不动产纠纷提起的诉讼,由不动产所在地人民法院管辖"。

《仲裁法》第3条规定,"下列纠纷不能仲裁:(一)婚姻、收养、监护、扶养、继承纠纷;(二)依法应当由行政机关处理的行政争议"。

具体而言,《民事诉讼法》第34条第1项是关于不动产民事诉讼案件的专属管辖规定,即在民事诉讼程序中,不动产纠纷案件只能由特定人民法院管辖,其他人民法院无权管辖,也不允许当事人协议变更管辖。但在我国仲裁程序中,并无专属管辖的特别规定,且我国《仲裁法》第3条关于禁止仲裁事项的列举中,并未将不动产纠纷列入不得仲裁的类别,即不排除当事人将不动产纠纷提交仲裁的可能。

综上,不动产纠纷作为可仲裁案件,可提交仲裁机构进行仲裁,且不受《民事诉讼法》中关于专属管辖的限制,本案X市仲裁委员会根据双方订立的仲裁条款,依法对本案享有仲裁管辖权。

2. 双方《借款合同》约定的利息是否受法律保护

《最高人民法院关于审理民间借贷案件适用法律若干问题的规定》(法释〔2015〕18

号)第 26 条[①]规定,"借贷双方约定的利率未超过年利率 24%,出借人请求借款人按照约定的利率支付利息的,人民法院应予支持。借贷双方约定的利率超过年利率 36%,超过部分的利息约定无效。借款人请求出借人返还已支付的超过年利率 36% 部分的利息的,人民法院应予支持"。

具体到本案,双方在借款合同中约定的年利率为 30%,介于前述规定的 24% ~ 36%,即按 24% 年利率产生的利息符合法律规定,应得到仲裁庭的支持;24% ~ 36% 年利率之间产生的利息,借款人已经自愿偿还的,不得要求返还;超过 36% 的部分,不受法律保护。

3. 本案借款合同关系中的本金应该如何认定

原《合同法》第 200 条规定,"借款的利息不得预先在本金中扣除。利息预先在本金中扣除的,应当按照实际借款数额返还借款并计算利息"。(《民法典》第 670 条)

《最高人民法院关于审理民间借贷案件适用法律若干问题的规定》(法释〔2015〕18 号)第 27 条[②]规定,"借据、收据、欠条等债权凭证载明的借款金额,一般认定为本金。预先在本金中扣除利息的,人民法院应当将实际出借的金额认定为本金"。

具体到本案,双方签订的《借款合同》中明确了借款本金为 10 万元,但某公司在实际操作中预先扣除了 3 万元,张某实际收得 7 万元,应当将张某收到的 7 万元认定为借款关系中的本金。

4. 某公司关于支付违约金的主张,是否应该得到支持

原《合同法》第 114 条第 1 款规定,"当事人可以约定一方违约时应当根据违约情况向对方支付一定数额的违约金……"。(《民法典》第 585 条第 1 款)

《最高人民法院关于审理民间借贷案件适用法律若干问题的规定》(法释〔2015〕18 号)第 30 条[③]规定,"出借人与借款人既约定了逾期利率,又约定了违约金或者其他费用,出借人可以选择主张逾期利息、违约金或者其他费用,也可以一并主张,但总计超过年利率 24% 的部分,人民法院不予支持"。

具体到本案,双方在《借款合同》中约定违约金为 1 万元,系双方真实的意思表达,违约金条款应为有效。但某公司同时主张的利息(3 万元)、违约金(1 万元)之和已明显超出法律规定的上限 24%(70,000 × 24% = 16,800 元),超出部分应不予支持。

5. 张某认为 X 市仲裁委员会违法缺席裁决,应该寻求什么救济途径

《仲裁法》第 58 条规定,"当事人提出证据证明裁决有下列情形之一的,可以向仲

① 《最高人民法院关于审理民间借贷案件适用法律若干问题的规定》(法释〔2020〕17 号)第 25 条。

② 《最高人民法院关于审理民间借贷案件适用法律若干问题的规定》(法释〔2020〕17 号)第 26 条。

③ 《最高人民法院关于审理民间借贷案件适用法律若干问题的规定》(法释〔2020〕17 号)第 29 条。

裁委员会所在地的中级人民法院申请撤销裁决……(三)仲裁庭的组成或者仲裁的程序违反法定程序的……”。

仲裁庭错误印发传票开庭日期,导致张某错过实际开庭日期,仲裁庭在此基础上对案件进行缺席审理、作出裁决的行为,剥夺了当事人的仲裁权利,不利于案件事实的查明,其作出的裁决应予撤销。因此,张某可向该仲裁委员会所在地的中级人民法院以仲裁程序违法为由,申请撤销裁决。

6. 人民法院受理张某提出的撤销仲裁裁决的申请后,通知仲裁庭在一定期限内重新仲裁,仲裁庭依据《仲裁法》和 X 市仲裁委员会的仲裁规则作出新的裁决后,张某没有自动履行裁决事项,某公司应向哪个人民法院申请强制执行

《民事诉讼法》第 235 条第 2 款规定:“法律规定由人民法院执行的其他法律文书,由被执行人住所地或者被执行的财产所在地人民法院执行。”

《最高人民法院关于适用〈中华人民共和国仲裁法〉若干问题的解释》第 29 条规定:“当事人申请执行仲裁裁决案件,由被执行人住所地或者被执行的财产所在地的中级人民法院管辖。”

《仲裁裁决执行规定》第 2 条规定:当事人对仲裁机构作出的仲裁裁决或者仲裁调解书申请执行的,由被执行人住所地或者被执行的财产所在地的中级人民法院管辖。

符合下列条件的,经上级人民法院批准,中级人民法院可以参照《民事诉讼法》第 39 条的规定指定基层人民法院管辖:(1)执行标的额符合基层人民法院一审民商事案件级别管辖受理范围;(2)被执行人住所地或者被执行的财产所在地在被指定的基层人民法院辖区内。

可见,《仲裁裁决执行规定》第 2 条确定了涉及仲裁裁决执行类案件的管辖原则是:以中级人民法院管辖为主,对执行标的符合基层人民法院级别管辖的,由被执行人住所地或被执行财产所在地的基层人民法院执行。

需要说明的是:2006 年《最高人民法院关于适用〈中华人民共和国仲裁法〉若干问题的解释》第 29 条确定了仲裁的执行案件统一由被执行人住所地或者被执行的财产所在地的中级人民法院管辖。当时的规定是为避免撤销仲裁裁决与不予执行仲裁裁决权力设置上的矛盾,防止两级法院分别对撤销仲裁与仲裁执行做出不同裁判,出现法律适用不统一的问题。

但 2018 年最高人民法院出台的《仲裁裁决执行规定》,对当事人申请执行仲裁裁决案件作出了按执行标的数额,由被执行人住所地或被执行财产所在地的基层法院执行的规定。新的规定一是为缓解中院的执行压力。当前仲裁裁决执行案件数量激增,大部分案件执行标的并不大,全部集中在中级人民法院执行,中级人民法院将不堪重负。二是由于仲裁过程中当事人申请财产保全的,基层人民法院负责审查保全申请以及采

取保全措施。由基层人民法院负责执行,有利于保全与执行程序的衔接。三是新的规定有利于中级人民法院承担起对辖区内执行统一管理及协同指挥的职能,集中处理辖区内的重大、疑难案件。

但案件指定基层人民法院执行的,需要依据《民事诉讼法》第 39 条第 1 款规定报上级人民法院批准。此外,不予执行申请、撤销仲裁裁决同属司法审查性质和司法监督的范畴,仍然由仲裁机构所在地的中级人民法院管辖。

(三)案例评析

本案审理核心问题在于对借款本金和利率的认定。关于本金认定问题,当下很多民间借贷活动存在预收"砍头息"的现象,而且不止发生在自然人之间的借贷中,甚至部分经营不够规范的小额贷款公司以及互联网平台金融中,都能见到"砍头息"的踪迹。"砍头息",是"预收利息"的俗称,指出借人在预先扣除利息后,将剩余部分的金额作为实际借款金额向借款人发放,并要求借款人在偿还债务时,仍然按照未扣除利息之前的金额全额偿还。我国的法律和司法解释对于"砍头息"的效力均作出了否定性评价。无论是民间借贷中预先收取借款利息的行为,还是当下很多现金贷、消费贷中预先收取的账号管理费、借贷服务费等行为,司法机关在认定借款本金时都会扣除该部分预收费用。本案中,李某扣除 3 万元作为利息的行为属于预先扣除利息行为,该部分不应认定为借款本金。关于借款利率的认定,张某与李某约定 30% 的借款利率并约定 1 万元的违约金。《最高人民法院关于审理民间借贷案件适用法律若干问题的规定》(法释〔2020〕17 号)这个新的司法解释规定了"本司法解释"不具有"溯及力",也就是说 2020 年 8 月 19 日以前发生的民间借贷,不论何时起诉到法院,均可以按双方约定的利率支持,2020 年 8 月 20 日起才适用新修订的司法解释,而不是一刀切依现行的上限利率进行保护。因为本案发生时间为 2019 年,适用的是《最高人民法院关于审理民间借贷案件适用法律若干问题的规定》(法释〔2015〕18 号),该法律规定保护的利率红线为 24%,超过 24% 的部分法律不予支持,李某的主张已超 24%,对于超出的部分法律不予支持。

同时,本案亦涉及仲裁管辖权、缺席仲裁、仲裁裁决执行的条件和程序等问题。关于仲裁管辖权,本案中双方约定通过仲裁方式解决纠纷,但张某事后又以案件涉及不动产因素提起管辖权异议;但张某提出的异议为民事诉讼的专属管辖,仲裁没有关于不动产专属管辖的特别规定,倾向于当事人的意思自治,X 市仲裁委员会具有管辖权。

关于缺席仲裁,本案中由于 X 市仲裁委员会的错误通知,导致张某缺席仲裁,剥夺了张某的仲裁权利,属于程序违法,张某有权向法院申请撤销本案仲裁裁决。需要说明的是,2017 年修正的《仲裁法》第 58 条规定的撤销国内仲裁裁决条件与《民事诉讼法》第 248 条规定的不予执行国内仲裁裁决的条件是一致的,即没有仲裁协议的;裁决的事项不属于仲裁协议的范围或者仲裁委员会无权仲裁的;仲裁庭的组成或者仲裁的程序违反法定程序;对方当事人隐瞒了足以影响公正裁决的证据的;仲裁员在仲裁该案时有索贿受贿,徇私舞弊,枉法裁决行为的;人民法院认定该裁决违背社会公共利益的。

关于仲裁裁决执行的条件和程序,仲裁庭重新作出裁决后,张某不主动履行还款义务,某公司可向法院提起强制执行申请。根据2018年《仲裁裁决执行规定》第2条确定的涉仲裁裁决执行类案件以中级人民法院管辖为主,对执行标的符合基层人民法院级别管辖的,由被执行人住所地或被执行财产所在地的基层人民法院执行的原则。某公司可以向张某住所地或者财产所在地的基层人民法院申请强制执行。

需要说明的是,为防止实践中个别当事人恶意仲裁、虚假仲裁,损害案外人的合法权益,《仲裁裁决执行规定》还明确赋予了案外人申请不予执行的权利,分别在第9条和第18条明确了申请不予执行仲裁裁决的条件和实质审查标准,案外人申请不予执行的条件与撤销国内仲裁裁决、不予执行国内仲裁裁决的条件不同。根据《仲裁裁决执行规定》第9条和第18条规定,案外人有证据证明仲裁案件当事人恶意仲裁或者虚假仲裁损害其合法权益的,如仲裁案件当事人之间存在虚构法律关系,捏造案件事实的情形;仲裁裁决主文或者仲裁调解书处理当事人民事权利义务的结果部分或者全部错误,损害案外人合法权益,则案外人可以向人民法院申请不予执行仲裁裁决或者仲裁调解书。人民法院将严格审查,确认其主张是否成立。而对于案外人申请不予执行的审查结果赋予当事人、案外人进一步救济的权利,即人民法院基于案外人申请裁定不予执行仲裁裁决或者仲裁调解书,当事人不服的,可以自裁定送达之日起10日内向上一级人民法院申请复议;人民法院裁定驳回或者不予受理案外人提出的不予执行仲裁裁决、仲裁调解书申请,案外人不服的,可以自裁定送达之日起10日内向上一级人民法院申请复议。这些规定体现了对案外人权益的充分保障。

本案对于本金和利息的认定,释放出司法部门对于个人、企业合法财产的保护的信号。《仲裁裁决执行规定》第13条至第16条对《民事诉讼法》第248条关于不予执行国内仲裁裁决的条件和《仲裁法》第58条关于撤销仲裁裁决的条件做了进一步具体而细化的规定,这对于统一裁判尺度,更好地发挥人民法院对仲裁裁决司法审查和监督的作用意义重大。

《仲裁裁决执行规定》第9条和第18条对案外人申请不予执行的权利的规定,可有效防止实践中个别当事人恶意仲裁、虚假仲裁,损害案外人合法权益的情形发生。

二、法律实务操作

(一)重点难点问题

1. 民间借贷关系中本金的认定

在实践中,出借人往往利用其优势地位对借款人科以不公平的条件,为了确保利息的收回,在提供借款时就将利息从本金中扣除,造成借款人借到的本金实质上为扣除利息后的数额,对借款人造成实质上的不公。如何对民间借贷合同中的“本金”进行认定,将直接影响到借款人的民事利益。

在法理上,利息是借款人完全支配和使用借款本金所承担的成本,实质上应是借款人因实际使用贷款人的资金而在双方之间形成的债的关系,若本金未交付则不会产生支付利息的问题。如果让借款人在未实际使用借款前就支付利息是与公平原则相悖的。因此,我国对于民间借贷合同中预扣利息的做法持否定态度。

《民法典》第670条规定:借款的利息不得预先在本金中扣除。利息预先在本金中扣除的,应当按照实际借款数额返还借款并计算利息。

借据、收据、欠条等债权凭证载明的借款金额,一般认定为本金。预先在本金中扣除利息的,人民法院应当将实际出借的金额认定为本金。[《最高人民法院关于审理民间借贷案件适用法律若干问题的规定》(法释〔2020〕17号)第26条]

从规范借贷关系和促进公平的角度出发,凡属于预先扣除利息,使借款人实际取得的借款数低于借款合同约定数额的情形均应加以禁止。

2. 违约金在民间借贷关系中的适用

民间借贷合同,在本质上属于平等主体之间的民事合同,其成立、生效和履行均应受到《民法典》的约束。我国《民法典》第585条第1款规定,“当事人可以约定一方违约时应当根据违约情况向对方支付一定数额的违约金……”,民间借贷合同亦适用该规定。故在一般情况下,未违约方请求违约方按照违约金条款支付违约金的主张,应得到仲裁机构的支持。

在民间借贷关系中,我国法律出于公平原则的考虑,为均衡借贷双方权利义务关系,特别对违约金与利息同时主张时,作了特别上限规定:“出借人与借款人既约定了逾期利率,又约定了违约金或者其他费用,出借人可以选择主张逾期利息、违约金或者其他费用,也可以一并主张,但总计超过年利率24%的部分,人民法院不予支持”。[《最高人民法院关于审理民间借贷案件适用法律若干问题的规定》(法释〔2015〕18号)第30条],但《最高人民法院关于审理民间借贷案件适用法律若干问题的规定》(法释〔2020〕17号)第29条规定:“出借人与借款人既约定了逾期利率,又约定了违约金或者其他费用,出借人可以选择主张逾期利息、违约金或者其他费用,也可以一并主张,但是总计超过合同成立时一年期贷款市场报价利率四倍的部分,人民法院不予支持。”

2020年8月20日之后新受理的一审民间借贷案件,借贷合同成立于2020年8月20日之前,当事人请求适用当时的司法解释计算自合同成立到2020年8月19日的利息部分的,人民法院应予支持;对于自2020年8月20日到借款返还之日的利息部分,适用一年期贷款市场报价利率4倍的标准计算。

3.民间借贷与高利贷

高利借贷行为作为民间借贷的一种特殊形式，一般是指发生在自然人与自然人之间以及自然人与法人、其他组织之间的借贷利率高于一年期贷款市场报价利率4倍的借贷。

对于高利借贷行为，《中华人民共和国刑法》并未规定高利贷罪，但规定了“个人或单位以转贷牟利为目的，套取金融机构资金高利转贷他人的构成高利转贷罪”。由此，一般来说可认为，高利借贷行为引起的纠纷只是民间借贷纠纷，根据2015年《最高人民法院关于审理民间借贷案件适用法律若干问题的规定》第26条规定借贷双方约定的利率未超过年利率24%，出借人请求借款人按照约定的利率支付利息的，人民法院应予支持。借贷双方约定的利率超过年利率36%，超过部分的利息约定无效。借款人请求出借人返还已支付的超过年利率36%部分的利息的，人民法院应予支持。2020年第2次修改后的《最高人民法院关于审理民间借贷案件适用法律若干问题的规定》第28条规定借贷双方对逾期利率有约定的，从其约定，但是以不超过合同成立时一年期贷款市场报价利率4倍为限。

4.民间借贷与“套路贷”的区别

“套路贷”是对以非法占有为目的，假借民间借贷之名，诱使或迫使被害人签订“借贷”或变相“借贷”“抵押”“担保”等相关协议，通过虚增借贷金额、恶意制造违约、肆意认定违约、毁匿还款证据等方式形成虚假债权债务，并借助诉讼、仲裁、公证或者采用暴力、威胁以及其他手段非法占有被害人财物的相关违法犯罪活动的概括性称谓。

实践中，“套路贷”的常见手法和步骤包括但不限于以下情形：(1)制造民间借贷假象；(2)制造资金走账流水等虚假给付事实；(3)故意制造违约或者肆意认定违约；(4)恶意垒高借款金额；(5)软硬兼施“索债”。

“套路贷”在本质上属于违法犯罪行为，借款本金和利息不受法律保护。

而民间借贷的出借人是为了到期按照协议约定的内容收回本金并获取利息，不具有非法占有他人财物的目的，也不会在签订、履行借贷协议过程中实施虚增借贷金额、制造虚假给付痕迹、恶意制造违约、肆意认定违约、毁匿还款证据等行为。民间借贷体现了双方意思自治，借款行为本身及一定幅度内的利息是受法律保护的。根据2020年第2次修改后的《最高人民法院关于审理民间借贷案件适用法律若干问题的规定》的规定，借贷合同成立于2020年8月20日之前，当事人请求适用当时的司法解释(年利率24%)计算自合同成立到2020年8月19日的利息部分的，人民法院应予支持；对于自2020年8月20日到借款返还之日的利息部分，最多不超过一年期贷款市场报价利率4倍，超过部分的利息约定无效，而本金及法定利息受法律保护。

5. 仲裁裁决的撤销

(1)撤销仲裁裁决的概念

仲裁庭作出仲裁裁决后,任何一方当事人均可以依据特定的事由,向人民法院提出撤销仲裁裁决的申请。申请撤销仲裁裁决,是指对符合法定应予撤销情形的仲裁裁决,经由当事人提出申请,人民法院组成合议庭审查核实,裁定撤销仲裁裁决的行为。

我国《仲裁法》规定,仲裁实行一裁终局制,仲裁裁决一经作出,即发生法律效力,当事人不能就同一纠纷再向仲裁委员会申请仲裁,也不能就同一纠纷向人民法院起诉或上诉。一裁终局制度的确立,充分体现了尊重当事人意愿的原则,充分体现了仲裁方式快捷性的优点。然而,由于受到各种因素的影响,有些仲裁裁决可能出现不同程度的偏差或错误。《仲裁法》中设置申请撤销仲裁裁决这种程序监督机制,对确保仲裁裁决的合法性和正确性,具有非常重要的意义。

(2)申请撤销仲裁裁决的法律特征

①撤销仲裁裁决的申请必须由当事人提出,一般情形下人民法院不得依职权撤销仲裁裁决。但人民法院认定该裁决违背社会公共利益的,应当裁定予以撤销。

②撤销仲裁裁决是法院的职权,即只能由人民法院作出裁定予以撤销,任何其他机构和个人均无权撤销仲裁裁决。

③人民法院必须对当事人提出的撤销仲裁裁决的申请进行审查核实。仲裁裁决只有在符合法定予以撤销的情形时,法院才能作出撤销仲裁裁决的裁定,将仲裁裁决予以撤销。

(3)申请撤销仲裁裁决的条件和理由

①申请撤销仲裁裁决的条件

按照我国《仲裁法》的规定,申请撤销仲裁裁决必须符合下列条件:

a. 提出申请的主体必须是仲裁当事人。由于仲裁当事人与仲裁裁决的结果有直接的利害关系,仲裁裁决也决定着当事人的合法权益是否得到了保护或者受到了侵害。因此,法律规定提出申请撤销仲裁裁决的主体是当事人,包括仲裁申请人和被申请人。

b. 必须向有管辖权的人民法院提出申请。当事人申请撤销仲裁裁决,必须向仲裁委员会所在地的中级人民法院提出。向其他人民法院提出的,人民法院不予受理。

c. 必须在法定的期限内提出申请。我国《仲裁法》规定,当事人申请撤销案件裁决的,应当自收到裁决书之日起 6 个月内提出。如果当事人在规定的期限内没有提出撤销仲裁裁决的申请,则表明他放弃了此项权利,双方当事人都应自觉履行裁决书中规定的各自的义务,否则,权利方当事人可以申请强制执行。

d. 必须具备法律规定应予撤销的情形。仲裁当事人提出申请撤销仲裁裁决时必须有证据对该仲裁裁决具有法律规定的应予撤销的情形加以证明。没有证据,人民法院不予受理;当事人所提供的证据能否证明,则需要人民法院审查认定。

②申请撤销仲裁裁决的理由

当事人申请撤销仲裁裁决,必须具有法定理由。根据我国《仲裁法》的规定,有下列情形之一的,当事人可以申请撤销仲裁裁决。

a. 没有仲裁协议

仲裁协议是当事人自愿将他们之间的争议提交仲裁解决的书面文件,是当事人申请仲裁和仲裁机构受理当事人的仲裁申请的前提和基础。对于没有仲裁协议而申请仲裁的,仲裁委员会不予受理,更不能对案件作出裁决。如果仲裁机构对没有仲裁协议的纠纷案件予以受理并作出了裁决,那么违反了当事人自愿的原则,该仲裁裁决也就是违法裁决,当事人有权向人民法院申请撤销此裁决。

b. 仲裁的事项不属于仲裁协议的范围或仲裁委员会无权仲裁

当事人申请仲裁的事项,必须是仲裁协议确定的事项,仲裁机构也只能就仲裁协议约定范围内的争议事项作出裁决。如果当事人申请仲裁的事项超出仲裁协议约定的范围,而仲裁机构仍予受理并作出裁决,或者虽然当事人确定了申请仲裁的范围,但仲裁机构所作出的仲裁裁决超出了当事人的请求范围,那么此仲裁裁决也应予撤销。

我国《仲裁法》规定了婚姻、收养、监护、扶养、继承纠纷和依法应当由行政机关处理的行政争议不能仲裁。如果当事人在仲裁协议中约定的事项违反了此条规定,并且当事人依据此仲裁协议将本不能提交仲裁的争议事项提交仲裁,那么仲裁机构以此为基础作出的仲裁裁决应予撤销。

《仲裁裁决执行规定》第 13 条规定:下列情形经人民法院审查属实的,应当认定为《民事诉讼法》第 248 条第 2 款第 2 项规定的“裁决的事项不属于仲裁协议的范围或者仲裁机构无权仲裁的”情形:(1)裁决的事项超出仲裁协议约定的范围;(2)裁决的事项属于依照法律规定或者当事人选择的仲裁规则规定的不可仲裁事项;(3)裁决内容超出当事人仲裁请求的范围;(4)作出裁决的仲裁机构非仲裁协议所约定。

c. 仲裁庭的组成或者仲裁的程序违反法定程序

根据《仲裁法》的规定,双方当事人可以约定仲裁庭是由 3 名仲裁员组成,还是由 1 名仲裁员组成;仲裁员应当由当事人共同选定或委托仲裁委员会主任指定。只有在当事人没有在规定的期限内约定仲裁庭组成方式或者选定仲裁员时,才由仲裁委员会主任依照职权指定。当仲裁庭的组成违反了仲裁法的规定,则由该仲裁庭作出仲裁裁决应予撤销。

仲裁必须按照法定的程序进行。如果仲裁机构没有按照仲裁程序规则所规定的期限将全部文件或材料送达双方当事人,或者当事人未能在仲裁程序中获得充分的陈述或辩论的机会,或者有关仲裁员有法定回避情形而未予回避等,均是违反仲裁程序的做法。在违背法定仲裁程序基础上所作出的仲裁裁决,属于法定被撤销的仲裁裁决。

《仲裁裁决执行规定》第 14 条规定:违反仲裁法规定的仲裁程序、当事人选择的仲裁规则或者当事人对仲裁程序的特别约定,可能影响案件公正裁决,经人民法院审查属实的,应当认定为《民事诉讼法》第 248 条第 2 款第 3 项规定的“仲裁庭的组成或者仲裁的程序违反法定程序的”情形。

当事人主张未按照《仲裁法》或仲裁规则规定的方式送达法律文书导致其未能参与仲裁,或者仲裁员根据仲裁法或仲裁规则的规定应当回避而未回避,可能影响公正裁决,经审查属实的,人民法院应当支持;仲裁庭按照仲裁法或仲裁规则以及当事人约定的方式送达仲裁法律文书,当事人主张不符合民事诉讼法有关送达规定的,人民法院不予支持。

适用的仲裁程序或仲裁规则经特别提示,当事人知道或者应当知道法定仲裁程序或选择的仲裁规则未被遵守,但仍然参加或者继续参加仲裁程序且未提出异议,在仲裁裁决作出之后以违反法定程序为由申请不予执行仲裁裁决的,人民法院不予支持。

d. 仲裁裁决所依据的证据是伪造的

证据是仲裁庭查明案件真实情况,分清是非,确定双方当事人的责任界限并作出仲裁裁决的根据。当事人必须向仲裁庭提供真实的证据。如果当事人提供了伪造的证据,必定会影响仲裁庭对案件事实作出正确判断,从而会影响仲裁裁决的客观性和公正性。因此,以伪造的证据为基础作出的仲裁裁决应予撤销。

《仲裁裁决执行规定》第 15 条规定:符合下列条件的,人民法院应当认定为《民事诉讼法》第 248 条第 2 款第 4 项规定的“裁决所根据的证据是伪造的”情形:(1)该证据已被仲裁裁决采信;(2)该证据属于认定案件基本事实的主要证据;(3)该证据经查明确属通过捏造、变造、提供虚假证明等非法方式形成或者获取,违反证据的客观性、关联性、合法性要求。

e. 对方当事人隐瞒了足以影响公正裁决的证据

一方当事人为了自身的利益,如果隐瞒了可能对自己不利的且不为他人所掌握的证据,那么仲裁庭对事实的判断、对是非的认定和对责任的划分等,就会与实际情况不相符,那么由此所作出的仲裁裁决必定会给另一方当事人造成不公正的结果。所谓“足以影响公正裁决的证据”,是指直接关系到仲裁裁决最后结论的证据,这些证据通常与仲裁案件所涉及的纠纷或争议的焦点或重要情节有着直接的联系,同时这些证据也直接影响着仲裁庭对案件事实的正确判断。因此,在当事人隐瞒了足以影响公正裁决的证据的情况下所作出的仲裁裁决应当被撤销。

《仲裁裁决执行规定》第 16 条规定:符合下列条件的,人民法院应当认定为《民事诉讼法》第 248 条第 2 款第 5 项规定的“对方当事人向仲裁机构隐瞒了足以影响公正裁决的证据的”情形:(1)该证据属于认定案件基本事实的主要证据;(2)该证据仅为对方当事人掌握,但未向仲裁庭提交;(3)仲裁过程中知悉存在该证据,且要求对方当事人出示或者请求仲裁庭责令其提交,但对方当事人无正当理由未予出示或者提交。

当事人一方在仲裁过程中隐瞒己方掌握的证据,仲裁裁决作出后以己方所隐瞒的证据足以影响公正裁决为由申请不予执行仲裁裁决的,人民法院不予支持。

f. 仲裁员在仲裁该案时有索贿受贿、徇私舞弊、枉法裁决的行为

仲裁员在仲裁案件的过程中非法索要或非法接受当事人财物或其他不正当利益,仲裁员为了谋取私利或为了报答一方当事人已经或承诺给予自己的某种利益而弄虚作假,仲裁员在仲裁案件时颠倒是非甚至故意错误适用法律,都是仲裁过程中的严重的违法行为。这些行为必然影响案件的公正审理和裁决,损害一方当事人的合法权益。在此基础上作出的仲裁裁决应当予以撤销。

根据《仲裁法》的规定,除上述几项外,如果仲裁裁决违背社会公共利益,人民法院也应当裁定撤销该仲裁裁决。社会公共利益和个人利益、局部利益既有统一协调的一面,又有矛盾冲突的一面。保护公共利益,是现代各国的通例,也是我国的仲裁准则之一。

(4)人民法院对撤销仲裁裁决申请的处理

人民法院在受理当事人提出的撤销仲裁裁决的申请后,必须组成合议庭对当事人的申请及仲裁裁决进行审查,并根据具体的情况作出相应的处理。

①撤销仲裁裁决

人民法院受理当事人提出的撤销仲裁裁决的申请后,经审查核实,认定当事人提出申请所依据的理由成立,即应当在2个月内裁定撤销该仲裁裁决。《最高人民法院关于我国仲裁机构作出的仲裁裁决能否部分撤销问题的批复》(法释〔1999〕16号,已失效)规定,我国仲裁机构作出的仲裁裁决,如果裁决事项超出当事人仲裁协议约定的范围,或者不属于当事人申请仲裁的事项,并且上述事项与仲裁机构作出裁决的事项是可分的,人民法院可以基于当事人的申请,在查清事实后裁定撤销该超裁部分。对于人民法院依法作出的撤销仲裁裁决的裁定,当事人不能上诉。

仲裁裁决被人民法院依法撤销后,当事人之间的纠纷并未解决,当事人可以重新寻求解决纠纷的方法。由于原来的仲裁协议并不存在,或者无效,或者因已经据此作出裁决,完成了其应有的程序而致失效,当事人要想再通过仲裁方式解决其纠纷,必须重新签订仲裁协议,根据重新签订的仲裁协议再申请仲裁。如果当事人不能重新达成仲裁协议,或者根本就不想再采用仲裁方式解决纠纷,那么任何一方当事人均可向有管辖权的人民法院提起诉讼。

②驳回撤销仲裁裁决的申请

人民法院经过审查未发现仲裁裁决具有法定可被撤销的理由的,应在受理撤销仲

裁裁决申请之日起2个月内作出驳回申请的裁定。对人民法院依法作出的驳回当事人申请的裁定,当事人无权上诉。

撤销仲裁裁决的申请被驳回后,双方当事人必须按照仲裁裁决所确定的权利义务自动履行。若负有履行义务一方当事人不主动履行仲裁裁决,权利方当事人可以向法院申请强制执行。

③通知仲裁庭重新仲裁

根据《仲裁法》的规定,人民法院受理当事人撤销仲裁裁决的申请后,如果认为可以由仲裁庭重新仲裁的,可以通知仲裁庭在一定期限内重新仲裁,并裁定中止撤销程序。仲裁庭拒绝重新仲裁的,人民法院应当裁定恢复撤销程序。

重新仲裁是法院认为仲裁裁决的瑕疵可以通过仲裁庭重新仲裁的方式给予补救时,给予仲裁庭自我弥补程序缺陷,从而保持仲裁裁决效力的一种程序。对重新仲裁应当注意两点:第一,根据仲裁法有关规定的精神,重新仲裁无须另组仲裁庭,因为仲裁庭的组成方式和仲裁员本身就是由当事人直接选定或委托指定的,体现了当事人的自由意志。由原仲裁庭重新仲裁,既尊重了当事人的意愿,也给了仲裁庭一个自我纠正错误的机会,从而有利于仲裁庭作出公正裁决。第二,对法院重新仲裁的通知是否采纳,由仲裁庭决定。仲裁庭既可以决定重新仲裁,也可以拒绝重新仲裁。仲裁庭拒绝重新仲裁的,人民法院应当裁定恢复撤销程序,进而决定是否撤销仲裁裁决。

(二)相关法律法规政策

1.《仲裁法》第3条、第58条。

2.《民法典》第185条、第670条、第585条。

3.《最高人民法院关于审理民间借贷案件适用法律若干问题的规定》(法释〔2015〕18号)第25~31条。

4.《仲裁裁决执行规定》第2条、第13~16条。

5.《民事诉讼法》第248条。

6.《最高人民法院关于审理民间借贷案件适用法律若干问题的规定》(法释〔2020〕17号)第26条、第29条。

(三)思考与实践问题

1.倘若某公司为专门放贷以谋取高额利益的自然人,本案该怎么处理?

2.本案中,某公司主张的诉讼费、律师费是否受到2015年《最高人民法院关于审理民间借贷案件适用法律若干问题的规定》第30条关于24%年利率的限制?

3.本案中,人民法院最有可能对张某请求撤销仲裁裁决的申请,作出怎样的处理?

4.非法放贷与“套路贷”的区别。

相关参考文献

冯国鸿:《关于民间借贷合同纠纷仲裁案件审理中若干法律问题的调研报告》,载《仲裁研究》2013 年第 4 期。

刘箭:《解决我国民间借贷纠纷若干法律问题的研究》,载《武汉金融》2016 年第 11 期。

刘晓春:《民间借贷适用法律的逻辑》,载《中国金融》2020 年第 Z1 期。

刘勇:《超额利息的抵充——以“民间借贷”为对象》,载《法律科学(西北政法大学学报)》2019 年第 2 期。

案例十一　科创公司与亿达公司买卖合同纠纷仲裁案

买卖合同纠纷是民事诉讼与商事仲裁常见的案件，本案通过对买卖合同纠纷案件中常见焦点问题的分析和对违约金问题、反请求（反诉）与抗辩适用界限的辨析梳理，准确把握违约金与损害赔偿、定金，反请求（反诉）与抗辩之间的本质差异，拓展读者对买卖合同法律风险的防范认识。

一、案例研判

（一）基本案情

2017年11月13日及2018年3月4日，科创公司作为需方与作为供方的亿达公司通过邮件形式订立两份订单，约定科创公司向亿达公司采购电路板。在下达采购之前，科创公司分别就订单所涉两种电路板的型号、厚度及相关规格通过邮件进行确认。

科创公司收到亿达公司交付的电路板后依约加工成电源成品进行销售，但自2018年5月中旬开始，陆续遭遇客户退货，以致科创公司遭受严重的经济损失。经科创公司委托第三方鉴定，发现亿达公司交付的电路板厚度均达不到订单约定的要求。对此，亿达公司提出了以下抗辩理由：一是科创公司对电路板不符合约定厚度未在质量异议期间提出；二是科创公司对改变交易惯例未尽到提醒义务，具有过错责任；三是电路板不符合约定与产品是否存在质量问题并无因果关系。科创公司请求仲裁庭对涉案有争议的电子产品委托鉴定机构进行鉴定，鉴定结果为电路板厚度不符合设计要求。

同时，亿达公司向科创公司提出了反请求，要求科创公司偿还2018年1月至6月期间的货款并赔偿违约金。由于双方未在《采购订单》中明确约定逾期付款的违约金，仅在双方总对账单及亿达公司自制的送货单中载明“如订购方延期付款，从逾期付款之日起按每日5‰支付拖欠货款滞纳金”，但亿达公司主张按每日1‰标准计算违约金。科创公司对此进行了抗辩，认为逾期付款违约金计算标准不是双方协商确认的条款，对其没有约束力，且亿达公司按每日1‰计算明显过高，要求仲裁庭调整。此外，对账单与

《采购订单》约定的货款结算日不一致,对此双方产生了争议。同时,科创公司辩称不给付货款属于行使先履行抗辩权,不存在违约情形。

(二)焦点分析

1. 本案违约金的计算标准如何确定

违约金是合同当事人对违约损害的一种救济方式,能够弥补守约方因违约方过错所造成的损失,违约金的适用一般由双方当事人协商一致并于合同中明确约定,逾期付款违约金可以依据法律规定主张。

本案中,双方当事人仅于《采购订单》中约定"需方拒付货款超过合同承付期需承担拖欠货款的违约责任",并未对违约金的计算标准作出明确约定,该条款无法计算违约金数额,属于约定不明的情形。但亿达公司对此提出抗辩,以总对账单及其公司自制的送货单中载明的违约金条款,主张按每日1‰标准计算违约金。双方对此计算标准产生了争议。

从违约金条款的设定方式来看,由于违约金在合同履行中对合同当事人具有约束担保、弥补损失及一定程度的惩罚作用,对双方的权利义务具有实质性的影响,因而原则上违约金条款需双方当事人约定适用,但司法实践认可逾期付款违约金属于法定违约金。本案中提到的总对账单及送货单属于亿达公司自制的业务文书,其中违约金计算条款属于供方单方制作,即使买受人在单上签字也仅表示对单上的货款金额、送货数量等双方认可的内容的确认,并不是对违约金计算方式达成一致意见。因而,本案属于没有明确约定违约金计算方式的情形。依据《最高人民法院关于审理买卖合同纠纷案件适用法律问题的解释》(法释〔2020〕17号)第18条第4款的规定,买卖合同没有约定逾期付款违约金或者该违约金的计算方法,出卖人以买受人违约为由主张赔偿逾期付款损失,违约行为发生在2019年8月19日之前的,人民法院可以中国人民银行同期同类人民币贷款基准利率为基础,参照逾期罚息利率标准计算。《中国人民银行关于人民币贷款利率有关问题的通知》第3条规定,罚息利率为借款合同载明的贷款利率水平上加收30%~50%。故本案货款的逾期付款违约金,应按中国人民银行公布的一年期贷款基准利率的1.3倍计算。

科创公司针对亿达公司按每日1‰计算违约金的标准提出了明显过高的主张,要求仲裁庭予以调整,对此仲裁庭根据原《合同法》第114条第2款"约定的违约金过分高于造成的损失的,当事人可以请求人民法院或者仲裁机构予以适当减少"(《民法典》第585条)和《最高人民法院关于适用〈中华人民共和国合同法〉若干问题的解释(二)》(法释〔2009〕5号,已失效)第29条第2款中"超过造成损失的百分之三十"为"过分高于"的规定,将亿达公司按每日1‰计算违约金的标准调整为按中国人民银行规定的一年期贷款基准利率的1.3倍计算。

2. 对账单与《采购订单》约定的货款结算日不一致，应如何确定结算日

对于违约金的起算点即应付货款到期之日，双方亦存在争议。亿达公司主张应依照后来科创公司签收的对账单上记载的“月结30天”计算，科创公司认为应依照双方约定的《采购订单》第7条“月结60天”计算。双方对产品质量责任应适用哪一条款也存在争议。亿达公司主张对账单及送货单的备注均写明了3天的产品质量异议期，科创公司提出送货单上的3天质量异议期明显不合理，《采购订单》第9条约定产品质量问题造成需方损失的应当由供方赔偿需方为此支付的所有费用。

上述两个争议焦点的共通之处是当对账单中记载的内容与《采购订单》不一致时，应当如何适用？对此，仲裁庭认为，对账单及送货单上的内容为亿达公司单方制作的格式条款，未与科创公司协商，不应视为对《采购订单》货款结算期的修改，也不应视为对质量异议期的约定。对账单上的内容与《采购订单》不一致的，应以采购订单为准，即货款结算时间为月结60天，违约金从亿达公司送货日的次日起60日后开始计算。同时，裁定本案属于质量问题引起的争议，应适用双方在《采购订单》上约定的质量责任条款。

《采购订单》是经双方协商一致的合同，对账单及送货单的主要目的在于双方确认货款金额及货物数量。如双方未确认对账单上修改了《采购订单》中的哪些内容，则对账单的条款对双方没有约束力。

3. 科创公司行使先履行抗辩权是否成立

在本请求中，科创公司以亿达公司未按合同约定交付合格标的物、亿达公司交付的标的存在质量瑕疵为由，要求亿达公司赔偿其经济损失；亿达公司提出反请求，要求科创公司支付未付货款。科创公司以亿达公司的先履行行为存在违约为由主张行使先履行抗辩权。

在反请求中，亿达公司基于科创公司未按合同约定按期支付货款而要求科创公司支付货款和违约金，其目的是实现自己的实体权益，且如本请求撤回或不成立，反请求仍然符合成立的条件，具备独立性，符合反请求的性质及提出要求，亿达公司就此提出反请求恰当无误。

在反请求中，科创公司以亿达公司先履行行为违约在先作为不支付货款的抗辩理由。根据抗辩的特征分析，抗辩事由针对的对象须未超过请求人（反请求人）的请求范围，即科创公司不支付货款的抗辩事由对应的是亿达公司要求支付货款的对立规范事实构成要件的事实性主张，其目的是阻却亿达公司实现其收回货款的实体权益，且其依附于原仲裁请求存在，不具有独立性。如亿达公司未提出要求科创公司给付货款的请求，科创公司则没有行使该权利的余地亦无法另行提起仲裁，因此科创公司在仲裁程序中以先履行抗辩权作为抗辩理由恰当无误。

(三)案例评析

本案中,亿达公司以科创公司未在质量异议期及合理期限内提出质量问题作为抗辩。仲裁庭认为,该案中不存在质量异议期,且本案是因为产品内在质量问题引起的争议,应适用双方约定的质量责任条款。试问,如本案存在有效的质量异议期,仲裁庭该如何处理质量异议期与质量保证责任条款的关系?

1.买受人的及时检验义务与出卖人的质量瑕疵担保责任的区分

《民法典》第620条至第623条规定了质量异议制度,要求买受人负有检验出卖人交付的标的物的义务,该义务属于不真正义务,若买受人不履行该义务,并不导致其对出卖人违约,仅导致法院推定出卖人交付的标的符合约定的法律后果,即买受人不能再以标的物不合格为由向出卖人主张违约责任,质量异议期限是为了确定合同标的物交付时是否存在质量瑕疵。

质量保证是依据《民法典》第615条、第617条确定的,出卖人应当按约定的质量要求交付标的物,不符合质量要求的,买受人可以请求承担违约责任。《中华人民共和国产品质量法》(以下简称《产品质量法》)第40条第1款规定,"……(一)不具备产品应当具备的使用性能而事先未作说明的;(二)不符合在产品或者其包装上注明采用的产品标准的;(三)不符合以产品说明、实物样品等方式表明的质量状况的",这三种质量问题给消费者造成损失的,销售者应当赔偿损失。《产品质量法》第41条第1款规定,因产品存在缺陷造成他人财产损害的,生产者应当承担赔偿责任。质量保证是出卖人承诺合同标的物在正常使用条件下应当具备合同约定及国家或行业标准确定的质量标准和使用性能,因标的物本身存在质量缺陷不能达到使用性能要求或者造成人身、财产损失,出卖人应当依照合同约定及法律规定承担责任。

2.涉产品质量纠纷案件的司法审理思路

在司法实践中,出卖人通常主张买受人超出质量异议期或合理期限提出异议而要求法院或仲裁庭推定交付产品质量符合要求,进而判定其无须承担违约责任。对此,司法审理思路如下。

第一,区分案件类型是消费者买卖还是贸易交易以分别处理。由于消费者不具有对产品质量进行检验的专业能力,且常处于信息不对称的相对弱势地位,若以质量异议期限制其权利主张不具有合理性,因此以《产品质量法》有关责任规定进行救济更妥当。而在贸易领域的交易,买卖双方当事人缔约能力相当,应对交付产品的种类、数量、规格等尽到高度注意义务,适用质量异议制度能够更好敦促买受人及时履行检验、通知义务。

第二,判断贸易领域的商事合同有无约定质量异议期,有约定的按约定,尊重当事人意思自治。如合同双方当事人明确约定质量异议期,则该期限具有法律效力,买受人超出该期限未提异议的,视为交付产品质量合格。但如果未作约定,法院或仲裁庭一般会区分买受人提出的质量异议属于何种类型，属于内在质量问题的则适用《产品质量法》第 40 条、第 41 条承担质量保证责任，如果属于产品种类、数量、规格等问题的则依据产品性能、条件等因素确定"合理期限"、"两年"或是"质量保质期"，再依照质量异议制度进一步审理。

第三，在质量异议和质量保证期均有约定的情况下，法院或仲裁庭还可以通过释明，要求买受人选择其请求权是基于以出卖人交付的标的物存在质量问题为基础主张违约责任，还是要求出卖人履行质量保证的合同责任。如果买受人选择前者，则依照《民法典》对期限认定的顺序，判断案件适用"约定期限"、"合理期限"、"两年"还是"质量保质期"，进而判定买受人提出质疑是否超时、是否应推定物品合格；如当事人主张出卖人履行质量保证的合同责任，则法院应审查标的物是否存在瑕疵等质量问题。

3. 本案审理思路评析

本案为贸易领域的买卖合同，双方对质量异议期没有作出约定。从仲裁庭的审理思路来看，并没有按照亿达公司的抗辩思路认定相应的"合理期限"以计算科创公司是否超期提出异议，而是对科创公司提出的质量异议问题类型进行认定，进而选择是适用质量异议制度或是质量保证制度，仲裁庭区分问题争议性质的审理思路值得认可，但未作详细的阐明，本书依照本案的证据作以下分析。

根据是否可通过通常手段，无须经过专门检验及安装运用即可检查的标准进行区分，产品质量分外观瑕疵与隐蔽瑕疵。外观瑕疵一般为货物数量、种类、规格等能够及时核查的问题，可适用约定的质量异议期或较短的合理期间、保质期间。本案的标的物质量问题属于需经专业检测才能发现但对产品使用具有实质性影响的内在瑕疵，即科创公司在对产品进行加工使用时才能发现产品不满足使用条件，且需经专业技术进行鉴定检测才能发现问题所在，故应属于隐蔽瑕疵。因此，即使对账单中的质量异议期间有效，但 3 天验货期间应属于对外观瑕疵检验的期间而不属于隐蔽瑕疵的检验期间，即使仲裁庭依照质量异议制度思路审理，确定产品质量异议的合理期间，也因属于隐蔽瑕疵而需较长的期限，科创公司在收到产品 3 ~ 5 个月内提出异议应当认定为在合理期间内提出，亿达公司无法据此主张免责。此外，双方签订的《采购订单》中还存有质量责任约定，故无论是根据实际产品问题分析还是双方约定优先原则，本案认定产品质量属于隐蔽的内在问题合理有据，适用《采购订单》中的质量责任条款进行审理正确合理。

二、法律实务操作

（一）重点难点问题

1. 违约金的概念及性质

违约金是指由当事人约定或法律规定的、在一方当事人不履行或不完全履行合同时向另一方当事人支付的一笔金钱或其他给付。[①] 由此可见，违约金实际是在合同违约情形下对守约方的一种弥补救济手段，主要目的在于弥补违约行为对守约方造成的损失，具有明显的补偿属性。而从违约金设立的效果来看，除在违约行为发生时起到赔偿作用外，在合同履行的过程中违约金还具有督促履行合同，约束当事人行为的效力，暗含着与违约金补偿功能相对的担保功能。

根据违约金发生原因的不同，还存在“约定违约金”与“法定违约金”之分。根据《民法典》主要规范违约金的条款（第585条）来看，“当事人可以约定一方违约时应当根据违约情况向对方支付一定数额的违约金”“约定的违约金低于造成的损失”，违约金一般体现为约定性质。但在我国司法实践中，同样认可存在法定性质的违约金，如逾期付款违约金、[②]逾期未交付电费、[③]电信业务经营者逾期未能装机开通行为[④]等，相关行政法规、规章规定了法定违约金。

此外，在学界中还存在“惩罚性违约金”与“赔偿性违约金”性质之分，对于两者的区分主要有“赔偿说”“惩罚说”“赔偿与惩罚双重说”“目的解释说”等4种代表性观点。而在我国司法实践中，坚持以补偿性为主、惩罚性为辅的原则认定违约金性质，该原则在《最高人民法院关于当前形势下审理民商事合同纠纷案件若干问题的指导意见》（法发〔2009〕40号）中提出，并且在最高人民法院于青岛市光明总公司诉青岛啤酒股份有限公司买卖合同纠纷案[⑤]和天津泰丰工业园（集团）有限公司诉广东省建筑工程总公司房地产开发公司房屋买卖合同纠纷案[⑥]作出的判决中，最高人民法院民一庭、民二庭的法官均认同该原则更符合原《合同法》第114条（《民法典》第585条）规定的违约金性质。违约金的惩罚性具体体现在《民法典》第585条第3款、第4款中：“当事人就迟延履行约定违约金的，违约方支付违约金后，还应当履行债务”，据此允许迟延履行违约金与继续履行并用，实际上是承认迟延履行违约金具有惩罚性；“约定的违约金过分高于

---

① 参见崔建远主编：《合同法》（第3版），法律出版社2003年版，第284页。

② 《最高人民法院关于审理买卖合同纠纷案件适用法律问题的解释》第18条第4款规定：“买卖合同没有约定逾期付款违约金或者该违约金的计算方法，出卖人以买受人违约为由主张赔偿逾期付款损失，违约行为发生在2019年8月19日之前的，人民法院可以中国人民银行同期同类人民币贷款基准利率为基础，参照逾期罚息利率标准计算……”

③ 《电力供应与使用条例》第39条规定：“违反本条例第二十七条规定，逾期未交付电费的，供电企业可以从逾期之日起，每日按照电费总额的1‰至3‰加收违约金，具体比例由供用电双方在供用电合同中约定；自逾期之日起计算超过30日，经催交仍未交付电费的，供电企业可以按照国家规定的程序停止供电。”

④ 《中华人民共和国电信条例》第31条规定：“电信用户申请安装、移装电信终端设备的，电信业务经营者应当在其公布的时限内保证装机开通；由于电信业务经营者的原因逾期未能装机开通的，应当每日按照收取的安装费、移装费或者其他费用数额1%的比例，向电信用户支付违约金。”

⑤ 最高人民法院民事判决书，（2004）民二终字第125号。

⑥ 最高人民法院民事判决书，（2000）民终字第44号。

造成的损失”,高于造成损失部分的违约金实质就是对损害行为的惩罚,而法律只是规定当事人有权对该部分请求法院或仲裁机构适当调整,赋予当事人请求权,但并未规定法院或仲裁机构必须支持或者发现过高应当主动调整。由此可以看出,法律允许惩罚性质的违约金存在,但该种性质的违约金只是处于辅助地位,原因在于民法并不以惩罚为目的,而是重在补偿受害人。

2. 违约金与损害赔偿的关系

损害赔偿是指违约方以支付金钱的方式弥补损害方因违约行为所减少的财产或者丧失的利益,包括所受损失和可得利益。损害赔偿与违约金一样均具有弥补损失的补偿性功能,但从性质、确定依据、适用条件、举证责任来看两者仍存在差异。一是性质不同。违约金的性质可以是补偿性,也可以是惩罚性,但损害赔偿性质仅能是补偿性的,不具有惩罚性。二是确定依据不同。违约金的确定主要依据当事人事前约定,而损害赔偿是以违约行为所造成的实际损害来确定金额。三是适用条件不同。违约金的适用不以实际损害发生为前提,而损害赔偿则必须存在实际损失。四是举证责任不同。守约方请求给付违约金无须承担损失的证明责任,而请求损害赔偿则应承担违约行为与损失结果的因果关系及损失范围等证明责任。

关于违约金与损害赔偿的适用关系,根据《民法典》第584条及第585条规定来看,“损失赔偿额应当相当于因违约所造成的损失,包括合同履行后可以获得的利益”,“约定的违约金低于造成的损失的,人民法院或者仲裁机构可以根据当事人的请求予以增加”。法律规定的损害赔偿额限度应当相当于实际损失,并非仅限于违约金,并且如违约金约定低于实际损失的,不足部分还可以请求增加,即违约金与实际损失赔偿两者并不冲突。从法律规定来看,我国并未否定违约金与损害赔偿并用。但依据当事人不得从违法行为得利及避免受害人重复救济的原则,针对同一违法行为、同一利益仍有可能会排除两者同时适用。然而,同样存在例外情况,关于并行适用的条件学界主要有以下观点。

以违约金的性质区分讨论,且两者是否可以并用应取决于违约金的性质,但对于何种性质的违约金可以与损害赔偿并用,学界观点尚存争议。依王利明教授后期观点来看,由于补偿性违约金的主要目的与损害赔偿一样都是为了弥补损失,因此可以替代损害赔偿,同时如果违约金低于实际损失的,可以另外要求赔偿损失即两者可以同时主张,如违约金大于或等于实际损失的,则当事人不得重复请求;惩罚性违约金一般情况下会高于实际损失,因而当事人只能在两者之间择一选择。[①] 梁慧星教授则提出,由于赔偿性违约金可以替代损害赔偿,因而当事人已获得违约金则不得再重复要求损失赔

① 参见王利明:《合同新问题研究》,中国社会科学出版社2011年版,第718~719页。

偿,两者不得同时适用;而惩罚性违约金旨在制裁违约行为,不以实际损害为前提,因而给付惩罚性违约金后仍应当继续履行债务或仍可以请求损害赔偿。①

司法实践中的主要观点是,补偿性违约金与损害赔偿之和在预期利益和可得利益范围内可同时支持,惩罚性违约金与损害赔偿可由当事人意思自治约定并行适用。前一种观点的依据为《民法典》第 585 条,对超出违约金尚未救济部分的损失,只要在实际损失范围内即可同时适用违约金与损害赔偿,但当事人需负损害范围的证明责任。后一种观点是基于契约自由,当事人格外约定违约金不作为损害赔偿的替代,守约方在请求违约金后仍可以要求继续履行或损害赔偿,法院应尊重合同当事人的意识自治,如在当事人未申请法院酌减违约金的情况下应当并行适用。

3. 违约金与定金的关系

定金是指当事人一方在合同履行前按合同标的额的一定比例预先交付给对方当事人的金钱或其他替代物。② 从《民法典》第 587 条关于定金的规定来看,“给付定金的一方不履行债务或者履行债务不符合约定,致使不能实现合同目的的,无权请求返还定金;收受定金的一方不履行债务或者履行债务不符合约定,致使不能实现合同目的的,应当双倍返还定金”。定金与违约金存在相似之处,同样具有担保合同履行的功能及履行不能时起到补偿损失的作用,但是相比违约金,定金还具有其独特之处。一是定金具有证明作用,如证约定金、成约定金能够证明和维护双方的合同关系;二是定金的担保作用具有双向性,不管是交付定金还是收取定金的一方都受其约束;三是定金具有预先给付的作用,定金是在履行前预先交付,未达双倍返还或者取得条件时可抵扣合同中的金钱给付,与事后给付的违约金具有功能上的差别;四是定金更具惩罚性,其不以实际损害为前提,即使未发生损害只要满足相应条件即可要求双倍返还或取得定金;五是定金只能以合同当事人之间明确约定并实际给付成立,并无法律法规、规章作出强制性规范。

《民法典》第 588 条第 1 款规定:“当事人既约定违约金,又约定定金的,一方违约时,对方可以选择适用违约金或者定金条款。”因而通说上有违约金与定金不得并用的说法,对此学界中有不同的见解。有学者认为,在一定条件下两者能够并行适用。法律规定两者不得并行适用主要是预防功能重叠的权利被滥用,对损害后果重复救济,造成事实不公。首先,从定金的种类来看,由于解约定金、证约定金、成约定金、立约定金与违约金在性质、功能、目的等方面存在差异,同时适用未必会因功能重叠而导致重复救

① 参见梁慧星:《论合同责任》,载《学习与探索》1982 年第 1 期。

② 参见姚敦山:《违约金与定金适用关系的构造——对〈合同法〉第 116 条的解读》,载《法制与经济》2017 年第 3 期。

济,因此以上种类的定金与违约金有同时适用的可能性;而(违约)定金的目的、性质、功能均与违约金具有相似性,因而第588条规定的情形一般来说针对的是(违约)定金。其次,针对两者适用的行为对象,如果(违约)定金与违约金约束的是不同的违约行为,两者同时适用亦不存在重复救济的情形,在山西银鑫钢铁集团有限公司诉山东翔龙实业集团有限公司买卖合同纠纷二审案①的判决中,法院强调两者不能同时适用,因为两者针对的是同一违约行为。最后,从当事人意思自治的角度来看,如果合同双方当事人协商同意违约金和(违约)定金同时适用的,亦不排除并行适用的可能性,但该观点在学理上尚存争议,因为《民法典》第588条属于任意性规定还是强制性规范,学者仍有不同的意见。

4. 质量异议期

质量异议,又称质量瑕疵通知义务,是指买受人在发现买卖合同中的标的物存在不符合质量要求的情形时,应当在一定期限内向出卖人发出通知,超过约定的质量异议期或者在合理的期限内未发出通知,则视为标的物质量合格。

(1)根据《民法典》第621条的规定,买受人质量异议期的确定方式有以下几种:①当事人对检验期有约定的,以约定的期限为质量异议期;②当事人未约定的,买受人应在合理期间内提出质量异议,且该合理期间自收到标的物之日起最长不超过2年;③如当事人在合同中有质量保证期的,质量保证期为最长合理期间,不适用"两年"的规定;④如出卖人知道或者应当知道提供的标的物不符合约定的,买受人不受"合理期间""质量保证期""两年"的限制。

"合理期间"的确定,应当根据标的物瑕疵的性质、买受人应尽的合理注意义务、当事人之间的交易方式、交易性质、交易目的、交易习惯、标的物的数量、检验的难易程度、安装使用情况、买受人或者检验人所处的具体环境、自身技能以及其他合理因素进行综合判断。

产品瑕疵一般分为数量瑕疵和质量瑕疵,根据检验的难易程度质量瑕疵可分为外观瑕疵和隐蔽瑕疵。外观瑕疵指用通常方法不须特殊检查即可发现的瑕疵,一般包括标的物的表面性能和种类瑕疵,即产品的规格、型号、花色、品种等。隐蔽瑕疵指通过通常的检验手段无法发现,需要专门检验或需要安装转运才能发现的瑕疵。

(2)外观瑕疵与隐蔽瑕疵检验期限的区分规定:①当事人仅约定检验期间的,由于检验期间一般过短,因此约定的检验期间只能作为外观瑕疵的质量异议期,买受人对隐蔽瑕疵不负有检验义务;②当事人约定了检验期间和保质期间的,应以检验期间作为外观质量异议期,隐蔽瑕疵以保质期为准;③当事人约定的保质期短于2年最长合理期限

① 山东省高级人民法院民事判决书,(2011)鲁商终字第197号。

的，该保质期适用于外观瑕疵检验，对于隐蔽瑕疵的保质期限至少应为 2 年。

5. 先履行抗辩权

《民法典》第 526 条规定了先履行抗辩权，指在双务合同中当事人有先后履行顺序应当先履行的一方当事人未履行或者履行不符合约定，后履行一方享有拒绝其履行要求或者拒绝其相应履行要求的权利。

(1) 先履行抗辩权具有以下特征：①存在于双务合同中，且当事人履行义务具有明确的先后顺序；②属于单向性抗辩权，仅后履行义务一方拥有该项权利；③属于形成权，其行使不依赖于先履行人的协助；④具有“私力救济”性质，由权利人自行行使，无须通过法律或其他执行机构裁决；⑤属于延期抗辩权，只能发生延缓义务履行与对方权利的实现，并不消灭相应的权利义务关系。

(2) 先履行抗辩权构成要件包括：①先履行抗辩权产生于双务合同，即双方当事人须于合同中互负债务；②双方当事人履行债务的时间须有明确的先后顺序之分，可以是双方约定的，也可以是根据合同本身性质必然具有的先后履行顺序；③先履行一方当事人在债务履行期间届满前没有履行债务或者不适当履行债务，即存在违约行为；④先履行一方当事人的先履行债务具有履行可能性；⑤先履行一方当事人须向后履行一方当事人提出履行债务的明确书面请求；⑥后履行一方当事人在债务履行期间届满前须以明示方式拒绝履行债务。

6. 同时履行抗辩权、先履行抗辩权与不安抗辩权的异同

(1) 三种抗辩权的相同点

①目的相同：抗辩权都是为了维护交易秩序，保障合同双方当事人的利益，敦促合同的履行。

②适用范围相同：三种抗辩权均仅发生于双务合同中，双方当事人互负债务，且仅限于同一双务合同中。

③权利效力相同：三种抗辩权均仅在一定期限内拒绝履行对方的请求，并不能消灭请求权，自己的债务也不因此消灭。

④行使方式相同：由当事人自己主张行使，法院或仲裁机构不得依职权主动适用。

(2) 三种抗辩权的区别

同时履行抗辩权，是指双务合同的当事人应同时履行义务的，一方在对方未履行前，有拒绝对方请求自己履行合同的权利，没有先后履行顺序的，应当同时履行。先履行抗辩权是指双务合同中应当先履行义务的一方当事人未履行时，对方当事人有拒绝对方请求履行的权利。先履行一方未履行的，后履行一方有权拒绝其履行要求。先履行一方履行债务不符合约定的，后履行一方有权拒绝其相应的履行要求。不安抗辩权是指双务合同中应先履行义务的一方当事人，有确切证据证明相对人财产明显减少或

欠缺信用,不能保证对待给付时,有暂时中止履行合同的权利。三者之间的区别见表11－1。

表11－1　三种抗辩权的区别

<table>
<tr><th>项目</th><th>同时履行抗辩权</th><th>先履行抗辩权</th><th>不安抗辩权</th></tr>
<tr><td>适用主体</td><td>无先后履行顺序要求,享有主体不特定</td><td>有先后履行顺序要求,由后履行债务一方当事人享有</td><td>有先后履行顺序要求,由先履行债务一方当事人享有</td></tr>
<tr><td>抗辩事由</td><td>一方当事人未履行或履行不符合约定</td><td>先履行一方当事人未履行或履行不符合约定</td><td>后履行一方当事人出现下列情况之一:
①经营状况严重恶化;
②转移财产、抽逃资金,以逃避债务;
③丧失商业信誉;
④有丧失或者可能丧失履行债务能力的其他情形</td></tr>
<tr><td>行使时间</td><td>双方互负债务均已到清偿期</td><td>后履行期限届满之时</td><td>先履行期限期间</td></tr>
<tr><td>举证责任</td><td colspan="2">无须证明对方当事人未履行债务</td><td>须有确实的证据证明当事人未履行债务</td></tr>
<tr><td>消灭事由</td><td colspan="2">对方履行债务后即告消灭</td><td>对方当事人提供履行担保或提出同时履行之后即告消灭</td></tr>
<tr><td>适用对象</td><td>只能是数额相等的对待给付对象,只能在对方同等数额范围内的债务进行抗辩</td><td colspan="2">无此要求</td></tr>
</table>

7. 反请求与反诉的异同

仲裁反请求是指在仲裁程序中,被申请人向本案中的申请人提出的,旨在抵销、吞并申请人仲裁请求,并与仲裁请求之标的和理由有牵连的独立仲裁请求。反诉是指民事诉讼中被告向本诉原告提出的,可以成为独立诉讼标的、与本诉有牵连关系且属于本诉审理法院管辖的诉讼请求。

(1)两者的区别

①依据的准据法不同:反请求源于《仲裁法》,反诉源于《民事诉讼法》。

②适用的法律程序及受理机构不同:因仲裁与民事诉讼的差异,反请求与反诉,前者由仲裁委员会适用仲裁程序进行受理、审理,后者由人民法院适用民事诉讼程序进行受理、审理。

③法律效力不同:根据两种程序的性质区别,反请求属于一裁终局,而反诉对判决

不服还可以提起上诉。

(2)两者的相同点

①自身的独立性:两者均独立于本请求与本诉,不因本请求和本诉的撤回而终结。

②目的的对抗性:两者均是为了对抗对方的请求,是为了动摇、抵销或吞并对方的请求,是一种诉讼对抗手段。

③当事人的特定性:两者均必须以本请求和本诉中的请求人和原告作为指向对象,且当事人在仲裁和诉讼中具有双重身份、双重地位。

④请求内容的牵连性:两者的请求内容须与本请求和本诉的请求内容和理由为同一法律关系而产生的,并且具有事实上的牵连关系。

由此可以看出,反请求与反诉的区别主要缘于两者属于不同制度程序,因而在适用形式上存在差异,然而探究两者的性质、目的及特征,会发现两者本质具有高度相似性,甚至在理论探讨上两者可以等同替换,因而鉴于学界中更多的是对反诉制度进行研究,以下问题亦从反诉制度的视角进行论述。

8. 反诉与抗辩的辨析

抗辩是指一方在行使权利时,他方当事人所提出的对应于对立规范事实构成要件的事实性主张,具有阻止权利发生的法律效果。抗辩可分为实体上的抗辩和程序法上的抗辩。前者具体包括三类,一是权利障碍的抗辩,主张对方的请求权基于的特定事由自始不存在,如合同具备无效事由;二是权利消灭的抗辩,主张对方请求权一度有效但因特定事由已归于消灭,如债务因清偿、免除、混同、提存而消灭;三是权利排除的抗辩,肯定对方请求权但其效力被永久或暂时排除,如同时履行抗辩权等。程序法上的抗辩指当事人以程序法上的特有事项来排斥或对抗对方的请求,如主张法院无管辖权或原告重复起诉的妨诉抗辩,及主张对方证据不符合三性要求、法院不予采纳的证据抗辩。

抗辩与反诉均发生在诉讼过程中,是被告为维护自己的权益针对本案原告所提出的主张,是被告诉讼权利的行使。但由于两者在处理方法、法律效果等方面存在差异,因而在诉讼过程中被告应采用何种方式、两者的区分标准是什么等问题极具辨析意义。

(1)反诉与抗辩的区别

①性质不同。反诉的本质属性是诉,具有独立的诉讼请求,是本诉被告为了实现自己的实体权益;抗辩是为了对抗本诉原告的诉讼请求以阻止本诉原告实现其实体权益,并不产生新的诉讼请求。

②法律地位不同。反诉会使双方当事人具有双重法律地位,即本案中的原被告互为反诉中的原被告;抗辩不改变当事人的法律地位。

③处理方式不同。反诉须依照完整的民事诉讼程序处理,包括缴纳诉讼费用、作出明确的裁判及受理需审查是否符合一般诉讼要求及反诉特别要件;抗辩的提出只需提

供证明其事实主张成立的证据即可,且法院只需审查证据是否足以证成,无须另行作出裁判。

④法律效果不同。因反诉的处理结果是存在既判力的判决书,因此不可就该事项再次起诉;抗辩属于判决理由不产生既判力,因此不服可另行起诉。

⑤独立性不同。反诉与本诉可以合并审理,也可以另行起诉分开判决,本诉的撤销、不成立不影响反诉,反诉具有独立性;抗辩只能在已提的诉讼中进行,依附于本诉存在不具有独立性。

以上是从两者的属性及功能出发进行归纳的区别,具体体现为两者适用方式及处理方式的不同,属于适用后的表象性差异,但不能作为适用的界限标准。学理中并没有明确区分什么事由应适用抗辩形式主张,什么事由应适用反诉主张;实践中法官辨别认定抗辩及反诉的标准不一,包括是否属于另一法律关系、是否属于独立诉讼请求及当事人主张目的等。

(2)反诉与抗辩的适用标准

在买卖合同纠纷领域,相关司法解释对适用类型进行了归纳,如被告主张拒绝支付违约金、拒绝赔偿损失、主张减少价款,或主张合同不成立、未生效、无效或不构成违约的属于抗辩理由,如被告主张原告因违约行为需支付违约金、赔偿损失或要求解除合同的属于反诉事由。[①] 由此可以看出,最高人民法院在辨别反诉与抗辩时主要依据的是"被告主张与原告诉讼请求之间的关系",判断被告提出的主张是否超出原告的诉讼请求,如果归纳的抗辩理由中被告的主张目的都是在否定原告的违约责任请求权,阻却原告实现其主张的实体权益,并没有提出新的诉讼请求或新的给付内容,属于在原告的诉讼请求范围内进行主张;如果归纳的反诉事由中被告提出了超出原告诉讼请求范围的新主张,为了实现被告的实体权益,能够成为一个独立的诉,因此须以反诉提出。

但该辨别标准及归纳仍存在一定局限性,其过于强制性和标准化的归类而忽略了当事人对可抗辩、可反诉事由的自主选择及事由存在情况的多样化。例如,减价权在大陆法系国家的民事实体法中被规定为一种形成权,对于形成权,当事人是可以自由选择通过抗辩还是反诉的方式提出的;又如,解除尚未履行的合同并不会产生恢复原状、赔偿损失等其他新的法律效果,此时通过抗辩程序便可以解决纠纷则无须浪费司法资源

---

① 参见《最高人民法院关于审理买卖合同纠纷案件适用法律问题的解释》第31条规定:出卖人履行交付义务后诉请买受人支付价款,买受人以出卖人违约在先为由提出异议的,人民法院应当按照下列情况分别处理:(1)买受人拒绝支付违约金、拒绝赔偿损失或者主张出卖人应当采取减少价款等补救措施的,属于提出抗辩;(2)买受人主张出卖人应支付违约金、赔偿损失或者要求解除合同的,应当提起反诉。第21条规定:买卖合同当事人一方以对方违约为由主张支付违约金,对方以合同不成立、合同未生效、合同无效或者不构成违约等为由进行免责抗辩而未主张调整过高的违约金的,人民法院应当就法院若不支持免责抗辩,当事人是否需要主张调整违约金进行释明。

再提出反诉。

由此,在辨析反诉与抗辩的适用上可以采取多重标准。其一,判定主张属于防御方法还是攻击方法,即主张是否超过原告的诉讼请求范围及是否满足诉讼(包括反诉)的构成要件;其二,判别主张适用反诉程序的必要性,如可以通过抗辩方式主张的事由则不必采用反诉制度;其三,尊重当事人自主选择权及依据被告主张目的进行辨析,通过法官对相关事由、权利进行释明,由当事人自主选择,再对当事人选择意图是为了阻却原告实现权益还是为了实现自己的权益进行判断。

(二)相关法律法规政策

1.《民法典》第 525 条、第 526 条、第 527 条、第 584 条、第 585 条(原《合同法》第 114 条)、第 586 条(原《合同法》第 115 条)、第 587 条、第 588 条(原《合同法》第 116 条)、第 615 条、第 617 条、第 620 条、第 621 条、第 622 条、第 623 条。

2.《产品质量法》第 40 条、第 41 条、第 42 条。

3.《仲裁法》第 27 条。

4.《最高人民法院关于审理买卖合同纠纷案件适用法律问题的解释》(法释〔2020〕17 号)第 18 条。

5.《中国人民银行关于人民币贷款利率有关问题的通知》第 3 条。

6.《最高人民法院关于适用〈中华人民共和国合同法〉若干问题的解释(二)》(法释〔2009〕5 号,已失效)第 29 条。

7.《最高人民法院关于适用〈中华人民共和国民事诉讼法〉的解释》第 232 条。

(三)思考与实践问题

1. 违约金与定金可否同时适用?

2. 同时履行抗辩权、先履行抗辩权、不安抗辩权的区别。

3. 反诉与抗辩适用标准。

相关参考文献

夏群佩、洪海波:《买卖合同纠纷中反诉是否成立的辨别标准》,载《人民司法(案例)》2018 年第 11 期。

姚明斌:《〈民法典〉违约金规范的体系性发展》,载《比较法研究》2021 年第 1 期。

赵蕾:《违约金和赔偿损失并用的范畴界定》,载《人民司法(案例)》2018 年第 20 期。

案例十二　建筑工程材料三方买卖合同纠纷仲裁案

该买卖合同为三方主体之间的买卖合同,合同交易货物的具体履行情况需要三方主体进行确认,法律关系比较复杂。本案涉及诉讼时效制度更改、多个合同主体和多个合同法律关系、违约责任的确定及违约损失计算标准问题。把握买卖合同支付责任主体的情形是本案的重点。

一、案例研判

(一)基本案情

2016年11月23日,申请人乙公司与二被申请人甲公司(又称被申请人1)、丙公司(又称被申请人2)共同签订了《三方买卖合同》,由申请人乙公司供应建筑产品,用于甲公司承建丙公司G建设工程项目。其中甲公司为甲方,乙公司为乙方,丙公司为丙方。

《三方买卖合同》约定了可调整性价格,载明:"产品单价见报价单(本合同附件一),单价的有效期按照报价单的有效期执行;单价有效期满,若该工程尚未完工且需乙方继续供货,则单价由丙方提供至甲方进行调整。"

《三方买卖合同》约定的货款结算方式为:"乙方送材料到工地经验收合格,三方办理材料签收后,按如下方式结算:甲方委托丙方,由丙方从丙方应付给甲方的工程款中支付给乙方。"乙方每次供货后,由甲、乙、丙三方核实供货实际情况与供货标准是否一致并在送货单上签字盖章确认。乙公司整理汇总每自然月的月度供应汇总表并按国家规定以本合同附件二中甲公司的发票抬头信息出具材料发票,甲公司收到发票原件核对无误后向乙公司提供签收证明,乙公司以月度供应汇总表、三方确认送货单、发票复印件及签收证明、合同复印件、丙方确认的报价单复印件以一式一份送达丙公司采购中心,另外全套资料复印件一式二份送达丙公司项目管理部,由其转交一份给甲公司留底。丙公司在收到甲公司工程进度款的申请之后,向甲公司支付工程进度款时全额扣除甲公司应付乙公司的货款,扣除的货款直接汇入乙公司的银行账号。

甲公司指定周某为材料的订单、验货验收确认人,发票原件签收人;乙公司指定陈某为材料跟进负责人;丙公司项目管理部指定李某为材料管理责任人。

《三方买卖合同》约定,本合同引起的或与本合同有关的争议,除另有约定外,当事人不愿和解、调解或和解、调解不成的,均提请广州仲裁委员会按照该仲裁委员会仲裁规则进行仲裁。

2016 年 11 月 15 日,甲公司开始进场施工,在《三方买卖合同》履行过程中,甲公司因现场各项工作不符合工程建设进度,管理人员、施工人员严重不足而不能满足施工现场要求。

2017 年 4 月 19 日,丙公司作为发包方,经多次与承包方甲公司沟通和协商未果。丙公司向甲公司送达工程退场结算确认函,甲公司撤场后并未完成《三方买卖合同》有关的结算工作。

2017 年 9 月 29 日,丁公司作为新入场的承建方,与乙公司、丙公司再次签订了新的买卖合同,新合同条款除甲方主体作出变更外,与《三方买卖合同》基本一致。其中丁公司为新的甲方,乙公司仍然作为乙方,丙公司仍然作为丙方。

申请人乙公司为协助丁公司进行工程款及材料款结算,又因无法联系到甲公司,于是将原来已开具甲公司发票抬头信息的发票作废后重新出具丁公司发票抬头信息的发票。丁公司、丙公司对此表示认可。

申请人乙公司提供了《三方买卖合同》及 2016 年 12 月至 2017 年 4 月的送货单,其认为已经按照该合同约定和被申请人要求履行了全部供货的合同义务。申请人认为被申请人尚未支付 75 万元。

2018 年 7 月 18 日,丙公司委托律师向甲公司发出律师函,要求其依合同约定与丙公司完成工程结算及结清欠付材料款等费用。

2018 年 8 月 18 日,甲公司向丙公司送达关于工程结算的回函(无原件),其载明甲公司决定于 8 月 25 日前与丙公司进行洽谈协商。

因两被申请人在解除合作关系后均未向申请人乙公司支付剩余货款,甲公司未支付相应欠款,丙公司也以甲公司未办理工程结算手续为由拒绝支付该欠款,后经多次协商不成,遂引发本案合同纠纷。

2019 年 9 月,乙公司依据《三方买卖合同》约定的仲裁协议条款和仲裁规则向某仲裁委员会申请本案仲裁。

(二)焦点分析

本案涉及的争议内容既包括程序上的问题,也包括实体上的问题。程序上的问题为:本案仲裁请求是否超过诉讼时效。实体上的问题包括:(1)涉案的货款的金额的确定;(2)违约损失的计算方法和起算时间的确定问题;(3)被申请人 1 与被申请人 2 是否承担连带责任以及申请人可以向谁请求赔偿损失的问题。

1. 本案诉讼时效的问题

根据《仲裁法》第74条的规定，仲裁时效的本身没有规定的，参考适用诉讼时效的规定，[①]本案仲裁时效的计算确认适用诉讼时效的计算确认规定。

本案中，在被申请人请求仲裁庭支持其关于本案诉讼时效超过的问题上有争议。被申请人1认为，申请人在法定的诉讼时效期间内未向其主张相关权利，故本案被提交仲裁申请之日（2019年9月29日）已超过诉讼时效。本案中，三方当事人共同签订的《三方买卖合同》并没有约定明确的付款期限，但是根据该合同第5条“结算时间”的约定，“自材料到工地经验收合格办理签收之日起两个月内”，可以推断，当三方当事人完成合同第5条中“三方共同在该批次的送货单上签字盖章确认，各留底一份送货单原件”的核实义务后，被申请人1或被申请人2的付款义务随之产生，合理期间为2个月内。从本案证据可以得知，最后签收的送货单的日期是2017年4月18日，故本案债权诉讼时效期间届满之日为2017年6月18日。

若依据被申请人1主张的原《民法通则》的两年的诉讼时效的规定，本案诉讼时效的确已经超过。但是依据《最高人民法院关于适用〈中华人民共和国民法总则〉诉讼时效制度若干问题的解释》（法释〔2018〕12号，已失效）第2条的规定，原《民法总则》实施时，案件诉讼时效期间没有超过原《民法通则》的两年或一年的诉讼时效规定的，人民法院支持当事人适用原《民法总则》的3年诉讼时效的主张。[②] 本案中应当适用的诉讼时效是原《民法总则》关于3年诉讼时效的规定。申请人于2019年9月提出仲裁申请，没有超过诉讼时效。

2. 涉案货款的金额的确定

对于14张送货单中的具体数额与申请人主张的货款数额不一致的问题，应当认定送货单具体数额与申请人主张的数额相重叠的部分较为合理。由于所有的送货单都有被申请人2加盖的公章，故除去记载内容重合的一张送货单，应认定涉案金额为75万元。

3. 违约损失的起算时间和计算方法的确定

首先，本案所涉货款为75万元，申请人请求按照中国人民银行同期贷款罚息利率自2017年7月1日起计算被申请人逾期付款的违约损失。根据前文关于诉讼时效的分析，利息计算的起算时间是正确的，到债权偿还期限届满为止。

---

① 《仲裁法》第74条规定：“法律对仲裁时效有规定的，适用该规定。法律对仲裁时效没有规定的，适用诉讼时效的规定。”

② 《最高人民法院关于适用〈中华人民共和国民法总则〉诉讼时效制度若干问题的解释》（已失效）第2条规定：“民法总则施行之日，诉讼时效期间尚未满民法通则规定的二年或者一年，当事人主张适用民法总则关于三年诉讼时效期间规定的，人民法院应予支持。”

由于在《三方买卖合同》中并没有约定逾期付款违约金或者该违约金的计算方法，也没有约定逾期支付货款所应计算的逾期利息的计算方法，逾期利息应“按照中国人民银行同期贷款罚息利率”来计算。依据2012年《最高人民法院关于审理买卖合同纠纷案件适用法律问题的解释》（法释〔2012〕8号）第24条第4款的规定，当事人没有约定逾期付款违约金，人民法院可以参照同期同类人民币贷款逾期罚息利率来计算，申请人请求被申请人承担逾期付款违约金的主张合法。

其次，依据《中国人民银行关于人民币贷款利率有关问题的通知》的规定可知，可追究的逾期贷款罚息利率上限是合同载明（一般贷款利率）的150%，①申请人按一般同期同类人民币贷款的一般贷款基准利率计算利息的主张合理有据。

最后，根据2019年8月16日发布的《中国人民银行公告〔2019〕第15号——关于中国人民银行决定改革完善贷款市场报价利率（LPR）形成机制的公告》（以下简称中国人民银行第15号公告），新发放的贷款合同利息计算适用市场贷款报价利率的规定，②仲裁庭在同意申请人前述主张的前提下，分阶段计算利息。

本案中的逾期支付货款利息计算方法为，2017年7月1日至2019年8月19日的罚息按照同期同类贷款基准利率计算；2019年8月20日后根据中国人民银行第15号公告贷款市场报价利率按新的形成机制报价并计算得出。

4. 被申请人1和被申请人2是否承担连带责任以及申请人应向谁请求支付货款及违约损失的问题

这个问题是本案中最核心的问题，关乎申请人的最终利益是否能得到补偿。本案的关键证据《三方买卖合同》第5条约定了货款的结算方式，“乙方送材料到工地经验收合格，三方办理材料签收后，按如下方式结算：甲方委托丙方（被申请人2）从丙方应付给甲方（被申请人1）的工程款中支付给乙方（申请人）”。如果认定这是委托关系，则实际上有支付能力的被申请人2就逃脱了被追究的责任。因为在委托关系中，委托人并不用承担法律后果。但本案合同是三方买卖合同，合同标的物由被申请人1用于被申请人2的工程项目当中，由被申请人2作为合同的最终付款义务人，被申请人2应当按照合同的约定履行支付货款义务。虽然被申请人1未按照规定办理工程结算工作，但这不影响被申请人2在核对材料送货单之后及时支付货款，其以被申请人1不配合

---

① 《中国人民银行关于人民币贷款利率有关问题的通知》第3条规定：“关于罚息利率问题。逾期贷款（借款人未按合同约定日期还款的借款）罚息利率由现行按日万分之二点一计收利息，改为在借款合同载明的贷款利率水平上加收30%～50%；借款人未按合同约定用途使用借款的罚息利率，由现行按日万分之五计收利息，改为在借款合同载明的贷款利率水平上加收50%～100%。”

② 中国人民银行第15号公告第5条规定：“自即日起，各银行应在新发放的贷款中主要参考贷款市场报价利率定价，并在浮动利率贷款合同中采用贷款市场报价利率作为定价基准。存量贷款的利率仍按原合同约定执行。各银行不得通过协同行为以任何形式设定贷款利率定价的隐性下限。”

结算工作为由不支付申请人货款,没有法律依据,也不符合合同约定。

本案不属于法律规定或者当事人约定的应承担连带责任的情形,不能认定被申请人 1 和被申请人 2 为连带责任关系,申请人应向被申请人 2 请求支付货款及违约损失。

(三)案例评析

本案纠纷产生于三方买卖合同,合同约定乙公司作为合同供货人向合同购买人甲公司提供瓷砖货物,甲公司将货物使用于承建丙公司的建设工程,而丙公司作为合同付款人在支付甲公司建设工程款项中扣除应当支付给乙公司的货款并直接将货款支付给乙公司,转账到乙公司提供的银行账户。在合同履行过程中,因购买人甲公司与付款人丙公司的合作关系破裂,故建设工程款项结算工作未能顺利进行,造成供货人乙公司在履行合同义务后却无法收到部分货款的结果。协商无果后,申请人提起仲裁,要求被申请人 1 和被申请人 2 对未支付货款及延期支付货款的违约损失(按中国人民银行同期贷款利率计算)承担连带责任。被申请人 1 以本案仲裁请求超过诉讼时效,以及由其确认的出货单据金额无法与申请人仲裁请求对应为由进行抗辩。被申请人 2 则以其不是合同购买人为由不承认其具有付款义务。

关于本案仲裁请求是否超过诉讼时效的问题。在本案合同纠纷存续期间,我国自 2017 年 10 月 1 日起开始施行的原《民法总则》与自 2018 年 7 月 23 日起施行的《最高人民法院关于适用〈中华人民共和国民法总则〉诉讼时效制度若干问题的解释》(已失效)已作出明确规定,本案仲裁请求并未超过诉讼时效。因此,本案合同纠纷主要核心问题在于付款责任的归属及延期付款产生的损失计算。其一,关于两被申请人是否应当承担连带责任的问题。基于“自己责任”的民事法律原则和合同相对性原则,行为人通常只承担其过错导致的损失;而连带责任突破了上述法律原则,为保障民事主体的合法权利,我国通过法律明确规定了应当承担民事连带责任的类型。换言之,民事主体是否应当承担连带责任,需要由法律明确规定,如代理、共同侵权、公司与股东等特殊领域中的连带责任。除此之外,民事主体之间一般不能另行约定适用连带责任。因民事主体之间约定产生的连带责任主要有连带债务责任与连带保证责任,本案合同纠纷的情形不属于约定连带债务和连带保证的类型,且是否应当适用连带责任,我国民商事法律也无相关规定,申请人在本案仲裁请求中要求两被申请人对未支付货款及利息承担连带责任,缺乏法律依据。诚然,连带责任制度在一定程度上能够更有效地保护当事人的民事权利,但是,在司法实务中,若仅因为当事人提出连带责任请求而错误理解该制度的法律适用条件,则必然会导致连带责任制度被滥用,进而使司法裁判出现不公正的恶劣影响。其二,关于本案因延期付款而产生损失的计算问题。虽然本案合同中并未约定逾期付款的违约金及计算方法,但是申请人以买受人违约为由主张赔偿逾期付款损失,具备法律依据,并无不妥。对于违约损失的计算,人民法院可以中国人民银行同期同类人民币贷款基准利率为基础，参照逾期罚息利率标准计算。要注意的是，为深化利率市场化改革，推动降低实体利率水平，自 2019 年 8 月 20 日起，中国人民银行已经授权全国银行间同业拆借中心于每月 20 日（若遇节假日则顺延）9 时 30 分公布贷款市场报价利率，中国人民银行贷款基准利率这一标准已经取消。[1] 也就是说，申请人主张的违约损失存在不同的计算标准。2017 年 7 月 1 日起至 2019 年 8 月 19 日止，在该期间内仍应以中国人民银行同期同类人民币贷款基准利率为基础，参照逾期罚息利率标准计算违约损失。2019 年 8 月 20 日之后则应当以全国银行间同业拆借中心于每月 20 日公布的贷款市场报价利率为基准，参照逾期罚息利率标准计算违约损失。在计算逾期利息时，除了应付利息以外，还可以加收一定比例的罚息，但本案申请人未提出该项请求，故应当在遵守当事人的意思自治原则和依法处分自己权利的基础上按照申请人仲裁请求计算逾期付款违约损失。

综上，本案不符合适用连带责任的情形，被申请人 2 作为合同最终付款人应当依照合同约定支付货款，其与被申请人 1 之间的合作关系不应阻碍本案合同付款义务的履行，不应侵害申请人的合法权利。除此之外，需要注意国家推行利率市场化改革，实行贷款市场报价利率标准的新规定，其对相关数额的计算结果有直接影响。总体而言，以贷款市场报价利率的标准计算比以同期同类人民币贷款基准利率的标准计算的数额整体更低，贷款市场报价利率对我国民商事合同纠纷的利息及违约金的计算有重要影响。

二、法律实务操作

（一）重点难点问题

1. 诉讼时效的概念

“时效”，从字面上来理解，我们称之为“时间的效力”。在法律上的理解则是一定的事实状态在一个法定的期间内存续，从而产生一定的法律效力的一种法律制度。按照通说，“时效”分为“取得时效”和“消灭时效”。我们所说的“诉讼时效”是通常意义上的“消灭时效”，即民事主体在其权利受到侵犯之后，在一定的持续期间内需要积极行使自己的权利，向人民法院或仲裁机构请求侵权人承担责任、履行义务，如果权利人在这个持续状态之下未积极行使自己的请求权，将会失去胜诉的权利，侵权人则可以利用“诉讼时效届满”这一理由进行抗辩。当然，诉讼时效届满，权利人丧失的只是“胜诉权”，相关的权利人在诉讼时效届满之后去法院提起诉讼或到仲裁机构提起仲裁的，人民法院或仲裁机构应当受理，但侵权人主张时效利益的，人民法院或仲裁机构应审查权利人主张是否超过诉讼时效。侵权人没有提出时效抗辩的，人民法院或仲裁机构不能

① 参见《最高人民法院关于印发〈全国法院民商事审判工作会议纪要〉的通知》（法〔2019〕254 号）。

依职权直接适用诉讼时效的规定。

2. 诉讼时效的分类

（1）一般诉讼时效

一般诉讼时效是最为普通的一种诉讼时效制度，这一诉讼时效期间适用于大多数的民事法律关系，是一种最具有普遍适用性的时效，适合各种法律关系。2021 年 1 月 1 日实施的《民法典》第 188 条第 1 款规定，“向人民法院请求保护民事权利的诉讼时效期间为三年。法律另有规定的，依照其规定”。早期在原《民法通则》中，一般的诉讼时效期间为 2 年，《民法典》沿用原《民法总则》的规定，将一般诉讼时效规定为 3 年。早期的两年规定主要是为了促进交易，提高交易效率。但随着经济的不断发展，立法者逐渐认识到 2 年的诉讼时效对于权利人的保护是相对较弱的。在很多情况下，2 年的诉讼时效过短，会损害当事人的权利。这与我国“欠债还钱，天经地义”的传统观念也不相符合，因此《民法典》将一般的诉讼时效仍然规定为 3 年。

（2）最长诉讼时效

这一部分的民事法律关系所适用的诉讼时效为法律的特殊规定，与一般的诉讼时效区别开来。根据《民法典》第 188 条的规定，在权利人不知道或者不应当知道其权利遭受侵害的情形中，权利人可以在其权利受到侵害的 20 年之内提起诉讼，请求保护其权利。但若侵权行为的发生已经超过 20 年，则不再对其进行保护。从以上规定我们可以总结出最长诉讼时效的以下特点：

①期间具有固定性。这一时效期间的设定目的在于给予民事权利一个较长的保护期间。一般来说，最长的诉讼时效期间不适用时效中断、时效中止的规定。这主要是考虑到，如果最长的诉讼时效也可以适用时效中断、时效中止的规定，那么这个期间就与一般的诉讼时效期间无法区分，都是一个可变的期间。这就会变相使 20 年的最长时效期间失去立法的意义。

②起算的时间点不同。20 年的最长时效起算时间为客观上的权利受到侵犯之日；一般诉讼时效期间起算采取主观主义，即权利人知道或者应当知道自己的权利受到侵犯之日起开始计算。原因在于，如果最长诉讼时效依然适用主观主义，将会使时效的保护期无限延长，造成司法资源的浪费。

③时效无法延长。20 年最长时效制度设立之目的是给权利人的权利行使确定一个固定的期限，如果该期限可以延长，则会违背立法之目的。换言之，如若最长时效仍然可以延长，会使最长诉讼时效变为一个可变期间，导致其固定性特征不复存在。具体而言，涉及不动产的具体行政行为从作出之日起超过 20 年的，人民法院不予受理；自继承开始之日起超过 20 年的，不得再提起诉讼；因产品存在缺陷造成损害要求赔偿的请求权，在造成损害的缺陷产品交付最初消费者满 10 年后丧失；但尚未超过明示的安全

使用期的除外。一般的民事权利受到损害,超过 20 年的,人民法院不予保护。

(3)特别诉讼时效

除了《民法典》规定的诉讼时效之外,其他的法律文件也对诉讼时效制度作出了相关规定。比如《产品质量法》、《中华人民共和国环境保护法》(以下简称《环境保护法》)、《中华人民共和国劳动争议调解仲裁法》(以下简称《劳动争议调解仲裁法》)等。

3. 不适用诉讼时效的情形

根据《民法典》,诉讼时效制度并不是所有的民事权利都适用。《民法典》第 196 条规定了不适用诉讼时效制度的情形,具体如下。

(1)请求停止侵害、排除妨碍、消除危险

显而易见,以上的三种情况均为物权受到侵害的情况,是不适用诉讼时效制度的,这主要是出于对物权进行保护的目的。

(2)不动产物权和登记的动产物权的权利人请求返还财产

不动产物权不适用诉讼时效制度的原因在于,我国的不动产物权的设定采取的是登记生效主义,不动产物权的产生、变更和消灭都需要到不动产登记部门进行登记。不动产登记簿上的登记信息一般来说是具有一定的公信力的,为了保护交易安全,促进交易的进行,不动产交易双方可以基于对不动产登记簿的信任进行交易,因此而产生的法律关系当然受到法律的保护。物权人可以基于物权请求权随时请求返还财产,相对人也有返还的义务。

船舶、航空器和机动车等需要登记的动产物权不适用诉讼时效制度的原因在于,我国的动产物权采取的是登记对抗主义,未经登记不得对抗善意第三人。与不动产一样,动产经过登记之后,也会产生一定的公信力。

(3)请求支付抚养费、赡养费或者扶养费

基于字面意思的理解,"抚养费"是指义务人基于法定的抚养义务,应该为被抚养人支付一定的费用。赡养费与扶养费与之意思相近。我国法律之所以规定此类请求权不适用诉讼时效制度,是因为这些费用是保证基本生活的费用,如果适用诉讼时效制度,其限制可能会使权利人的基本生活无法得到保障。此外,设立诉讼时效制度是为了保障交易秩序,维护交易的稳定与安全。但是扶养费、抚养费、赡养费涉及人身而不涉及交易,因此无须保护交易双方的信赖利益。所以,上述请求权不应当受到诉讼时效制度的限制。

(4)依法不适用诉讼时效的其他请求权

不仅《民法典》对不适用诉讼时效的情形作出了规定,有许多法律文件也对不适用诉讼时效的情形作出了规定,例如,《最高人民法院关于审理民事案件适用诉讼时效制度若干问题的规定》《劳动争议调解仲裁法》《最高人民法院关于适用〈中华人民共和国公司法〉若干问题的规定(三)》《最高人民法院关于审理环境侵权责任纠纷案件适用法律若干问题的解释》。

4. 诉讼时效的起算

一般规定:《民法典》第 188 条规定,诉讼时效期间自权利人知道或者应当知道权利受到损害以及义务人之日起计算。具体来说,客观上权利要遭受侵害。法院或仲裁机构在进行诉讼时效期间的判断时,要确认当事人的权利在客观事实上是否受到了侵犯,因此权利受到侵害可以说是诉讼时效起算的前提。主观上权利人知道或者应当知道其权利受到侵害。我们所说的"知道",是以一个社会一般人的标准来进行判断的,而不能以上帝视角进行评判。

特殊情形:实践中,诉讼时效的起算情形复杂多样,无法详尽,因此法律很难作出一般普遍适用的规定。

5. 诉讼时效的中断和中止

(1)诉讼时效的中断,一般指在诉讼时效期间内发生了法律规定的相关事由,推翻了诉讼时效存在的基础,导致之前进行的期间归于无效,重新计算诉讼时效。《民法典》第 195 条以及其他的法律文件列举了具体情形。

(2)诉讼时效的中止,一般指在诉讼时效期间内发生了法律规定的权利人不能行使请求权情形,从而使诉讼时效暂停计算。《民法典》第 194 条及其他法律文件对具体情形作出了列举。

6. 未约定逾期付款违约金主张违约损失

具体情形有:(1)商品房买卖合同逾期支付房款的,按逾期贷款利率计算。(2)建筑工程施工合同逾期支付工程款的,按同期同类贷款利率计算。(3)买卖合同逾期支付货款的,以同期同类人民币贷款基准利率为基础,参照逾期罚息利率标准计算。(4)民间借贷合同中借款人逾期还款的,结合民间借贷合同的内容,并根据当地或者当事人的交易方式、交易习惯、市场利率等因素确定利息。(5)其他合同逾期付款的,可以兜底适用《最高人民法院关于修改〈最高人民法院关于逾期付款违约金应当按照何种标准计算问题的批复〉的批复》(法释〔2000〕34 号,已失效),以逾期贷款利率计算。

(二)相关法律法规政策

1.《仲裁法》第 74 条。

2.《民法典》第 178 条、第 188 条、第 194 条、第 195 条、第 196 条、第 197 条、第 198 条、第 577 条。

3.《最高人民法院关于适用〈中华人民共和国民法总则〉诉讼时效制度若干问题的解释》(法释〔2018〕12 号,已失效)第 2 条。

4.《九民纪要》第三部分。

5.《最高人民法院关于审理民事案件适用诉讼时效制度若干问题的规定》(法释〔2008〕11号)第16条。

6.《最高人民法院关于审理买卖合同纠纷案件适用法律问题的解释》(法释〔2012〕8号)第24条。

7.《中国人民银行关于人民币贷款利率有关问题的通知》第3条。

8.《中国人民银行公告〔2019〕第15号——关于中国人民银行决定改革完善贷款市场报价利率(LPR)形成机制的公告》。

(三)思考与实践问题

1.哪些情形会导致诉讼时效中止?

2.哪些情形会导致诉讼时效中断?

3.如果未约定逾期付款罚息,依据什么标准主张罚息利率?

相关参考文献

陈华彬:《论所有权人的物上请求权》,载《比较法研究》2020年第1期。

霍海红:《诉讼时效根据的逻辑体系》,载《法学》2020年第6期。

霍海红:《重思我国普通诉讼时效期间改革》,载《法律科学(西北政法大学学报)》2020年第1期。

霍海红:《执行时效性质的过去、现在与未来》,载《现代法学》2019年第2期。

何意:《主债权诉讼时效届满之时未及时行使的抵押权消灭》,载《法人》2020年第5期。

杨巍:《〈民法典〉第192条、第193条(诉讼时效届满效力、职权禁用规则)评注》,载《法学家》2020年第6期。

案例十三　某电气设备公司与某实业公司货物买卖合同纠纷仲裁案

在自贸试验区推进投资贸易便利的改革背景下，人民法院有必要对新型涉外因素的认定给予重视；面对第三人共同侵权的特殊责任竞合情形，应根据案件实际情况予以处理。

一、案例研判

（一）基本案情

2016年9月，某电气设备公司（住所地：上海自由贸易试验区）与某实业公司签订了《货物供应合同》，约定由某电气设备公司向某实业公司提供一批特定型号的电气设备；与合同相关的争议须提交新加坡国际仲裁中心进行仲裁解决；实体争议应适用中华人民共和国法律。

其后，为履行《货物供应合同》，某电气设备公司从境外购买了合同项下的设备，货物到上海自由贸易试验区后，某电气设备公司办理了报关备案手续，货物遂从区内流转到区外，最终由某电气设备公司在黄金置地大厦工地履行了交货义务。

2016年9月，某实业公司以某电气设备公司提供的设备严重损坏、不符合合同及技术规范的要求等为由，主张某电气设备公司构成根本违约，请求新加坡国际仲裁中心裁决某电气设备公司赔偿损失并支付相应违约金。

某电气设备公司在仲裁中答辩认为，某实业公司主张的违约行为均不存在，并据此提出仲裁反请求，要求某实业公司支付尚欠的设备款及利息、赔偿损失并承担相应的仲裁费、律师费。

2017年2月，新加坡国际仲裁中心仲裁庭作出最终裁决，支持了某电气设备公司的大部分（反）请求，对某实业公司的仲裁请求未予支持。

2017年3月，某实业公司履行了裁决项下的部分支付义务，但始终拖欠400万元合同欠款及利息未予支付。

2017年6月，某电气设备公司向上海市第一中级人民法院提出申请：(1)承认并执行新加坡国际仲裁中心作出的《最终裁决》；(2)强制执行被申请人某实业公司在《最终裁决》下应当向某电气设备公司支付但尚未支付的款项；(3)强制执行被申请人某实业公司按照《民事诉讼法》(2017年版)第253条的规定应当加倍支付延迟履行期间上述款项的利息；(4)由某实业公司承担本案执行费用。

某实业公司辩称，首先，本案双方当事人均为中国法人，合同履行地位于国内，故本案民事法律关系并不具有涉外因素，双方约定将争议提交外国仲裁机构进行仲裁的仲裁协议应为无效，承认与执行该仲裁裁决也将有违我国公共政策。其次，新加坡国际仲裁中心作出的最终裁决的实体认定有误，若予以承认与执行将导致不公正的结果。关于某电气设备公司在本案中请求的双倍利息，其所依据的《民事诉讼法》的相关规定只适用于我国法院作出的生效判决，并不能适用于外国仲裁裁决。请求不予承认和执行新加坡国际仲裁中心作出的最终裁决。

(二)焦点分析

1. 本案双方的仲裁协议是否有效

双方当事人在《货物供应合同》中约定：合同争议须提交新加坡国际仲裁中心进行仲裁解决。上述仲裁条款是双方当事人的真实意思表示，且文字约定明确，将争议提交仲裁机构解决的意思表示清楚。影响该条款效力的判断关键在于系争合同关系是否具有涉外因素，如果本案纠纷系涉外合同纠纷，则当事人协商将合同争议提交外国仲裁机构的约定应为有效，反之则应认定仲裁条款无效。

《最高人民法院关于适用〈中华人民共和国涉外民事关系法律适用法〉若干问题的解释(一)》第1条规定："民事关系具有下列情形之一的，人民法院可以认定为涉外民事关系：(一)当事人一方或双方是外国公民、外国法人或者其他组织、无国籍人；(二)当事人一方或双方的经常居所地在中华人民共和国领域外；(三)标的物在中华人民共和国领域外；(四)产生、变更或者消灭民事关系的法律事实发生在中华人民共和国领域外；(五)可以认定为涉外民事关系的其他情形。"

具体到本案，宜从上述规定的第5项进行分析。首先，某电气设备公司与某实业公司虽然都是中国法人，但注册地均在上海自贸试验区区域内，且其性质均为外商独资企业。其次，本案合同的履行特征具有涉外因素。合同项下的标的物设备虽最终在境内工地完成交货义务，但从合同的签订和履行过程来看，该设备系先从我国境外运至自贸试验区内进行保税监管，再根据合同履行需要适时办理清关完税手续、从区内流转到区外，至此货物进口手续方才完成，故合同标的物的流转过程也具有一定的国际货物买卖特征。本案合同的履行因涉及自贸试验区的特殊海关监管措施的运用，与一般的国内买卖合同纠纷具有较为明显的区别。因此，可以认定本案具备前述规定之第5项的“其他情形”。故本案合同关系具有涉外因素，双方当事人约定将合同争议提交新加坡国际仲裁中心进行仲裁解决的条款有效。

2. 某实业公司关于仲裁庭实体审理有误，请求不予承认和执行的抗辩能否得到支持

我国和新加坡同为《承认及执行外国仲裁裁决公约》缔约国，当事人申请承认和执行新加坡仲裁机构作出的裁决，我国人民法院应依照《承认及执行外国仲裁裁决公约》第5条的有关规定进行审查。《承认及执行外国仲裁裁决公约》第5条规定，法院对涉外仲裁裁决只进行程序上的审查，而不进行实体上的审查，即不进行事实认定和法律适用的审查，有关当事人只能就程序问题提出质疑，而不能要求法院对裁决的实体问题进行审查。

本案中，某实业公司提出的关于仲裁裁决的实体有误，请求不予承认和执行裁决的主张，不属于《承认及执行外国仲裁裁决公约》第5条规定的被请求承认或执行裁决国在外国仲裁裁决司法审查中的范围。某实业公司以外国裁决实体审理有误为由，请求不予承认和执行外国裁决的主张，不符合《承认及执行外国仲裁裁决公约》第5条的规定，人民法院应不予支持。

3. 若某实业公司以存在产品缺陷为由，在某电气设备公司申请承认和执行裁决之前，再向人民法院提起侵权之诉，人民法院该如何处理

我国法律和司法实践肯定了侵权争议的可仲裁性。《仲裁法》第2条和第3条规定的仲裁适用范围包括平等主体的公民、法人和其他组织之间发生的合同纠纷和其他财产权益纠纷，并明确排除了婚姻、收养、监护、扶养、继承纠纷和依法应当由行政机关处理的行政争议。合同纠纷与其他财产纠纷均属于仲裁对象，以损害赔偿为主要责任承担方式的侵权纠纷不属于禁止仲裁的范围。1998年，最高人民法院在其审理的江苏省物资集团轻工纺织总公司诉(香港)裕亿集团有限公司、(加拿大)太子发展有限公司侵权损害赔偿纠纷案(江苏轻纺案)中首次明确肯定侵权纠纷的可仲裁性。最高人民法院在该案中指出：“根据仲裁法和仲裁规则的规定，中国国际经济贸易仲裁委员会有权受理侵权纠纷，因此本案应通过仲裁解决，人民法院无管辖权。原审法院认为轻纺公司提起侵权之诉，不受双方所订立的仲裁条款的约束，显然是与仲裁法和仲裁规则相悖的。”

2004年，最高人民法院在回复广东省高级人民法院的关于皇朝工程有限公司与西班牙奥安达电梯有限公司、广东奥安达电梯有限公司侵权纠纷管辖权异议一案的请示的复函中，也支持了侵权纠纷可以仲裁的意见。

2012年，最高人民法院审理了 ExperExchange，Inc.（ExperVision）诉汉王科技股份

有限公司、天津市汉王新技术发展有限公司侵犯计算机软件著作权管辖异议案(汉王案),再次肯定了侵权纠纷属于仲裁范围。最高人民法院审理该案时认为:“本案中,南开越洋对汉王科技、天津汉王提起计算机软件著作权侵权之诉,系法人之间的其他财产权益纠纷,属于仲裁法规定的可以仲裁的范畴。”

2015 年,最高人民法院在审理厦门豪嘉利商贸发展有限公司诉洋马发动机(上海)有限公司、洋马株式会社管辖权异议案(豪嘉利案)时不但又一次肯定了侵权争议可以提交仲裁,“依照通常理解,该条款约定了两方面的条件:一是提交仲裁的争议性质为任何争议,即不仅限于合同争议,也包括非合同性质的侵权争议或其他争议……”并且进一步特别指出,“在解释仲裁条款范围时,如侵权争议因违反合同义务而产生,违约责任和侵权责任有竞合关系,则原告即使选择以侵权为由提出诉讼,仍应受到合同仲裁条款的约束,不应允许当事人通过事后选择诉因而逃避仲裁条款的适用”。

通过上述分析可知,侵权争议可以通过仲裁解决已经成为定论。在合同与侵权请求权基础竞合的情形下,无论原告选择哪种诉由,也无论人民法院将案由定为合同纠纷或侵权纠纷,只要当事人之间存在有效的仲裁协议,案件均可以交由仲裁解决;当事人无法通过选择提起侵权纠纷之诉来规避仲裁条款的执行。

本案中,某电气设备公司与某实业公司已订立有效的仲裁协议,仲裁事项为合同相关争议。某实业公司在先前主动向约定的仲裁机构提起仲裁并履行仲裁裁决部分内容的行为,系其以实际行动表明其对仲裁协议效力的充分认可。双方因产品质量发生争议时,违约责任和侵权责任发生竞合,即便申请人选择以侵权为由起诉,该纠纷仍应属于《货物供应合同》权利义务的调整范畴,即属于与该合同有关争议的范畴,应受到仲裁条款的约束。此时某实业公司以侵权责任为由再向人民法院提起诉讼,已违背了诚实信用和禁止反言等法律原则。若人民法院在仲裁机构已对实体事项作出裁决的情况下再重复受理此案,则有可能对同一事项作出相冲突的处理,同时有悖仲裁裁决的终局性。

最高人民法院发布的《第二次全国涉外商事海事审判工作会议纪要》第 7 条规定:“涉外商事合同的当事人之间签订的有效仲裁协议约定了因合同发生的或与合同有关的一切争议均应通过仲裁方式解决,原告就当事人在签订和履行合同过程中发生的纠纷以侵权为由向人民法院提起诉讼的,人民法院不享有管辖权。”已表明在前述情况下,存在违约责任和侵权责任竞合的,无论选择以违约或侵权为由主张权利,争议均应通过约定的仲裁方式解决。

(三)案例评析

本案核心的问题在于涉外因素的识别。随着经济全球化的发展,我国涉外民事关系变得更复杂,简单的“法律关系三要素”已经无法涵盖现实中涉外民事关系的所有情形，应该结合案情，从合同履行方式、标的物流转程序、企业注册地址等方面进行综合认定。《最高人民法院关于适用〈中华人民共和国涉外民事关系法律适用法〉若干问题的解释（一）》第1条明确规定了“其他情形”的兜底条款，在涉外因素的认定上赋予了法官自由裁量权。《最高人民法院关于为自由贸易试验区建设提供司法保障的意见》放宽了涉外因素的认定尺度，在涉外因素认定上有重大突破。

处理本案时需注意两个方面。一方面，涉案公司虽然都是中国法人，但注册地均在上海自贸试验区区域内，且其性质均为外商独资企业，由于此类公司的资本来源、最终利益归属、公司的经营决策一般与其境外投资者关联密切，故此类主体与普通内资公司相比具有较为明显的涉外因素。在自贸试验区推进投资贸易便利的改革背景下，更应给予上述涉外因素必要的重视。另一方面，合同项下的标的物设备虽最终在境内工地完成交货义务，但从合同的签订和履行过程来看，合同标的物的流转过程也具有一定的国际货物买卖特征，据此，应认定涉案合同具有涉外因素。同时，本案在处理过程中涉及诚信原则、禁止反言原则等的应用。禁止反言原则是指当事人在适当的场合对对方提出的不利于自己的事实或证据进行承认后，不得随意撤销或者主张与承认事实相反的事实的一项规则，这里的当事人的承认也称为自认。“禁止反言原则”作为国际公认的法律原则，在国际司法实践以及多数国家的国内司法实践中被广泛应用。我国规范性法律文件虽尚未对“禁止反言原则”作出明文规定，但不少法律条文和文件反映了其精神实质。我国《仲裁法》第20条规定：“当事人对仲裁协议的效力有异议的，可以请求仲裁委员会作出决定或者请求人民法院作出裁定……当事人对仲裁协议的效力有异议，应当在仲裁庭首次开庭前提出。”《最高人民法院关于适用〈中华人民共和国仲裁法〉若干问题的解释》第13条第2款规定：“仲裁机构对仲裁协议的效力作出决定后，当事人向人民法院申请确认仲裁协议效力或者申请撤销仲裁机构的决定的，人民法院不予受理。”在本案中，某实业公司作为仲裁案件的申请人，仲裁程序系由其提起，双方当事人均实际参与了全部仲裁程序，在整个仲裁过程中，某实业公司始终主张仲裁条款有效；某实业公司在仲裁裁决作出后部分履行了裁决确定的义务，其尚未履行的部分义务的原因系其认为该两项裁决内容存在实体错误，这说明某实业公司对仲裁条款的效力仍是认可的。在此情况下，某实业公司又以仲裁条款无效为由，提出拒绝承认与执行涉案仲裁裁决的申请，这不符合禁止反言、诚实信用和公平合理等公认的法律原则。

禁止反言原则体现了诚信原则，即当事人在进行承认这种处分行为后，应当对自己的行为负责，不能出尔反尔，不能擅自推翻自己承认的事实，避免由此在审理中产生混乱，以确保程序的重要地位和明确。其还体现了节省司法资源、提高司法效率原则。

接轨国际通行做法，支持自贸试验区发展、健全国际仲裁以及其他非诉讼纠纷解决机制，有助于增强中国法治的国际公信力和影响力。本案裁定在自贸试验区推进投资贸易便利的改革背景下,对自贸试验区内外商独资企业之间的合同纠纷在涉外因素的认定方面给予必要重视,确认仲裁条款有效,并明确"禁止反言",践行了《承认及执行外国仲裁裁决公约》"有利于裁决执行"的理念,体现了中国恪守国际条约义务的基本立场。

同时,该案由点及面地推动了自贸试验区内企业选择境外仲裁的突破性改革,是自贸试验区可复制可推广司法经验的一宗成功范例。2016 年 12 月发布的《最高人民法院关于为自由贸易试验区建设提供司法保障的意见》规定,自贸试验区内注册的外商独资企业相互之间约定将商事争议提交域外仲裁的,不应仅以其争议不具有涉外因素为由认定相关仲裁协议无效;并规定一方或者双方均为在自贸试验区内注册的外商投资企业,约定将商事争议提交域外仲裁,一方当事人将争议提交域外仲裁,在相关裁决作出后又主张仲裁协议无效,或者另一方当事人在仲裁程序中未对仲裁协议效力提出异议,在相关裁决作出后又以不具有涉外因素为由主张仲裁协议无效的,人民法院不予支持。这有助于人民法院在处理类似案件时统一裁判尺度,构建更加稳定和可预期的"一带一路"法治化营商环境。

二、法律实务操作

(一)重点难点问题

1.禁止反言原则

禁止反言原则是指如果当事人言行使另一方当事人对某种事物的状态产生了合理信赖,即使这种状态对他是不正义和不公正的,其也不得反悔,即不得作出否认或者不一致的表示。由此可见,禁止反言原则通常起到约束当事人言行、维护已有的权利义务状态的效果,而无论这种言行的作出是否真正存在法律上的瑕疵。我国立法上虽然没有规定禁止反言原则,但近年来,禁止反言原则在法院判决中,尤其是最高人民法院的判决中屡被提及。在这些商事案例中,禁止反言原则都发挥了约束商事主体及其行为的重要作用。

我国司法实践中之适用禁止反言原则更多是诚实信用原则的延伸,行为人在民商事活动中应当善意行事、信守承诺,其内在隐含了行为人应受其自身行为约束、不得违背其承诺之意。一旦行为人此后作出相反表示或拒绝履行其承诺,出于保护相对人的善意信赖,法律就会禁止行为人作出与在先行为矛盾的言行。

相对于一般的民事诉讼较为注重实现个体正义来说,商事仲裁更侧重保护商事交易的安全性和可预见性。首先,商事主体本身具有较强的理性和专业性,法律推定商事主体对其行为的性质、后果和责任当然地有清醒认识,任何轻易推翻其本身的在先行为的主张和抗辩很可能会因为违背禁止反言原则而被认定为无效;其次,我国商事仲裁实践逐渐体现出促进交易、鼓励交易的仲裁理念，即使某些商事合同关系确实存在瑕疵或无效因素，仲裁庭也会尽量从维护交易安全，保护善意相对人合法权益等角度处理案件。这是因为商事活动的开展有赖于一个诚信的环境，这样才能促进市场健康发育，如果动辄允许当事人推翻其在先行为，将使得商事主体无法预期其行为的未来后果，从而损害商事主体开展商事交易的积极性。

2. 无涉外因素外国仲裁裁决的承认和执行

当前，我国法律并未直接禁止当事人将无涉外因素的争议提交外国仲裁机构进行仲裁，但在承认和执行外国仲裁裁决的司法审查环节以变通形式对前述行为作出了否定评价。

2008 年，最高人民法院民事审判第四庭编著并颁布的《涉外商事海事审判实务问题解答（一）》表明，“国内当事人将其不具有涉外因素的合同或者财产权益纠纷约定提请外国仲裁机构仲裁或者在外国进行临时仲裁的，人民法院应认定有关仲裁协议无效”。

2007 年《江苏省高级人民法院关于审理民商事仲裁司法审查案件若干问题的意见》第 17 条规定：“对没有涉外因素的民商事纠纷，当事人约定提请外国仲裁机构仲裁或者在外国进行仲裁的，仲裁协议无效。”

由此类规定可知，我国法院明确认定无涉外因素的外国仲裁裁决是无效的。

《民事诉讼法》第 288 条第 1 款规定：“涉外经济贸易、运输和海事中发生的纠纷，当事人在合同中订有仲裁条款或者事后达成书面仲裁协议，提交中华人民共和国涉外仲裁机构或者其他仲裁机构仲裁的，当事人不得向人民法院起诉。”该条款允许当事人将具备涉外因素的争议提交外国仲裁机构进行仲裁。

同时，最高人民法院以司法解释的形式对“涉外因素”进行了列举式规定（见《最高人民法院关于适用〈中华人民共和国民事诉讼法〉的解释》第 520 条、《最高人民法院关于适用〈中华人民共和国涉外民事关系法律适用法〉若干问题的解释（一）》第 1 条）。有下列情形之一的，人民法院可以认定为涉外民事案件：（1）当事人一方或者双方是外国人、无国籍人、外国企业或者组织的；（2）当事人一方或者双方的经常居所地在中华人民共和国领域外的；（3）标的物在中华人民共和国领域外的；（4）产生、变更或者消灭民事关系的法律事实发生在中华人民共和国领域外的；（5）可以认定为涉外民事案件的其他情形。

故在实践中，若当事人将不具有涉外因素的争议提交外国仲裁机构作出裁决，并提交我国人民法院申请承认和执行外国仲裁裁决，人民法院将先对民事法律关系的涉外因素进行认定，若认定涉案法律关系不具备涉外因素，则仲裁协议无效，继而拒绝承认和执行相关外国仲裁裁决。

扩展可知:仲裁协议一方当事人为自贸试验区内注册外商投资企业的,应视为具有涉外因素。《最高人民法院关于为自由贸易试验区建设提供司法保障的意见》第9条规定:"……一方或者双方均为在自贸试验区内注册的外商投资企业,约定将商事争议提交域外仲裁,发生纠纷后,当事人将争议提交域外仲裁,相关裁决做出后,其又以仲裁协议无效为由主张拒绝承认、认可或执行的,人民法院不予支持……"

3. 仲裁协议下的责任竞合

(1)责任竞合的概念

责任竞合是指某一法律事实的出现导致产生两种或两种以上的法律责任,这些法律责任被数个法律规范调整,彼此之间相互冲突的现象。在仲裁程序中,责任竞合常常表现为违约责任和侵权责任的竞合。原《合同法》第122条规定:"因当事人一方的违约行为,侵害对方人身、财产权益的,受损害方有权选择依照本法要求其承担违约责任或者依照其他法律要求其承担侵权责任。"从请求权的角度观察,违约与侵权竞合指同一事实之上存在数个请求权,权利人选择的结果将影响案由的确定。

(2)侵权损害赔偿责任与违约损害赔偿责任的区别

①归责原则不同。侵权责任以过错责任原则为一般责任原则,以过错推定原则和严格责任原则为特殊原则,以公平责任为补充。违约责任以严格责任原则为一般原则,以过错责任为补充。

②举证责任不同。过错责任实行"谁主张,谁举证",即受害人对其加害人应当承担侵权责任的主张负举证责任,但法律规定的特殊情况除外。严格责任原则实行举证责任倒置,即由违约人证明其违约行为存在免责事由。

③违反义务不同。侵权行为违反的是不得侵害他人人身和财产的法定义务;违约行为违反的是合同当事人之间的约定义务。因此,侵权损害赔偿责任和违约损害赔偿责任发生竞合以当事人存在合同关系为前提。

④诉讼时效不同。因侵权行为产生的损害赔偿请求权一般适用3年的诉讼时效,因身体受伤而产生的损害赔偿请求权的诉讼时效为1年。因违约行为产生的损害赔偿请求权的诉讼时效一般为3年,但也有例外。

⑤免责事由不同。侵权责任的免责事由具有法定性,即由法律明文规定;违约责任的免责事由具有任意性,即可以通过当事人之间的免责条款予以减轻或免除。

⑥责任范围不同。侵权责任的范围包括财产损失、人身损害和精神损害;而违约责任仅以财产损失为限,且适用可预见规则限定赔偿范围。

⑦第三人责任不同。"对自己行为负责"决定了行为人仅对自己实施的侵权行为负责;合同相对性规则决定了债务人对第三人行为引起的违约先向债权人承担违约责任,然后再向第三人追偿。这一点很像行政法中行政主体在行政诉讼赔偿后对存在重

大过失的行政工作人员的追偿。

⑧诉讼管辖不同。因侵权行为提起的诉讼,由侵权行为实施地、侵权行为发生地或者被告住所地人民法院管辖;因合同行为提起的诉讼,由被告住所地或者合同履行地人民法院管辖,合同当事人可以在书面合同中协议选择被告住所地、合同履行地、合同签约地、原告住所地、标的物住所地人民法院管辖。

(3)违约责任和侵权责任产生竞合的原因

责任竞合的直接原因在于一个违法行为同时符合侵权法与合同法的构成要件,同时受到两部法律规范的调整。很多情况下同一个违法行为会同时受到合同法和侵权法的调整,同一个违法行为同时违反了合同约定与侵权法的规定,会导致违约责任与侵权责任同时产生,由此即产生了责任竞合的问题。

责任竞合的根本原因在于合同法和侵权责任法这两部法律规范有交叉重叠的部分。由于侵权法是从债法中分离出来的,两者具有千丝万缕的联系,违约责任和侵权责任之间很难划分出一条明显的界限。

在罗马法时代,债与侵权没有区分,责任竞合的问题也是不存在的。德国在继承罗马法的基础上,发展出了一套债与责任完全合一的法律体系。经过漫长的努力,构建了债的抽象概念,把各种民事关系一并纳入了债的体系。然而随着侵权责任类型的不断更新,很多类型并不适合通过转化为债的途径而加以解决。侵权法随即从债法中脱离了出来,成为了一门独立的法律规范,侵权责任也与违约责任区别开来,成为各自独立的责任制度,责任竞合的问题也就此产生。

如果合同法与侵权法没有区分,就不会存在责任竞合问题。如果合同法与侵权法界限划分非常清楚,责任竞合问题也不会产生。在大多数国家,侵权法是独立于债法的法律规范,并且大多数国家将侵权责任与违约责任划分为两种不同类型的责任。但是即便做了这样的划分,实践当中仍然会出现一个违法行为同时触犯两部法律的情况。由此看来,责任竞合是不可避免的,其是由于合同法与侵权法的划分而产生的一种客观现象。

(4)我国仲裁协议下的责任竞合

我国《仲裁法》第2条规定:“平等主体的公民、法人和其他组织之间发生的合同纠纷和其他财产权益纠纷,可以仲裁。”由此观之,仲裁协议约定解决的纠纷一般为合同违约性质的纠纷。但实践中往往某些特殊情况会导致当事人一方因履行合同而发生侵权纠纷。例如在保密技术合同纠纷中,对方当事人往往负有对商业技术秘密进行保密的合同附随义务,若对方当事人疏于履行该义务,则会导致违约和侵权同时发生。在此情况下,未违约方与被侵权方实质上为同一主体。未违约方以对方违约为由,向约定的仲裁机构提起仲裁,这固然符合我国《仲裁法》的相关规定;但前述主体若以侵权为由向人民法院提起侵权之诉,或以超出仲裁事项范围为由向人民法院申请不予承认仲裁裁决,该如何处理？这实质上体现的是仲裁管辖与司法管辖的分歧问题。

当前,我国对于仲裁协议下出现的责任竞合问题并无明确的法律规定或司法解释用于指导实践,但最高人民法院在相关判例中已表明了其处理态度。

①无第三人介入的责任竞合处理

无第三人介入的责任竞合指在当事人之间存在有效仲裁协议的前提下,仅有一方当事人在履行合同的过程中发生了与仲裁条款约定的可仲裁事项密切相关的侵权事实(在此情境下,不存在第三人共同侵权的问题)。那么当事人能否以侵权为由,拒绝仲裁管辖,而向人民法院提起侵权之诉？

实践上,最高人民法院在豪嘉利案中已表明了态度:“在解释仲裁条款范围时,如侵权争议因违反合同义务而产生,违约责任和侵权责任有竞合关系,则原告即使选择以侵权为由提出诉讼,仍应受到合同仲裁条款的约束,不应允许当事人通过事后选择诉因而逃避仲裁条款的适用。”这种意见实际上排除了事实上可能存在的或裁或诉情形,有利于当事人合理确定预期及争议的解决方式。若不加明确,则可能存在一方当事人选择仲裁,而另一方当事人向法院提起诉讼的情形,这就可能产生冲突,不利于争议的解决。

②有第三人介入的责任竞合处理

有第三人介入的共同侵权,主要指未签订仲裁协议的第三人与已签订仲裁协议的当事人对另一方已签订仲裁协议的当事人实施了共同侵权行为,且其侵权事实与仲裁条款约定的可仲裁事项密切相关。那么在此情景下,相关纠纷的管辖该如何确定？

在有未签订仲裁协议的第三人共同侵权的情况下,其处理争议较大。因为既要考虑仲裁协议当事人的纠纷管辖意思自治,又要兼顾无仲裁协议的第三人之权益保障,同时要避免出现多头管辖、作出重复或冲突处理的矛盾情况。

从最高人民法院的判例认定来看,其倾向于从“必要共同诉讼”的角度予以考虑,将相关纠纷统一归到人民法院管辖,继而排除仲裁管辖的适用。在吉林化学工业股份有限公司诉美国 WP 国际发展公司(W. P. INT'L GROUP INC.)侵权责任纠纷案①中,最高人民法院认为:“WP 公司与吉化公司之间的《合作经营合同》虽约定有仲裁条款,但该仲裁条款不能约束本案中三方当事人之间的必要共同侵权纠纷。故吉化公司关于本案应基于合同约定移送仲裁机构管辖的上诉理由缺乏事实和法律依据,不应予以支持。”

(二)相关法律法规政策

1.《承认及执行外国仲裁裁决公约》第 3 条、第 5 条。

---

① 参见最高人民法院民事判决书,(2005)民四终字第 16 号。

2.《最高人民法院关于为自由贸易试验区建设提供司法保障的意见》第9条。

(三)思考与实践问题

1. 什么是必要共同诉讼?

2. 简述我国在民事法律关系中具备“涉外因素”的情形。

3. 本案中,某电气设备公司关于请求某实业公司加倍支付延迟履行期间利息的主张能否得到支持?

相关参考文献

韩健主编、中国国际经济贸易仲裁委员会华南分会编:《涉外仲裁司法审查》,法律出版社2006年版。

林建益:《违约责任竞合情形下守约方享有选择权》,载《人民司法(案例)》2018年第2期。

张家勇:《中国法民事责任竞合的解释论》,载《交大法学》2018年第1期。

案例十四　郝某与某地产公司商品房买卖合同纠纷仲裁案

商品房买卖纠纷是当前司法诉讼和仲裁领域中较为常见的民商事案件，本案拟通过对现实商品房买卖合同纠纷仲裁案例焦点问题的分析和对商品房买卖关键要素的梳理，准确把握商品房买卖中格式条款的认定与执行异议的了解，扩展读者对商品房买卖领域法律风险防范内容的学习。

一、案例研判

（一）基本案情

2018 年 5 月，某地产公司销售人员向郝某推销某商铺，宣传页面的商铺户型图注明“铺内 6 米层高，户型方正，具餐饮功能”。郝某选中商铺后按照某地产公司的要求于 2018 年 6 月 7 日支付了购房款 210,000 元（其中 200,000 元收款单位为大兴公司，但经手人为某地产公司员工，10,000 元定金收款单位为某地产公司），于 2018 年 10 月 30 日付清了全部余款，共支付 88 万元。某地产公司交付了商铺户型图，承诺该铺面按户型图上的面积计算，建筑面积 61 平方米，层高 6 米，商住两用。

2018 年 10 月 20 日，某地产公司通知郝某到某地产公司设立的售楼部签订《商品房买卖合同（预售）》，并于同日签订《补充协议》。2018 年 10 月 30 日，某地产公司为郝某办理预告登记，随后郝某一直居住并使用该房屋。《商品房买卖合同（预售）》第 3 条约定，案涉房屋的预测建筑面积为 60 平方米，其中套内面积为 37 平方米，分摊共有面积 23 平方米。第 6 条约定：“按照套计算，该商品房总价款为人民币 68 万元。”第 13 条约定：“根据第六条按照套计价的，双方约定如下：按套出售，不计面积误差。”

《补充协议》第 1 条约定：“合同第三条所列‘层高’是大于或者等于 2.8 米，本合同项下的‘层高’为上下两层楼面之间的垂直距离，为普通标准层高。若该商品房的实际层高与合同约定的层高存在差异，则买卖双方同意总房价不作任何调整，双方互不追究任何责任,本合同继续履行。”第2条约定:“双方选择按套计算房屋价款的,不计面积误差,买卖双方均不调整总房价款,均不进行退补房价款,合同继续履行。”第23条约定:“1.出卖人针对买受人所购商品房及其所在楼宇、项目所作的广告宣传资料仅供买受人购房时参考,均不视为要约之内容,出卖人不因上述广告、宣传资料而承担任何义务和责任,出卖人与买受人所有的权利义务以本合同及补充协议的约定为准。2.出卖人在上述广告宣传资料中明示不属于交付标准或交易条件的,以及双方在交易过程中口头表达的意向和信息,不构成合同内容,双方不受其约束。”

某地产公司于2018年11月又将该房屋出售给王某,并签订了《商品房买卖合同(预售)》,王某于当月付清了全部购房款,但未办理过户登记。随后,王某以其已按照合同约定付清购房款,但某地产公司未进行房屋交付及产权登记为由,申请仲裁。某地产公司在审理中隐瞒了与郝某签订合同并办理预告登记的事实。仲裁委审理作出(2018)仲字第188号裁决书:(1)某地产公司于本裁决送达之日起10日内将该房屋交付王某,并协助王某办理该房屋的产权登记手续;(2)某地产公司于本裁决送达之日起10日内,向王某支付违约金;(3)驳回王某的其他仲裁请求。

因某地产公司未履行上述生效裁决书所确定的义务,王某向人民法院申请强制执行。在执行过程中,人民法院于2019年3月20日下达执行裁定书及协助执行通知书,查封了尚在某地产公司名下但已由郝某使用的涉案房屋。

2019年3月25日,郝某以上述房屋系其购买且归其所有为由提出执行异议,并提交了《商品房买卖合同(预售)》、《补充协议》、房屋预告登记证明、收据等证据材料。在异议审查中,经人民法院释明,郝某于同年6月12日变更其请求为不予执行仲裁委裁决书主文第1项,并且重新提交了不予以执行仲裁裁决申请书。

2019年7月1日,郝某因其与某地产公司签订的《商品房买卖合同(预售)》《补充协议》与某地产公司前期承诺不同,且存在虚假分摊,向仲裁机构提起仲裁。

(二)焦点分析

1.《商品房买卖合同(预售)》与《补充协议》中格式条款的效力如何认定

本案《商品房买卖合同(预售)》及《补充协议》是双方在协商一致的基础上订立的,为双方的真实意思表示,签约主体适格,内容没有违反法律、行政法规的强制性规定,故合法有效。根据原《合同法》第8条第1款“依法成立的合同,对当事人具有法律约束力”,以及原《合同法》第41条“对格式条款的理解发生争议的,应当按照通常理解予以解释。对格式条款有两种以上解释的,应当作出不利于提供格式条款一方的解释。格式条款和非格式条款不一致的,应当采用非格式条款”的规定,本案中合同条款内容明确,并不存在两种以上解释,双方应当依约履行。

2. 本案中某地产公司是否应当返还200, 000元购房款

2018年6月7日,郝某为商铺给付价金200, 000元,收款单位为大兴公司,经手人为某地产公司销售人员,付款内容为支付房款,依据该笔款项的交易目的和经手人,可以认定该款项的最终收款人为某地产公司。从本案查证来看,该200, 000费用没有写入买卖合同中,且某地产公司未提供签约须知或定房提示以告知申请人或载明200,000元的支付缘由。某地产公司获得该笔款项并无法律依据,根据原《民法总则》第122条"因他人没有法律根据,取得不当利益,受损失的人有权请求其返还不当利益"的规定,被申请人某地产公司应当向申请人郝某返还多收取的200, 000元购房款及利息。

结合原《民法总则》第122条规定,不当得利的构成要件包括以下4个方面:一方取得利益;另一方受到损失;获益与受损之间存在因果关系;一方获益无法律根据。

不当得利性质上属于法律事实中的事件,得利人主观上的善意或恶意不影响不当得利之债的构成,但不当得利之债返还的范围因得利人主观上的心理状态而有所不同。根据南昌市市政建设有限公司诉刘某友、江西省福振路桥建筑工程有限公司建设工程合同纠纷案[(2017)最高法民再287号],不当得利纠纷中的善意受益人对受损人所负返还义务的范围问题,在法律性质和基本权利义务结构上,与占有关系中占有人与权利人间损害赔偿请求权问题具有相似性,可类推适用,即不当得利关系中善意受益人返还义务的范围应当以现存利益为限,当现存利益不复存在时,该善意受益人不再负有不当得利的返还义务。

3. 面积差应当如何处理

根据原《合同法》第8条第1款"依法成立的合同,对当事人具有法律约束力"的规定,在合同内容合法有效的情况下,应当尊重当事人签订合同时的意思表示,按照合同约定的方式计算房款。若支持当事人的请求,则属于改变合同约定,没有法律依据。故对于郝某关于面积差的仲裁请求应不予支持。

合同的约束力是合同功能实现的重要基石。参与交易的市场主体采取合同这一形式来进行交易,其原因在于依法成立的合同对当事人具有约束力,这种约束力能确保交易主体的信赖利益得以实现。如若合同没有相应的约束力,那么信赖利益的保护与市场交易的秩序都无从谈起,社会经济生活也必然陷入混乱和无序。同时,严守合同内容是对当事人意思自治的保护。

4. 郝某申请不予执行仲裁裁决是否符合受案条件

2018年3月1日实施的《仲裁裁决执行规定》第9条规定,案外人向人民法院申请不予执行仲裁裁决或者仲裁调解书的,应当提交申请书以及证明其请求成立的证据材料,并符合下列条件:(1)有证据证明仲裁案件当事人恶意申请仲裁或者虚假仲裁,损害其合法权益;(2)案外人主张的合法权益所涉及的执行标的尚未执行终结;(3)自知

道或者应当知道人民法院对该标的采取执行措施之日起 30 日内提出。本案中,案外人郝某在法院查封涉案房屋之日起30 日内即提出执行异议,主张上述房屋系其购买且归其所有。

因上述房屋依仲裁裁决之内容应交付并过户给申请执行人王某,不适用《民事诉讼法》关于不服裁定且认为原裁判有误应依照审判监督程序办理的规定,故经人民法院释明,郝某变更其请求为不予执行仲裁裁决主文第 1 项,并且重新提交了不予执行仲裁裁决申请书。又因郝某提出执行异议及申请不予执行仲裁裁决所依据的实体权益、基础事实及证据材料均相同,故应视为其在法定期限内提出了不予执行仲裁裁决的申请。同时,郝某在最初提出执行异议时即向法院提交了《商品房买卖合同(预售)》、房屋预告登记证明、收据等证据材料,证明王某在申请仲裁时,某地产公司隐瞒已与郝某签订《商品房买卖合同(预售)》并办理预告登记的事实,损害了郝某对上述房屋所享有的合法权益。此外,在郝某申请不予执行仲裁裁决时,人民法院针对上述房屋所进行的强制执行程序尚未终结。因此,案外人郝某向人民法院申请不予执行仲裁裁决符合上述司法解释所规定的受案条件,人民法院应予以审查。

5. 郝某不予执行仲裁裁决的申请应否予以支持

《仲裁裁决执行规定》第 18 条规定,案外人根据本规定第 9 条申请不予执行仲裁裁决或者仲裁调解书,符合下列条件的,人民法院应当支持:(1)案外人系权利或者利益的主体;(2)案外人主张的权利或者利益合法、真实;(3)仲裁案件当事人之间存在虚构法律关系,捏造案件事实的情形;(4)仲裁裁决主文或者仲裁调解书处理当事人民事权利义务的结果部分或者全部错误,损害案外人合法权益。

本案中,案外人郝某与被执行人某地产公司签订购房合同,购买了涉案房屋,已支付全部购房款并办理预告登记,且某地产公司已将上述房屋交付郝某使用至今。以上事实由郝某向人民法院提交的《商品房买卖合同(预售)》、房屋预告登记证明、收据等证据予以佐证。故郝某对上述房屋享有物权期待权,且该权利符合法律规定及客观事实。因此,(2018)仲字第 188 号裁决书主文第 1 项有误,损害了郝某对上述房屋所享有的物权期待权。依照《仲裁裁决执行规定》第 9 条、第 18 条、第 19 条第 2 款、第 22 条第 3 款的规定,案外人郝某据此申请不予执行仲裁裁决,人民法院应予支持。

(三)案例评析

1. 商品房买卖合同中几乎全部是格式条款,何为格式条款,签订格式合同应遵循什么原则,以及提供格式条款的一方应履行哪些义务值得关注

《民法典》第 496 条规定:“格式条款是当事人为了重复使用而预先拟定,并在订立合同时未与对方协商的条款。采用格式条款订立合同的,提供格式条款的一方应当遵循公平原则确定当事人之间的权利和义务,并采取合理的方式提示对方注意免除或者

减轻其责任等与对方有重大利害关系的条款,按照对方的要求,对该条款予以说明。提供格式条款的一方未履行提示或者说明义务,致使对方没有注意或者理解与其有重大利害关系的条款的,对方可以主张该条款不成为合同的内容。”

格式条款又称标准条款、标准合同、格式合同、定式合同、定型化合同等,按照上述条文的规定,格式条款是“当事人为了重复使用而预先拟定,并在订立合同时未与对方协商的条款”。格式条款具有以下特点:一是格式条款可以重复使用。当格式条款作为要约时,其对象具有广泛性,任何人只要同意格式条款的内容,就都可以签订该合同。二是格式条款具有固定性。格式条款往往是经过认真研究拟定的,在一个相当长的时期内不会改变。为了限制提供格式条款的一方当事人滥用其优势地位,《民法典》第496 条对提供格式条款的一方当事人规定有以下三项义务。

第一,遵循公平原则确定权利义务。采用格式条款订立合同的,提供格式条款的一方应当遵循公平原则确定当事人之间的权利和义务。也就是说,提供格式条款的一方当事人,不能利用自己的优势地位,在拟定的格式条款中约定不公平的条款欺负对方当事人,而是应当按照公平的原则,合理确定双方的权利与义务。

第二,提请注意的义务。提供格式条款的一方当事人应当采取合理的方式提请对方注意免除或者限制其责任的条款。在现实生活中,提供格式条款的一方当事人,往往利用其拟定格式条款的先机,约定一些对其有利而不利于对方当事人的内容,如免责条款,以免除或者限制其责任。对此,《民法典》第 496 条明确规定,提供格式条款的一方当事人,应当采取“合理的方式”,提请对方当事人注意这类条款。

关于如何认定“合理的方式”,总原则是要让对方当事人在订立合同时能够注意到这些条款。按照《消费者权益保护法》第 26 条第 1 款的规定,经营者在经营活动中使用格式条款的,应当以显著方式提请消费者注意商品或者服务的数量和质量、价款或者费用、履行期限和方式、安全注意事项和风险警示、售后服务、民事责任等与消费者有重大利害关系的内容,并按照消费者的要求予以说明。按照《保险法》第 17 条第 2 款的规定,对保险合同中免除保险人责任的条款,保险人在订立合同时应当在投保单、保险单或者其他保险凭证上作出足以引起投保人注意的提示,并对该条款的内容以书面或者口头形式向投保人作出明确说明;未作提示或者明确说明的,该条款不产生效力。按照《最高人民法院关于适用〈中华人民共和国合同法〉若干问题的解释(二)》(法释〔2009〕5 号,已失效)第 6 条的规定,提供格式条款的一方对格式条款中免除或者限制其责任的内容,在合同订立时采用足以引起对方注意的文字、符号、字体等特别标识,并按照对方的要求对该格式条款予以说明的,人民法院应当认定符合《民法典》第 496 条所称“采取合理的方式”。提供格式条款一方对已尽合理提示义务承担举证责任。该司法解释第 9 条还规定,提供格式条款的一方当事人违反提示义务的规定,导致对方没有注意免除或者限制其责任的条款,对方当事人申请撤销该格式条款的,人民法院应当支持。《民法典》第496条作出了提供格式条款的一方未履行提示或者说明义务,致使对方没有注意或者理解与其有重大利害关系的条款的,对方可以主张该条款不成为合同的内容的新的规定。

第三,予以说明的义务。提供格式条款的一方当事人应当按照对方的要求,对免除或者限制其责任的条款予以说明。对此,《消费者权益保护法》《保险法》等也作了明确规定。《保险法》还进一步规定,未作明确说明的,该条款不产生效力。按照《最高人民法院关于适用〈中华人民共和国合同法〉若干问题的解释(二)》(法释〔2009〕5号,已失效)第6条、第9条的规定,提供格式条款的一方对已尽说明义务承担举证责任;如果提供格式条款的一方当事人违反说明义务的规定,导致对方没有注意免除或者限制其责任的条款,对方当事人申请撤销该格式条款的,人民法院应当支持。按照《民法典》第496条的规定,提供格式条款的一方未履行说明义务,致使对方没有注意或者理解与其有重大利害关系的条款的,对方可以主张该条款不成为合同的内容。

《民法典》第496条对未履行提示或者说明义务法律后果的规定是对方可以主张该条款不成为合同的内容,学理上称之为"未订入合同"。最高人民法院发布的指导案例64号——刘某诉中国移动通信集团江苏有限公司徐州分公司电信服务合同纠纷案,可以看作一个未订入合同的案例。在该案中,中国移动通信集团江苏有限公司以话费有效期满为由停止对客户刘某的服务,但是不能提供证据证明其与客户订立的合同中存在话费有效期的约定,故被判决继续履行合同。按照《民法典》第496条的规定,即使经营者能够证明合同中客观存在话费有效期条款,但如果其没有履行提示或者说明义务,导致消费者没有注意或者理解该条款,那么消费者有权主张该条款不成为合同的内容,该条款当然不能对消费者产生约束力。

需要注意的是,"未订入合同"并非格式条款提供人未履行提示和明确说明义务的当然后果。合同相对方主张格式条款"未订入合同"的,还需要以合同相对方没有注意或者理解与其有重大利害关系的条款为条件。换言之,即使格式条款提供方未履行提示或说明义务,但合同相对方注意到合同中有此类条款并且理解条款含义的,便无权主张该条款未订入合同。例如,在佛山市盈盛食品有限公司诉佛山市禅城区鑫联程货运部公路货物运输合同纠纷案[(2015)佛城法民二初字第1040号]中,格式条款提供者虽未举证证明其已采取合理方式提请对方注意关于保价的格式条款,但根据证据状况,并结合双方的身份和合同地位,能够认定对方知道保价条款的存在并理解保价条款内容,因此对方无权主张把该保价条款排除在合同之外。

2. 郝某针对仲裁委员会的仲裁裁决向人民法院申请不予以执行，而仲裁裁决是否属于执行异议之诉的范围亦值得探讨

对于仲裁裁决是否属于执行异议之诉的范围，我国法律没有明确规定，实务中存在较大的争议。《民事诉讼法》第238条规定："执行过程中，案外人对执行标的提出书面异议的，人民法院应当自收到书面异议之日起十五日内审查，理由成立的，裁定中止对该标的的执行；理由不成立的，裁定驳回。案外人、当事人对裁定不服，认为原判决、裁定错误的，依照审判监督程序办理；与原判决、裁定无关的，可以自裁定送达之日起十五日内向人民法院提起诉讼。"在(2018)内01执异474号执行裁定书中，呼和浩特市中级人民法院认为，如果是依据《民事诉讼法》的异议规定，明确针对的是生效法律文书中确定的标的，或其请求成立以推翻原法律文书所确认的部分内容为前提的异议，则只能是对人民法院生效的判决、裁定提起，该法律规定并未授权案外人可以就仲裁裁决内容提出异议，故在仲裁执行案件中，案外人不能依据该条法律规定提出推翻仲裁裁决的执行异议和执行异议之诉。也就是说，满足与仲裁裁决书无关的要求的，可以提起执行异议之诉。最高人民法院在(2020)最高法民申62号民事裁定书中指出：陈某提出执行异议的时间是2015年，此时法律、司法解释并未明确规定案外人申请不予执行仲裁裁决应通过何种程序寻求救济……其可依据2018年3月1日起施行的《仲裁裁决执行规定》第9条的规定另行向人民法院申请不予执行仲裁裁决。

根据《最高人民法院关于仲裁司法审查案件报核问题的有关规定》的规定，法院拟不予执行仲裁裁决的，应当履行相应的报核程序。案外人申请不予执行仲裁裁决的规定在2018年3月1日施行的《仲裁裁决执行规定》中属于一项新增制度。有疑问的是，案外人申请不予执行仲裁裁决是否属于《最高人民法院关于仲裁司法审查案件报核问题的有关规定》规定的应予报核的范围。需要注意的是，相较于当事人申请不予执行仲裁裁决，案外人申请不予执行仲裁裁决的，当事人有进一步"复议"的救济途径。《仲裁裁决执行规定》第22条第3款规定："人民法院基于案外人申请裁定不予执行仲裁裁决或者仲裁调解书，当事人不服的，可以自裁定送达之日起十日内向上一级人民法院申请复议……"在此情形下，报核要求是否必要。在(2020)黑执复106号执行裁定书中，黑龙江省高级人民法院指出，"案外人佳源公司主张对佳木斯仲裁委(2019)佳仲裁字第08号裁决书，不予执行的请求，符合法律规定，应予支持……佳木斯中院未向本院报核拟不予执行仲裁裁决，径行作出不予执行仲裁裁决程序违法"。据此，向相关人民法院报核申请不予执行仲裁裁决是必要的。

二、法律实务操作

(一)重点难点问题

1. 商品房的销售广告和宣传材料不实构成违约的情形

《最高人民法院关于审理商品房买卖合同纠纷案件适用法律若干问题的解释》第3条规定:“商品房的销售广告和宣传资料为要约邀请,但是出卖人就商品房开发规划范围内的房屋及相关设施所作的说明和允诺具体确定,并对商品房买卖合同的订立以及房屋价格的确定有重大影响的,构成要约。该说明和允诺即使未载入商品房买卖合同,亦应当为合同内容,当事人违反的,应当承担违约责任。”

在商品房的销售广告和宣传资料中,出卖人就商品房开发规划范围内的房屋及相关设施作出具体明确的说明和允诺,并对商品房买卖合同的订立以及房屋价格的确定有重大影响的,应当视为要约。该说明和允诺即使未载入商品房买卖合同,亦应当被视为合同内容,出卖人违反的,构成违约行为。商品房的销售广告和宣传资料本为要约邀请,但依据民法上的诚实信用的先契约义务原理,开发商一旦作出清楚、明确、具体的广告许诺,就具有不可撤回的拘束力,其与合同文本有同样的法律效力,开发商必须履行广告许诺的义务。司法实践中,商品房销售广告引发的纠纷大量存在,具体情形如下:

一是明显、故意地对商品房的居住环境和公共配套设施作夸大其词、不真实的宣传,误导当事人。例如,对小区的绿化率、容积率等作夸大承诺,其实根本达不到广告中的要求。

二是开发商在广告中隐瞒真实情况的虚假宣传、误导当事人。例如,一楼层的房屋下面是地下车库,其中两三户房屋下面是配电房,但是开发商在广告宣传中故意隐瞒了该事实,导致购房人错误认为下面是车库,入住后才发现房屋下面的配电房因没有设置隔离层或特殊的防护层,发出的轰鸣声给其生活造成了严重的影响,故而诉请至法院要求解除该合同,并赔偿其损失。

2. 商品房买卖的认定

(1)商品房买卖的含义

我国法律规定,商品房买卖是指出卖人将尚未建成或者已竣工的房屋向社会销售并转移房屋所有权于买受人,买受人支付价款的房屋买卖行为,包括商品房预售和商品房现售。商品房买卖的标的物为正在建设和已竣工的房屋,其中正在建设的房屋就是通常所说的期房、楼花,包括经依法获准尚未建造或者正在建造中的房屋;已竣工的房屋是已建成的房屋,包括经有关部门验收合格的房屋和尚未验收合格的房屋。

并不是所有的房屋买卖都是商品房买卖,比如经济适用房、房改房、集资房等房屋不能自由买卖,其交易要受到国家政策的限制,或者需要补交土地出让金,或者要居住一定年限后方可出售,这些房屋的买卖并不适用商品房买卖的相关法律规定。

(2)商品房买卖合同的法律特征

商品房买卖合同,是指房地产开发企业将尚未建成或者已竣工的房屋向社会销售并转移房屋所有权于买受人,买受人支付价款的合同。

商品房买卖合同的法律特征主要有:①出卖人将房屋交付并转移房屋所有权于买受人,买受人支付价款;②房屋买卖合同属于诺成合同和有偿合同;③合同标的物为房屋不动产;④房屋所有权转移需要登记,是要式行为。商品房买卖合同的特殊性主要在于买卖合同标的物的房屋属于不动产。

3. 仲裁裁决执行过程中案外人的执行异议

执行异议是指在执行过程中,没有参加执行程序的案外人对执行对象提出不同意见,并主张全部或部分的权利。《民事诉讼法》第238条规定:"执行过程中,案外人对执行标的提出书面异议的,人民法院应当自收到书面异议之日起十五日内审查,理由成立的,裁定中止对该标的的执行;理由不成立的,裁定驳回。案外人、当事人对裁定不服,认为原判决、裁定错误的,依照审判监督程序办理……"根据这一规定,执行异议的内容包括以下内容。

(1)提起执行异议的条件

①由案外人提起,即有权提起执行异议的主体只能是案外人。案外人是指执行案件中申请执行人和被执行人以外的人。

②案外人提出执行异议的根据是对执行标的主张自己的权利。执行异议的实质是权益问题,即案外人对执行提出的不同意见必须基于本人或他人的合法权益而提出。例如对被执行的财物为自己或为他人主张权利,认为该财物全部或部分为自己或他人所有或占有;认为法院实施的执行侵犯或可能侵犯自己或他人的合法权益等。如果仅仅是对执行的程序问题提出不同意见,则不属于执行异议。

③执行异议必须在执行程序开始后到结束前提出。

④执行异议一般应以书面形式提出,书写确有困难的,也可以口头形式提出。不论以何种形式提出执行异议,都应说明对执行标的主张权利的理由,并提供必要的证据,以便人民法院进行审查。

(2)对执行异议的审查和处理

执行过程中,案外人提出执行异议的,人民法院应当依照法定程序和要求进行审查并作出处理。

在执行仲裁裁决的实践中,案外人提出执行异议后,执行法院应当及时审查执行异议是否成立。审查期间可以对财产采取查封、扣押、冻结等保全措施,但不得进行处分;正在实施的处分措施应当停止。经过审查,对于理由不能成立的执行异议,应当裁定驳回其异议,继续执行。案外人提出异议的标的物是仲裁裁决书指定交付的特定物,经审查认为案外人的异议成立的,报经院长批准,裁定对生效的仲裁裁决书中的该项内容中止执行。执行标的物不属于生效仲裁裁决书指定交付的特定物,经审查认为案外人的异议成立的,报经院长批准,停止对该标的物的执行。对于已经采取的执行措施,应当裁定立即解除或者撤销,并将该标的物交还案外人。对于异议理由成立的案件,执行法院应当将仲裁裁决交由作出该裁决的仲裁机构予以审查。仲裁机构对仲裁裁决进行审查后,如果认为该裁决书没有错误,应当向人民法院作出说明,以便及时恢复对仲裁裁决书的强制执行。

4. 能否对驳回不予执行仲裁裁决申请的裁定提出执行异议或复议

根据《民事诉讼法》第 157 条第 1 款、第 2 款的规定,撤销或者不予执行仲裁裁决的裁定为不可上诉的裁定。在明确该问题后,对于执行程序中的救济途径如何设置,实践中有两种不同的意见,且不同的意见一直存在。有观点认为,执行法院裁定不予执行仲裁裁决的,当事人虽然不能提出执行异议或复议,但是能够重新申请仲裁或向法院起诉,因此对当事人来讲依然有救济途径,而对于驳回裁定而言,被执行人再无其他救济途径,因此应当允许其复议。

根据最高人民法院的观点,仲裁裁决作为一种方便快捷的纠纷解决方式,一裁终局是其基本特征之一,当事人自愿选择了仲裁程序,在享受制度优势的同时不可避免地要承受仲裁制度本身的固有缺陷。人民法院对仲裁制度应予支持,不予执行仲裁裁决只能作为例外的情况。当事人提出不予执行的抗辩,法院裁定驳回,审查中已经对仲裁裁决进行了司法监督,无须再提供救济途径。因此,对驳回不予执行仲裁裁决申请的,当事人也无权提出执行异议或复议。相应地,《最高人民法院关于适用〈中华人民共和国民事诉讼法〉的解释》第 476 条规定:“依照民事诉讼法第二百四十四条第二款、第三款规定,人民法院裁定不予执行仲裁裁决后,当事人对该裁定提出执行异议或者复议的,人民法院不予受理。当事人可以就该民事纠纷重新达成书面仲裁协议申请仲裁,也可以向人民法院起诉。”《最高人民法院关于规范人民法院再审立案的若干意见(试行)》第 14 条规定:“人民法院对下列民事案件的再审申请不予受理……(二)人民法院裁定撤销仲裁裁决和裁定不予执行仲裁裁决的案件……”从中可以看出,当事人对不予执行仲裁裁决所作出的裁定不得申请再审。

5. 法院启动执行监督程序是否受限

不得申请异议、复议、再审,是否意味着当事人同样不能对不予执行仲裁裁决的执行裁定申请执行监督?虽然有观点认为,法律对不予执行仲裁裁决的案件已经规定了相应的救济途径,因此没有必要再通过执行监督程序进行救济。但司法实践表明,法律、司法解释对人民法院作出的撤销仲裁裁决的裁定以及不予执行仲裁裁决的裁定不能申请再审的规定与人民法院的执行监督权并不矛盾。

《最高人民法院关于人民法院执行工作若干问题的规定(试行)》第71条规定:“上级人民法院依法监督下级人民法院的执行工作。最高人民法院依法监督地方各级人民法院和专门法院的执行工作。”第72条规定:“上级法院发现下级法院在执行中作出的裁定、决定、通知或具体执行行为不当或有错误的,应当及时指令下级法院纠正,并可以通知有关法院暂缓执行。下级法院收到上级法院的指令后必须立即纠正……”裁定不予执行仲裁裁决无疑也是人民法院执行工作的一部分,人民法院对于执行中的裁定、决定、通知或具体执行行为认为确有不当或错误的,应本着有错必纠的原则予以监督并纠正。

最高人民法院在中国对外建设有限公司诉中国航空技术国际控股有限公司(原中国航空技术进出口总公司)执行监督案[最高人民法院(2013)执监字第204号]中指出:“执行监督程序,作为人民法院纠正自身错误执行行为的重要手段,具有依职权启动的特点,是人民法院有错必纠原则的体现。原则上,对于执行过程中的所有实施或裁决行为,人民法院认为存在错误的,均可以启动执行监督程序予以审查处理。鉴于当事人如对不予执行仲裁裁决的裁定不服,可径行向法院提起诉讼,为节约司法资源,避免更多的诉累,最高人民法院通过批复明确了对此类裁定申请再审将不予受理,但这并不影响上级人民法院通过执行监督程序纠正下级人民法院错误裁定。”对这一观点进行了确认。

6. 仲裁裁决的事项部分存在不予执行情形时人民法院如何处理

《民事诉讼法》第248条规定:“对依法设立的仲裁机构的裁决,一方当事人不履行的,对方当事人可以向有管辖权的人民法院申请执行。受申请的人民法院应当执行。被申请人提出证据证明仲裁裁决有下列情形之一的,经人民法院组成合议庭审查核实,裁定不予执行:(一)当事人在合同中没有订有仲裁条款或者事后没有达成书面仲裁协议的;(二)裁决的事项不属于仲裁协议的范围或者仲裁机构无权仲裁的;(三)仲裁庭的组成或者仲裁的程序违反法定程序的;(四)裁决所根据的证据是伪造的;(五)对方当事人向仲裁机构隐瞒了足以影响公正裁决的证据的;(六)仲裁员在仲裁该案时有贪污受贿,徇私舞弊,枉法裁决行为的。人民法院认定执行该裁决违背社会公共利益的,裁定不予执行。裁定书应当送达双方当事人和仲裁机构。仲裁裁决被人民法院裁定不予执行的,当事人可以根据双方达成的书面仲裁协议重新申请仲裁,也可以向人民法院起诉。”

《最高人民法院关于适用〈中华人民共和国民事诉讼法〉的解释》第475条规定:“仲裁机构裁决的事项,部分有民事诉讼法第二百四十四条第二款、第三款规定情形的,人民法院应当裁定对该部分不予执行。应当不予执行部分与其他部分不可分的,人民法院应当裁定不予执行仲裁裁决。”

根据上述规定，仲裁裁决仅有部分裁项存在不予执行情形的，人民法院应当仅对该部分裁定不予执行，而不是对全案裁定不予执行，这是原则。同时，仲裁裁决部分不予执行处理原则存在例外情形，即不予执行部分与其他部分联系紧密、不可分割时，人民法院应当裁定对全案不予执行。仲裁裁决裁项之间不具备可分性，继续执行其余部分对当事人已无实际意义或事实上不可能或虽然可能但是会给当事人造成极为不公平后果的，尽管该仲裁裁决只有部分存在应当不予执行的情形，也应当对全案不予执行。这往往是因为存在应当不予执行情形的部分包含了该仲裁裁决的决定性因素，构成了整个仲裁裁决的基础，若去掉该部分则动摇了裁决的根基，因此在该部分存在应当不予执行的情形时，应裁定该仲裁裁决全案不予执行。

（二）相关法律法规政策

1.《民法典》第 122 条（原《民法总则》第 122 条）、第 465 条（原《合同法》第 8 条）、第 496 条（原《合同法》第 39 条）、第 498 条（原《合同法》第 41 条）。

2.《保险法》第 17 条。

3.《消费者权益保护法》第 26 条。

4.《民事诉讼法》第 157 条。

5.《最高人民法院关于适用〈中华人民共和国民事诉讼法〉的解释》第 476 条。

6.《仲裁裁决执行规定》第 9 条、第 18 条、第 19 条、第 22 条。

7.《最高人民法院关于适用〈中华人民共和国合同法〉若干问题的解释（二）》（法释〔2009〕5 号，已失效）第 6 条、第 9 条、第 10 条。

8.《最高人民法院关于审理商品房买卖合同纠纷案件适用法律若干问题的解释》第 3 条。

（三）思考与实践问题

1. 简述预告登记与商品房预售合同备案登记的关系。

2. 论述商品房买卖合同中的预售合同与预约合同区别。

3. 商品房预售合同备案登记是否具有阻止法院强制执行的效力？

相关参考文献

江必新主编：《行政与执行法律文件解读——总第 129 辑（2015.9）》，人民法院出版社 2015 年版。

最高人民法院民法典贯彻实施工作领导小组主编：《中华人民共和国民法典合同编理解与适用（一）》，人民法院出版社 2020 年版。

杜万华主编、最高人民法院民事审判第一庭编：《民事审判指导与参考——总第 70

辑(2017.2)》,人民法院出版社 2017 年版。

唐国峰、盛梦娇:《对追究开发商虚假宣传民事责任的检视与修正》,载《人民司法》2019 年第 28 期。

王利明:《论民法典物权编中预告登记的法律效力》,载《清华法学》2019 年第 3 期。

王天凡:《〈民法典〉第 496 条(格式条款的定义及使用人义务)评注》,载《南京大学学报(哲学·人文科学·社会科学)》2020 年第 6 期。

张卫平:《现行仲裁执行司法监督制度结构的反思与调整——兼论仲裁裁决不予执行制度》,载《现代法学》2020 年第 1 期。

案例十五　某房产咨询公司中介服务纠纷仲裁案

中介服务的提供者通常与服务接受者之间存在明显的信息不对等的情况,服务接受者的行为选择往往取决于业内知名的中介服务提供者所提供的信息。因此,中介服务存在瑕疵对中介服务接受者的影响尤为巨大。审理具体案件时,为保护中介服务接受者的合法权益,规制中介服务提供者在中介服务中的违约行为,应准确把握其事实认定,进行合理分析。

一、案例研判

(一)基本案情

2018 年 2 月 27 日,申请人(买方)与第二被申请人至第四被申请人(卖方)及第一被申请人(中介方)签订《存量房买卖合同》,约定由申请人向第二被申请人至第四被申请人购买涉案房屋,成交价为 490 万元。《存量房买卖合同》第 4 页"郑重告知"部分"与交易有关的政策告知"第 3 条载明:"依 A 市政策,对在本市已拥有 1 套住房的本市户籍居民家庭(包括购房人、配偶及未成年子女,下同)、能够提供自购房之日起算的前 5 年内在本市累计缴纳 3 年以上个人所得税缴纳证明或社会保险缴纳证明的非本市户籍居民家庭,限购 1 套住房。"第一被申请人确认,《存量房买卖合同》"郑重告知"部分由其制作。同日,申请人向第一被申请人支付中介服务费。

2018 年 5 月 23 日,第二被申请人至第四被申请人向 A 市仲裁委提起仲裁申请,认为申请人存在未依约支付赎契款的违约行为,要求确认《存量房买卖合同》已被解除,并要求申请人向其支付违约金等费用。申请人提起仲裁反请求,要求第二被申请人至第四被申请人返还定金、第一被申请人返还中介费、四被申请人补偿律师费并承担该案仲裁费。A 市仲裁委对上述请求与反请求决定合并审理。

2018 年 10 月 25 日,A 市仲裁委作出裁决书,确认该案仅审理申请人与第二被申请人至第四被申请人之间的房屋买卖合同关系,并认定:申请人不满足《存量房买卖合同》签订时的 A 市购房政策,申请人不具备购房资格是《存量房买卖合同》无法继续履行的根本原因。申请人应向第二被申请人至第四被申请人支付违约金,并补偿律师费,承担请求仲裁费、反请求仲裁费,申请人因该案支出的律师费由其自行承担。

申请人认为,第一被申请人作为A市房地产中介服务的先锋企业,其工作人员的专业服务和对房地产政策的解读足以让客户信赖。在中介服务提供过程中,第一被申请人不仅口头作出违反A市购房政策的解读,更郑重地以书面形式告知违反政策的购房条件,致申请人相信被告知的政策并签约,引发申请人无法履行合同,需承担违约责任的后果。第二被申请人至第四被申请人与第一被申请人存在恶意串通,恶意骗取违约金的情形,应承担连带责任。故申请人于2018年12月向A市仲裁委提起仲裁申请。

(二)焦点分析

1. 本案中,中介服务提供方的违约责任该如何认定

原《合同法》第425条规定:"居间人应当就有关订立合同的事项向委托人如实报告。居间人故意隐瞒与订立合同有关的重要事实或者提供虚假情况,损害委托人利益的,不得要求支付报酬并应当承担损害赔偿责任。"申请人与第二被申请人至第四被申请人通过第一被申请人的中介服务,签订《存量房买卖合同》。该合同"郑重告知"部分"与交易有关的政策告知"第3条载明:"依A市政策,对在本市已拥有1套住房的本市户籍居民家庭(包括购房人、配偶及未成年子女,下同)、能够提供自购房之日起算的前5年内在本市累计缴纳3年以上个人所得税缴纳证明或社会保险缴纳证明的非本市户籍居民家庭,限购1套住房。"第一被申请人确认该部分为其所制作,并于庭审中表示其认为该表述不存在问题。由此可以认定,签订该合同时,第一被申请人曾以书面形式告知申请人,其仅需"累计"缴纳3年以上个人所得税缴纳证明或社会保险缴纳证明,就可获得购房资格。但本案中,申请人系非连续但累计缴纳了3年以上的社会保险,虽满足第一被申请人在上述告知中载明的所谓购房资格条件,但根据《A市人民政府办公厅关于进一步做好房地产市场调控工作的意见》第3条关于"连续"缴纳3年以上个人所得税或社会保险方可获得购房资格的规定,申请人实际上不具备购房资格。

第一被申请人作为专业的中介机构,对房地产市场的法律法规和宏观调控政策有更专业的理解和把握。申请人作为购房者,有理由信赖第一被申请人提供的政策信息,现其受第一被申请人的引导,误以为其具有购房资格,并签订《存量房买卖合同》。第一被申请人未尽到足够的中介服务义务,中介签订的是一份根本无法履行的房屋买卖合同,中介服务行为存在明显瑕疵,违反原《合同法》的规定,构成违约。

2. 仲裁程序中反请求如何提出

《仲裁法》第27条规定:"申请人可以放弃或者变更仲裁请求。被申请人可以承认或者反驳仲裁请求,有权提出反请求。"

反请求应由被申请人以原仲裁申请人为被申请人提出,否则不能形成反请求;反请

求只能向原仲裁申请的仲裁委员会提出,而不得向其他仲裁委员会提出,只有这样才能通过仲裁请求与反请求的合并审理,达到抵消进而吞并仲裁请求的目的。2000 年修订的《中国国际经济贸易仲裁委员会仲裁规则》第 18 条规定:“被申请人如有反请求,最迟应在收到仲裁通知之日起 60 天内以书面形式提交仲裁委员会。仲裁庭认为有正当理由的,可以适当延长此期限。被申请人提出反请求时,应在其书面反请求中写明具体的反请求及其所依据的事实和理由,并附具有关的证明文件。被申请人提出反请求,应当按照仲裁委员会的仲裁费用表的规定预缴仲裁费。”

具体到本案,在第一次仲裁中,第二被申请人至第四被申请人向 A 市仲裁委提起仲裁申请,认为申请人存在未依约支付赎契款的违约行为,要求确认《存量房买卖合同》已被解除,并要求申请人向其支付违约金等费用。随即,申请人提起仲裁反请求,要求第二被申请人至第四被申请人返还定金、第一被申请人返还中介费、四被申请人补偿律师费并承担该案仲裁费。由于被申请人和申请人都是就《存量房买卖合同》的履行以及违约责任产生纠纷向仲裁委提起仲裁申请的,所以申请人提起的仲裁反请求符合条件。

3. 因仲裁支出的合理费用应否得到仲裁庭支持

因仲裁而支出的费用包括但不限于律师服务费、保全费、差旅费、公证费、鉴定费等。我国现行法律、行政法规对诉讼、仲裁程序中律师费的承担没有直接、明确的规定。但是,有关法律关于公民、法人违反合同或者不履行其他义务应当承担相关法律责任的规定,实际是诉讼、仲裁程序中律师费的承担问题裁判的基本法律依据。此外,当事人可依据各仲裁委员会的仲裁规则主张败诉方承担其因仲裁支出的合理费用。例如,自 2017 年 11 月 16 日起施行的《中国广州仲裁委员会仲裁规则》第 74 条第 3 款、第 4 款规定:“仲裁庭有权根据当事人的请求在裁决书中裁定败诉方补偿胜诉方因办理案件支出的合理费用(包括律师服务费、保全费、公证费等)。胜诉方要求败诉方承担其办理案件的律师服务费的,仲裁庭应当考虑案件的裁决结果、复杂程度、代理律师的实际工作量以及案件的争议金额等有关因素予以裁定。双方当事人约定了具体金额且有律师代理的,从其约定,但最多不超过胜诉金额的百分之十五;双方当事人没有约定的,对实际支出的律师服务费,支持的额度最多不超过胜诉金额的百分之十五。”《深圳国际仲裁院仲裁规则》第 64 条第 4 款规定:“仲裁庭有权根据当事人的请求在裁决书中决定败诉方补偿胜诉方因办理案件支出的合理费用,包括但不限于律师费、保全费、差旅费、公证费和证人作证费用等。仲裁庭在确定上述费用时,应考虑案件的裁决结果、复杂程度、当事人或代理人的实际工作量以及案件的争议金额等有关因素。”

4. 第一被申请人应当向申请人返还、赔偿的金额如何确定

根据原《合同法》第 107 条“当事人一方不履行合同义务或者履行合同义务不符合

约定的，应当承担继续履行、采取补救措施或者赔偿损失等违约责任”及第425条“居间人应当就有关订立合同的事项向委托人如实报告。居间人故意隐瞒与订立合同有关的重要事实或者提供虚假情况，损害委托人利益的，不得要求支付报酬并应当承担损害赔偿责任”的规定，第一被申请人应返还中介费，并赔偿申请人因第一被申请人违约行为所遭受的损失。在本案中，申请人主张的损失主要是《存量房买卖合同》纠纷案中最终认定其所应当承担的违约金、需补偿第二被申请人至第四被申请人的律师费、本请求仲裁费、反请求仲裁费以及自身在该案中支出的律师费。上述款项数额为法律文书确定的债权数额，已实际发生，为申请人的实际损失，但不应全由第一被申请人承担。首先，申请人提起反请求及为此支出的律师费，均是基于房屋买卖合同关系，仲裁反请求主要是针对第二被申请人至第四被申请人，而针对第一被申请人的仲裁反请求最终被确认不属于审理范围，故申请人为此支出的反请求仲裁费及律师费与第一被申请人没有直接关系，不应由第一被申请人承担；其次，虽然由于第一被申请人的违约行为，申请人在不具备购房资格的情况下签订《存量房买卖合同》，导致其在房屋买卖合同关系中构成违约已是必然，但在《存量房买卖合同》纠纷案中，申请人被诉的直接原因在于其未依约支付赎契款，对此申请人负有过错。此外，就购房资格问题，申请人作为完全民事行为能力人，在2013年A市已公开发布限购政策的情形下应尽到足够的谨慎义务。故申请人在《存量房买卖合同》纠纷案中应承担的其他违约责任应按比例与第一被申请人分担。

5. 第一被申请人是否应当赔偿房屋差价所造成的损失

我国原《合同法》第113条规定，当事人一方不履行合同义务或者履行合同义务不符合约定，给对方造成损失的，损失赔偿额应当相当于因违约所造成的损失，包括合同履行后可以获得的利益，但不得超过违反合同一方订立合同时预见到或者应当预见到的因违反合同可能造成的损失。

本案中，第一被申请人没有尽到居间人的义务，导致申请人签订一份根本无法履行的合同，应当赔偿申请人的损失，其损失包括合同履行后可以获得的利益。房屋的差价属于合同履行后可以获得的利益，但是在本案中，第一被申请人即使不构成违约，由于申请人本身就不具备在A市购买房屋的资格，其依然无法履行合同。故第一被申请人不应当赔偿申请人房屋差价所造成的损失。

（三）案例评析

1. 中介合同的性质

虽然我国《民法典》“合同编”已设专章对中介合同进行特别规定，最高人民法院《民事案件案由规定》亦将中介合同纠纷列为一类独立的案由，但实践中仍然常有人将中介合同纠纷错列为其他案由，如委托合同纠纷、房地产经纪合同纠纷等。为准确把握该类案由,有必要先区分中介合同与有关合同的关系。

(1)中介合同与委托合同、行纪合同的关系

根据《民法典》“合同编”的规定,中介合同是中介人向委托人报告订立合同的机会或者提供订立合同的媒介服务,委托人支付报酬的合同。委托合同是委托人和受托人约定,由受托人处理委托人事务的合同。行纪合同是行纪人以自己的名义为委托人从事贸易活动,委托人支付报酬的合同。理论上中介合同的特征可归纳为:中介合同是一方为他方报告订约机会或者为订约提供媒介的合同;中介合同是诺成性、不要式、有偿、独立有名合同;委托人给付义务的履行具有不确定性。

中介合同与委托合同、行纪合同都属于提供服务的合同,都是一方受他方委托为他方办理一定事务的合同,都以处理委托事务为目的,以提供一定劳务为手段,以当事人间的相互信任为基础。三者的区别如下:

①中介人仅为委托人报告订约机会或者为订约提供媒介,并不参与委托人与第三人的关系;在委托合同、行纪合同中,受托人、行纪人或以委托人名义或以自己名义参与并决定委托人与第三人间的关系。

②中介人为委托人办理的事务本身不具有法律意义;受托人为委托人办理的事务一般为有法律意义的事务;行纪人处理的事务具有特定性,仅限于代购、代销等贸易活动,因而只能是法律行为。

③中介人在为订约提供媒介时可以从双方取得报酬;委托合同可以为无偿合同;行纪人只能从委托人一方取得报酬。

④委托人、行纪人都负有向委托人报告处理情况及将处理结果移交给委托人的义务,中介人则无此义务。

⑤受托人、行纪人只能接受一方当事人的委托,为了委托人的利益而尽全力完成委托事项;中介人可以接受双方当事人的同时委托而一手托两家,这与委托合同有本质区别;行纪人卖出或者买入具有市场定价的商品,除委托人有相反意思表示的以外,行纪人自己可以作为买受人或者卖出人。

(2)中介合同与房地产经纪合同的关系

《中华人民共和国城市房地产管理法》(以下简称《城市房地产管理法》)第57条规定:“房地产中介服务机构包括房地产咨询机构、房地产价格评估机构、房地产经纪机构等。”《城市房地产中介服务管理规定》(2001年修正,已失效)第2条第5款规定:“本规定所称房地产经纪,是指为委托人提供房地产信息和居间代理业务的经营活动。”房地产经纪机构是指为房地产交易当事人提供专门介绍、撮合交易等服务的组织。从事经纪活动的工作人员称为房地产经纪人。《经纪人管理办法》(2004年,已失效)第2条规定:“本办法所称经纪人,是指在经济活动中,以收取佣金为目的,为促成他人交易而从

事中介、行纪或者代理等经纪业务的自然人、法人和其他经济组织。”

经纪的含义比中介更为广泛,还包含行纪或者代理的内容。中介合同包括一般中介合同和房地产中介合同。房地产中介合同是房地产经纪合同的一个方面。值得注意的是,《民事案件案由规定》将中介合同纠纷、委托合同纠纷、行纪合同纠纷并列为第三级案由,未将中介合同纠纷列为第四级案由。《民事案件案由规定》在委托合同纠纷案由之下,列有:①诉讼、仲裁、人民调解代理合同纠纷;②进出口代理合同纠纷;③民用航空运输销售代理合同纠纷;④货运代理合同纠纷;⑤销售代理合同纠纷等 5 个第四级案由。将行纪合同纠纷下的期货交易代理合同纠纷、证券交易代理合同纠纷、保险经纪合同纠纷等案由划归到各自的体系(期货、证券、保险,未列第四级案由)。在房地产开发经营合同纠纷案由之下,新增加了委托代建合同纠纷这个第四级案由,取消了房地产经纪合同纠纷这一案由。原来的房地产经纪合同纠纷分别归结到中介合同纠纷、行纪合同纠纷、委托代理销售合同纠纷和委托代建合同纠纷等范畴内。

2. 关于商事仲裁中胜诉方律师费由败诉方承担的问题

商事仲裁中能否裁决由败诉方承担胜诉方的律师费,在理论和实践中争议较大。许多国际仲裁机构及国内较大的仲裁机构均在其仲裁规则中规定:仲裁庭有权根据当事人的请求,裁决由败诉方承担胜诉方因办理案件支出的合理律师费。但仍有许多机构未作规定。在实践中,许多有经验的律师会在仲裁请求中提出由对方当事人承担其律师费。然而,不同仲裁机构对此问题的看法不同,最后的处理结果也不尽相同。因此,有必要探讨商事仲裁中胜诉方律师费是否由败诉方承担的问题。

(1)律师费的概念及性质

律师费,即律师代理费,是指律师为委托人代理法律事务应当收取的报酬。商事仲裁中通常所说的仲裁费仅指案件受理费和案件处理费,而广义的仲裁费包括因案件产生的律师费。广义的仲裁费是指当事人因仲裁事由所花费的一切相关费用,既包括案件受理费和案件处理费,又包括当事人费用(当事人实际支付的其他费用,如律师费、当事人自行调查取证费及差旅费等必要支出)。

有观点认为,律师费属于财产利益,可作为损失。《上海市高级人民法院关于民事案件审理的几点具体意见》(沪高法民〔2000〕44 号)第 14 条提到:“我们认为,所谓损失,是指因违约方或加害人的不法行为给受害人带来的财产利益的丧失。律师费在性质上应属于财产利益,原则上可以作为损失……”另有观点认为,律师费是当事人因仲裁案件产生的合理费用,应当看作当事人为实现自己合法利益而扩大的损失。2016 年 9 月 12 日《最高人民法院关于进一步推进案件繁简分流优化司法资源配置的若干意见》(法发〔2016〕21 号)第 22 条规定:“……当事人存在滥用诉讼权利、拖延承担诉讼义务等明显不当行为,造成诉讼对方或第三人直接损失的,人民法院可以根据具体情况对无过错方依法提出的赔偿合理的律师费用等正当要求予以支持。”可见，在因对方当事人的过错造成不必要的扩大损失时，律师费才可以作为对扩大损失的补偿而得到人民法院的支持。还有一些人认为，律师费是当事人与律师自由协定，由律师为当事人提供服务而产生的费用，是否会产生律师费取决于当事人自身的主观选择，并非为维护自己的合法利益必然产生的损失。

当事人聘请律师的目的是提高自己在仲裁案件中胜诉的概率，以免自己的合法权益遭到进一步损害。聘请律师是当事人为了避免已有损失扩大而作出的努力，应当属于因对方当事人违约造成的损失。需注意，虽然律师费可以作为损失要求对方当事人补偿，但因为其产生带有主观性，所以不应超过合理的范围。

（2）胜诉方律师费是否应由败诉方承担

关于胜诉方律师费是否应由败诉方承担的问题，一直存有争议。

主张胜诉方律师费由败诉方承担的理由如下：①某些特别类型的案件有相关法律法规规定，胜诉方律师费由败诉方承担。《最高人民法院、司法部关于民事法律援助工作若干问题的联合通知》（司发通〔1999〕032号，已失效）第7条、《最高人民法院关于审理著作权民事纠纷案件适用法律若干问题的解释》第26条、《最高人民法院关于审理商标民事纠纷案件适用法律若干问题的解释》第17条、《最高人民法院关于审理专利纠纷案件适用法律问题的若干规定》第22条、《最高人民法院关于适用〈中华人民共和国合同法〉若干问题的解释（一）》第26条均有类似规定。②部分国内外仲裁机构在仲裁规则中规定，仲裁庭可以裁决由败诉方承担胜诉方的律师费。例如，《斯德哥尔摩商会仲裁院仲裁规则》（2010年版）第44条，《伦敦国际仲裁院仲裁规则》第28条，《中国国际经济贸易仲裁委员会仲裁规则》（2015年版）第52条，《广州仲裁委员会仲裁规则》（2015年版）第74条，《北京仲裁委员会仲裁规则》（2015年版）第52条，《武汉仲裁委员会仲裁规则》（2015年版）第62条均有相关规定。③由败诉方承担胜诉方律师费，对于不履行义务的当事人来说，具有经济制裁的效果。④商事仲裁案件中，因为双方当事人所涉案件复杂、程序高效、裁决专业等，往往很有必要聘请专业律师提高胜诉概率，以更好地维护当事人自身的合法权益。

反对胜诉方律师费由败诉方承担的理由如下：①虽然在知识产权案件、法律援助案件以及反不当竞争案件中，相关法律法规规定由败诉方承担胜诉方的律师费，但这些规定都是特殊规定。在其他案件中，如果合同没有约定或者没有充足的证据，律师费一般无法得到支持。②仲裁规则的类似规定不具有普遍性，很多仲裁机构未对此问题作出规定。③商事仲裁中，仲裁费用一般采用败诉方承担的方式，这也是对不履行义务的当事人的经济制裁，如果胜诉方律师费也由败诉方承担，将增加败诉方的负担，违反公平原则。④在商事仲裁案件中聘请律师虽然很重要，但这并不必然决定胜诉或者败诉。

所有仲裁程序,仲裁委员会均会送达相关文书,告知当事人仲裁程序的进程。即使在没有律师的情况下,仲裁庭也会查明事实、准确认定证据、正确适用法律,作出公正裁决。律师费并不是当事人在仲裁中必然产生的费用,应该谁聘请谁支付。

如果当事人部分胜诉部分败诉,如何确定双方律师费的负担?如果当事人与律师之间签订的是风险代理合同,风险代理的律师费又如何负担?这些问题在实践中仍待解决。

本书认为,仲裁庭可以裁决由败诉方承担胜诉方合理的律师费。首先,守约方律师费是违约方因其侵权或者不履行义务的行为给对方造成的损失,由败诉方承担胜诉方合理的律师费可以看作对守约方损失的补偿。其次,商事仲裁案件多为合同纠纷,当事人之间发生纠纷,给当事人带来的经济利益损失可能不仅局限于争议所涉合同约定的范围,败诉方承担胜诉方的律师费也是对违约方的经济制裁。最后,由败诉方承担胜诉方合理的律师费将增加违约成本,这有助于减少纠纷。

(3)相关仲裁实践

部分仲裁机构未在其仲裁规则中涉及律师费的负担问题,当当事人请求由败诉方承担胜诉方律师费时,往往不予支持,除非当事人之间签订的合同有相关约定,并且有充足证据证明。但在仲裁规则中有相关规定的仲裁机构,在当事人提出请求时,一般根据仲裁规则支持由败诉方承担胜诉方合理的律师费。

各机构普遍认可在当事人请求时,仲裁庭有权对当事人律师费的负担进行裁决。《新加坡国际仲裁中心仲裁规则》(2016 年版)第 37 条对当事人的律师费和其他费用作出规定:“在裁决书中,仲裁庭有权命令一方当事人承担另一方当事人的全部或者部分的律师费或者其他相关费用。”《联合国国际贸易法委员会仲裁规则》(2010 年修订)第 40 条规定:“仲裁庭应在最终裁决书中并在其认为适当的其他任何决定中确定仲裁费用。”“费用”一词仅包括:“……(e)各方当事人与仲裁有关的法律费用和其他费用,以仲裁庭确定的此种费用的合理数额为限……”

国内仲裁机构多认同由败诉方承担胜诉方的律师费,补偿胜诉方因办理案件支出的费用。例如,《北京仲裁委员会仲裁规则》第 52 条第 4 款规定:“仲裁庭有权根据当事人的请求在裁决书中裁定败诉方补偿胜诉方因办理案件支出的合理费用,包括但不限于律师费、保全费、差旅费、公证费等……”《广州仲裁委员会仲裁规则》(2015 年版)第 74 条第 3 款、《武汉仲裁委员会仲裁规则》(2015 年版)第 62 条第 3 款也有类似规定。

但《联合国国际贸易法委员会仲裁规则》(2010 年修订)第 42 条第 1 款规定:“仲裁费用原则上应由败诉一方或败诉各方负担。但是,仲裁庭考虑到案件具体情况,认为分摊费用合理的,仲裁庭可裁决在当事人之间分摊每一项此种费用。”第 2 款规定:“仲裁庭应在最终裁决书中,或者在其认为适当的其他任何裁决中,裁决一方当事人须根据费用分摊决定向另一方当事人支付的任何数额。”也就是说，胜诉方律师费的负担问题由仲裁庭根据案件的具体情况自由裁量。

律师收费有按规定收费和协议收费两种，为防止胜诉方恶意增加败诉方的责任，胜诉方主张的律师费用需在“合理”范围内才有可能得到支持，但各仲裁机构对如何认定合理有不同的规定。部分仲裁机构完全由仲裁庭自由裁量，如《斯德哥尔摩商会仲裁院仲裁规则》第 44 条规定：“除非当事人另有约定，应一方当事人的请求，仲裁庭可以根据案件结果及其他相关情形在最终裁决中裁定由一方当事人承担对方当事人所花费的包括律师代理费在内的合理费用。”有些仲裁机构则确定了考虑因素，如《北京仲裁委员会仲裁规则》第 52 条第 4 款规定：“……仲裁庭在确定上述费用时，应考虑案件的裁决结果、复杂程度、当事人或代理人的实际工作量以及案件的争议金额等有关因素。”另有仲裁机构明确要求不超过一定限额，如 2005 年之前的《中国国际经济贸易仲裁委员会仲裁规则》有胜诉金额 10% 的比例限制。还有仲裁机构兼用考虑因素和限额以确定“合理”律师费，如《广州仲裁委员会仲裁规则》（2015 年版）第 74 条第 4 款规定：“胜诉方要求败诉方承担其办理案件的律师服务费的，仲裁庭应当考虑案件的裁决结果、复杂程度、代理律师的实际工作量以及案件的争议金额等有关因素予以裁定。双方当事人约定了具体金额且有律师代理的，从其约定，但最多不超过胜诉金额的百分之十五；双方当事人没有约定的，对实际支出的律师服务费，支持的额度最多不超过胜诉金额的百分之十五。”

（4）败诉方承担胜诉方合理律师费的条件

根据各仲裁机构仲裁规则的规定及实践经验，将仲裁庭裁定由败诉方承担胜诉方合理律师费需要满足的条件归纳如下。

首先，双方当事人合同中有约定或者适用的仲裁规则有规定。合同双方订立合同时可以预见未来发生的各类风险及其责任的承担，当事人可约定产生纠纷后律师费应如何负担。通常只要不违反法律的强制性规定，仲裁庭就会尊重合同双方协商一致后的意思表示。因此，若双方当事人合同中约定了产生纠纷后律师费的承担问题，仲裁庭一般会支持相应的请求。若当事人没有约定律师费如何承担，但案件所适用的仲裁规则中有规定，仲裁庭一般也会支持，若没有规定，则不予支持。

其次，当事人在仲裁申请中明确提出要求对方承担律师费。律师费属于不履行义务的当事人给守约方造成的损失，只有胜诉方才有权利主张因办理案件而支出的合理费用。根据民事诉讼中的处分原则，诉讼发生后，当事人可依自己的意愿决定是否行使起诉权。该原则同样适用于商事仲裁，因此对于当事人之间的律师费负担，只有胜诉方提出请求，仲裁庭才予以考虑。

再次，胜诉方请求败诉方承担的律师费应当是因双方所涉仲裁案件而发生的。胜诉方主张律师费时,必须向仲裁庭提供证据证明该费用是因为该仲裁案件而发生。一般情况下需要将代理合同及律师费发票等作为证据向仲裁庭提交。

最后,胜诉方请求败诉方承担的律师费应是“合理”的。“合理”的范围由仲裁庭自由裁量,如果超过合理范围可适当调整。为确定“合理”范围,北京、武汉等地多家仲裁机构在仲裁规则中规定了应该考量的因素。这些考量因素一般包括裁决结果、复杂程度、当事人或代理人的实际工作量以及争议金额等。这里的裁决结果包括全部胜诉和部分胜诉部分败诉。但若部分胜诉部分败诉,因部分败诉而认为部分律师费不合理是否欠妥?另外,判断案件的复杂程度和当事人或代理人的实际工作量也带有一定的主观性。因此,上述考虑因素的实际操作性并不强。如果胜诉方请求的律师费过高需要调整,仲裁庭如何调整仍然是个难题。可能正因为如此,广州仲裁委员会在确定考量因素的基础上增加了不超过“胜诉金额15%”的上限,若双方当事人约定了具体金额,则从其约定。中国国际经济贸易仲裁委员会2005年之前的仲裁规则确定了不超过胜诉金额10%的比例。这种做法避免了过度增加败诉方负担的情况,但是因为地域经济发展水平不同,如何确定合适的比例也需要考虑。

商事仲裁中,对于胜诉方请求由败诉方承担其因所涉案件所产生的合理律师费,国内仲裁机构仍多采取保守态度,若当事人无约定则不予支持。但已经有越来越多的仲裁机构在尝试,如深圳仲裁委员会、哈尔滨仲裁委员会等在最新制定的仲裁规则中,均对此问题作出了规定。

3. 中介方促成买卖双方签订合同后是否需要承担责任

本案中,申请人通过第一被申请人的中介服务,与第二被申请人、第三被申请人、第四被申请人签订了《存量房买卖合同》,但第一被申请人履行合同有明显瑕疵,导致申请人签订的是一份无法履行的合同。第二被申请人、第三被申请人、第四被申请人据上述情况请求解除《存量房买卖合同》并要求申请人承担违约责任,申请人则提起仲裁反请求,要求第一被申请人承担因其过错而给自己造成的损失。第一被申请人答辩时称,自己作为中介方,已经依法促成买卖双方签订《存量房买卖合同》,完成了中介义务,其作为中介方并不是房屋买卖关系的当事人,因此买卖双方有关房屋买卖的权利义务、违约责任等均由买卖双方自行享有或承担。那么是否中介方只要促成买卖双方签订合同就不再承担责任?

在《最高人民法院公报》2015年第2期发布的李某东诉上海汉宇房地产顾问有限公司(以下简称汉宇地产)居间合同纠纷案中,原告李某东、被告汉宇地产及案外人周某签订一份《房地产买卖居间协议》,约定经汉宇地产居间介绍,李某东向周某购买位于上海市浦东新区康桥镇上南路××××弄×号×××室房屋,房屋总价118万元。系争房屋原系案外人周某、周某左、蔡某、陈某玉按份共有,其中周某占1/6份额。系争房屋交易过程中,周某曾向李某东、汉宇地产出具一份公证书,载明周某左、蔡某、陈某玉委托周某代为办理系争房屋交易的相关事宜。该公证书后被上海市国信公证处确认系伪造。上海市浦东新区房地产登记处于2012年3月30日受理了系争房屋的过户事宜,2012年4月16日,该房屋过户至案外人夏某华、沈某芳、夏某豪名下。这期间的2012年4月9日,系争房屋的抵押被注销。上海市嘉定区人民法院一审认为:被告汉宇地产作为专业的房屋中介机构,在进行居间服务时应尽到必要的、审慎的审查、核实义务,如核实房源信息、核实卖房人的身份信息、判断交易过程中的合理性等。买房人对于房屋交易也负有注意义务。本案中,汉宇地产虽进行了一定的调查、核实,但未就系争房屋是否存在一房二卖、公证书是否系伪造等事宜进行调查核实,导致原告李某东定金损失。李某东也未依约将定金交予汉宇地产保管,而是将定金直接支付于周某,也未对公证书的真实性尽到注意义务,导致定金无法追回。双方在此过程中均有过错,应各自承担相应的责任。周某已被判处刑罚,并被责令退赔犯罪所得,结合李某东、汉宇地产双方的过错程度,确定汉宇地产在3万元的数额范围内承担补充赔偿责任。双方均不服一审判决,向上海市第二中级人民法院提起上诉。上海市第二中级人民法院二审认为:本案二审主要争议在于汉宇地产承担补充赔偿责任的范围,对此应综合本案案情予以判定。汉宇地产经办本案居间业务的工作人员不具备经纪人资格,未认真核查系争房屋已被出卖情况,未严格按照合同约定履行定金保管义务,使案外人周某得以实施诈骗,继而造成李某东损失。综合前述情况,李某东提出汉宇地产在10万元范围内承担补充赔偿责任,尚属合理,可予支持,对一审判决作相应调整。在房屋买卖居间活动中,中介公司(居间人)对于受托事项及居间服务应承担符合专业主体要求的注意义务,注重审查核实与交易相关的主体身份、房产权属、委托代理、信用资信等证明材料的真实性。中介公司因未尽必要的注意义务而未能发现一方提供的相关材料存在重大瑕疵、缺陷,使另一方受欺诈、遭受损失的,应根据其过错程度在相应的范围内承担赔偿责任。

4.何时可以申请赔偿房屋差价的问题

《广东省高级人民法院全省民事审判工作会议纪要》(粤高法〔2012〕240号)第11条规定,商品房买卖合同签订后,政府部门出台限购限贷政策的,人民法院应查明买受人是否属于限购或限贷范围。确因限购限贷政策无法办理房屋所有权变更登记,或者不能订立商品房担保贷款合同并导致商品房买卖合同不能继续履行,当事人请求解除合同的,人民法院可参照《最高人民法院关于审理商品房买卖合同纠纷案件适用法律若干问题的解释》第19条的规定予以支持。在本案中,由于申请人本身不具备购房资格,所以即使第一被申请人未出现违约情况,申请人也无法购买房屋,属于申请人自身原因导致,所以在本案中,申请人无法获得房屋差价的赔偿。

在实践中，什么情况下买受人可以获得房屋差价的赔偿？广东省高级人民法院在庞某文、欧某豪诉蔡某波缔约过失责任纠纷案[（2014）粤高法民一申第69号]的民事裁定中认为，原《合同法》第42条规定："当事人在订立合同过程中有下列情形之一，给对方造成损失的，应当承担损害赔偿责任：（一）假借订立合同，恶意进行磋商；（二）故意隐瞒与订立合同有关的重要事实或者提供虚假情况；（三）有其他违背诚实信用原则的行为。"第58条规定："合同无效或者被撤销后，因该合同取得的财产，应当予以返还；不能返还或者没有必要返还的，应当折价补偿。有过错的一方应当赔偿对方因此所受到的损失，双方都有过错的，应当各自承担相应的责任。"从鼓励交易、维护诚实信用原则出发，缔约过失责任的赔偿范围不应仅限于缔约发生的费用，而应当以对方缔约过失造成的损失为准，包括缔约合同时支出的费用，由于对方违反合同义务而受到的损失，以及因对方过失丧失订约机会而受到的损失。就本案而言，出于对庞某文的信赖，蔡某波与庞某文签订房屋买卖合同，在合同被法院确认无效且双方均存在过错的情况下，二审法院根据鉴定机构对房屋在2011年5月时的价值作出的鉴定结论，将房屋的差价损失列入合同无效过错赔偿范围，判决由庞某文、蔡某波各承担房屋差价损失的50%，并无不当，本院予以维持。也就是说，在一方当事人违反诚实信用原则，具有缔约过失责任的情况下，另一方当事人可以主张可得利益的损失，可得利益的损失包括房屋的差价。

二、法律实务操作

（一）重点难点问题

1. 中介服务的概念和特点

《民法典》第961条规定："中介合同是中介人向委托人报告订立合同的机会或者提供订立合同的媒介服务，委托人支付报酬的合同。"因此中介是中介人向委托人报告订立合同的机会或者提供订立合同的媒介服务，委托人支付报酬的一种制度。中介人是为委托人与第三人进行民事法律行为报告信息机会或提供媒介联系的中间人。中介合同的特征如下。

（1）中介合同标的是行为，具有中介性。中介合同的目的是中介人为委托人提供服务，这种服务表现为报告订约的机会，为订约提供媒介。报告订约机会是指中介人受委托人的委托，寻觅及指示可与委托人订立合同的相对人，从而为委托人订约提供机会。为订约提供媒介是指介绍双方当事人订立合同，斡旋于双方当事人之间，从而促成双方的交易，所以说中介合同的标的是行为。在中介人为委托人报告订约机会或为订约提供媒介的过程中，中介人既不代表委托人，也不代表相对人，他不是交易任何一方的代理人。中介人不直接参与交易双方的谈判，在决定交易双方权利义务的内容上并不体现中介人的意思,这些特征体现了中介合同的中介性。

(2)中介合同是独立有名合同。大多数国家的民商法典和民商法理论都承认中介合同是一种独立的典型合同。中介有利于促进交易,在民间大量存在,因此,合同法明确把中介合同规定为一种独立的有名合同。

(3)中介合同是有偿合同、诺成合同、不要式合同。中介合同中的委托人须向中介人给付报酬,作为对中介人报告订立合同的机会或者提供订立合同的媒介服务活动的报偿,中介人以收取从事中介活动的报酬为其营业;如果没有报酬,就不是中介合同,所以说中介合同是有偿合同。中介合同只要当事人双方的意思表示一致即可成立生效,不以当事人和现实交付为成立生效要件,所以中介合同为诺成合同。中介合同的成立也无须采用特定的形式,当事人可采用口头、书面形式,如果当事人约定不明确,应遵循有关商业习惯及其他以前合作形式的习惯,因此,中介合同是不要式合同。

(4)中介合同的中介报酬有不确定性。中介报酬的不确定性是指在中介合同中,委托人一方的给付义务的履行具有不确定性。在中介合同中,中介人的中介活动达到目的,委托人才负给付报酬的义务;而如果中介人的中介活动达不到目的,委托人不负给付报酬的义务。中介人的中介活动能否达到目的,委托人与第三人之间的交易能否成功,不是完全由中介人的意志决定的,而是有不确定性,中介活动或许成功,或许失败。因此,委托人的给付义务是否须履行也是不确定的。

2. 中介人的义务

(1)报告订约机会或者提供订立合同媒介的义务。中介人应当就有关订立合同的事项向委托人如实报告。

(2)忠实义务。中介人应当如实报告订立合同的有关事项和其他有关信息。

(3)偿付费用的义务。中介人未促成合同成立的,不得要求支付报酬,但可以要求委托人支付从事中介活动支出的费用。

(4)隐名和保密义务。在媒介中介中,如果当事人一方或双方指定中介人不得将其姓名或商号、名称告知对方,中介人就负有不将其姓名或商号、名称告知对方的义务,这就是隐名义务,这种中介又称为隐名中介或隐名媒介。是否允许公开自己的名称和姓名是中介合同当事人的权利,因此无论是委托人还是其交易相对人,都可以指定中介人不得将其姓名或名称告知其相对人。中介人在交易双方订立合同之中或之后都应履行隐名义务。中介人对在为委托人完成中介活动中获悉的委托人的商业秘密以及委托人提供的信息、成交机会、后来合同的订立情况等,应按照合同的约定保守秘密。中介人违反隐名和保密义务致使隐名当事人或委托人受损害的,应承担损害赔偿责任。

(5)介入义务。中介人的介入义务是指在隐名中介中,在一定情形下由中介人代替隐名当事人以履行辅助人的身份履行责任,并由中介人受领对方当事人所为的给付的义务。中介人承担介入义务与中介人的隐名义务是一致的,是为了保证隐名当事人保持交易秘密目的的最终实现。中介人仅在一定情形下负有介入义务,并不享有介入的权利。换言之,只有在保护隐名当事人利益的前提下,才有中介人的介入义务,而不存在中介人基于特定情形主张介入权利的问题。

3. 中介服务中服务提供方违约责任认定的法律依据

中介人通常是专业的中介机构,中介服务的接受者有理由信赖中介人提供的政策信息和服务,故中介服务的接受者因中介服务中的服务提供方所提供的信息错误而使合同实际履行不能的,显然属于违约行为。

《民法典》第962条规定:中介人应当就有关订立合同的事项向委托人如实报告。中介人故意隐瞒与订立合同有关的重要事实或者提供虚假情况,损害委托人利益的,不得要求支付报酬并应当承担赔偿责任。根据《民法典》第583条、第584条的规定,当事人一方不履行合同义务或者履行合同义务不符合约定的,在履行义务或者采取补救措施后,对方还有其他损失的,应当赔偿损失。损失赔偿额应当相当于因违约所造成的损失,包括合同履行后可以获得的利益;但是,不得超过违约一方订立合同时预见到或者应当预见到的因违约可能造成的损失。对违约责任没有约定或者约定不明确,依据《民法典》第151条的规定仍不能确定的,受损害方根据标的的性质以及损失的大小,可以合理选择请求对方承担修理、重作、更换、退货、减少价款或者报酬等违约责任。①

4. 仲裁程序中反请求的提出

反请求是在已经开始的仲裁程序中被申请人向仲裁机构提出的用来抵销和削弱对方请求或要求对方承担义务的独立请求。

(1)被申请人可以在仲裁程序中提出反请求。反请求应当满足3个条件:①基于申请人对申请仲裁的同一合同关系或法律关系。②被申请人针对申请人提出。③反请求所涉争议不同于仲裁请求所涉争议。

反请求最迟应在收到仲裁通知之日起60日内提交仲裁委员会。仲裁庭认为有正当理由的,可以适当延长此期限。

(2)提出反请求的手续。被申请人提出反请求时,应向仲裁庭提交书面反请求,并在其中写明具体的请求、反请求理由以及所依据的事实和证据,并附具有关的证明文件。书面反请求可以与答辩书同时提出或单独提出。书面反请求及其证明文件的份数应当是当事人和仲裁庭成员人数之和,以保证各方当事人、仲裁员和秘书局/处均能得到一份材料。

被申请人提出反请求的,应当按照仲裁委员会的仲裁费用表的规定预缴仲裁费。

① 参见《民法典》第582条。

被申请人可以对其反请求提出修改，但是仲裁庭认为其修改的提出过迟而影响仲裁程序正常进行的，可以拒绝接受其修改请求。

根据《中国国际经济贸易仲裁委员会仲裁规则》第16条的规定，①被申请人如有反请求，应自收到仲裁通知后45日内以书面形式提交。被申请人确有正当理由请求延长提交反请求期限的，由仲裁庭决定是否延长反请求期限；仲裁庭尚未组成的，由仲裁委员会仲裁院作出决定。②被申请人提出反请求时，应在其反请求申请书中写明具体的反请求事项及其所依据的事实和理由，并附具有关的证据材料以及其他证明文件。③被申请人提出反请求，应按照仲裁委员会制定的仲裁费用表在规定的时间内预缴仲裁费。被申请人未按期缴纳反请求仲裁费的，视同未提出反请求申请。④仲裁委员会仲裁院认为被申请人提出反请求的手续已完备的，应向双方当事人发出反请求受理通知。申请人应在收到反请求受理通知后30日内针对被申请人的反请求提交答辩。申请人确有正当理由请求延长提交答辩期限的，由仲裁庭决定是否延长答辩期限；仲裁庭尚未组成的，由仲裁委员会仲裁院作出决定。⑤仲裁庭有权决定是否接受逾期提交的反请求和反请求答辩书。⑥申请人对被申请人的反请求未提出书面答辩的，不影响仲裁程序的进行。

5. 仲裁程序中律师费的承担

我国法律、行政法规对诉讼、仲裁程序中律师费的承担没有直接、明确的规定，但是，相关法律关于公民、法人违反合同或者不履行其他义务应当承担相关法律责任的规定，实际是诉讼、仲裁程序中律师费的承担问题裁判的基本法律依据。例如，原《民法通则》第106条第1款、第2款规定："公民、法人违反合同或者不履行其他义务的，应当承担民事责任。公民、法人由于过错侵害国家的、集体的财产，侵害他人财产、人身的，应当承担民事责任。"原《民法总则》第176条规定："民事主体依照法律规定和当事人约定，履行民事义务，承担民事责任。"原《合同法》第107条规定："当事人一方不履行合同义务或者履行合同义务不符合约定的，应当承担继续履行、采取补救措施或者赔偿损失等违约责任。"第113条第1款规定："当事人一方不履行合同义务或者履行合同义务不符合约定，给对方造成损失的，损失赔偿额应当相当于因违约所造成的损失，包括合同履行后可以获得的利益，但不得超过违反合同一方订立合同时预见到或者应当预见到的因违反合同可能造成的损失。"《民法典》第577条规定："当事人一方不履行合同义务或者履行合同义务不符合约定的，应当承担继续履行、采取补救措施或者赔偿损失等违约责任。"原《侵权责任法》第3条规定："被侵权人有权请求侵权人承担侵权责任。"

上述法律规定的承担责任的方式均包括"赔偿损失"。

此外，仲裁庭支持败诉方承担胜诉方律师费用的依据是各仲裁委员会的仲裁规则。

2005年之前的《中国国际经济贸易仲裁委员会仲裁规则》有类似规定,仲裁庭有权在裁决书中裁定败诉方应当补偿胜诉方因办理案件所支出的部分合理的费用,但补偿金额最多不得超过胜诉方胜诉金额的10%。2005年的《中国国际经济贸易仲裁委员会仲裁规则》则取消了此10%的限额规定,其第46条规定:"(一)仲裁庭有权在仲裁裁决书中裁定当事人最终应向仲裁委员会支付的仲裁费和其他费用。(二)仲裁庭有权根据案件的具体情况在裁决书中裁定败诉方应当补偿胜诉方因办理案件而支出的合理的费用。仲裁庭裁定败诉方补偿胜诉方因办理案件而支出的费用是否合理时,应具体考虑案件的裁决结果、复杂程度、胜诉方当事人及/或代理人的实际工作量以及案件的争议金额等因素。"

2017年11月16日施行的《中国广州仲裁委员会仲裁规则》第74条第3款、第4款规定:"仲裁庭有权根据当事人的请求在裁决书中裁定败诉方补偿胜诉方因办理案件支出的合理费用(包括律师服务费、保全费、公证费等)。胜诉方要求败诉方承担其办理案件的律师服务费的,仲裁庭应当考虑案件的裁决结果、复杂程度、代理律师的实际工作量以及案件的争议金额等有关因素予以裁定。双方当事人约定了具体金额且有律师代理的,从其约定,但最多不超过胜诉金额的百分之十五;双方当事人没有约定的,对实际支出的律师服务费,支持的额度最多不超过胜诉金额的百分之十五。"

《深圳国际仲裁院仲裁规则》第64条第4款规定:"仲裁庭有权根据当事人的请求在裁决书中决定败诉方补偿胜诉方因办理案件支出的合理费用,包括但不限于律师费、保全费、差旅费、公证费和证人作证费用等。仲裁庭在确定上述费用时,应考虑案件的裁决结果、复杂程度、当事人或代理人的实际工作量以及案件的争议金额等有关因素。"

6.《民法典》对居间(中介)合同的修改

《民法典》对原《合同法》中居间合同的相关规定作出的修改主要有以下三个方面。

(1)由居间合同正式更名为中介合同

实践中从事居间活动的是中介服务机构,中介服务机构也一直被人们称为中介,为了便于人们的理解、使法律规定与实践更好的结合,《民法典》将居间合同改为中介合同。

(2)在条文中明确了必要费用需要有合同约定

原《合同法》第427条规定,居间人未促成合同成立的,不得要求支付报酬,但可以要求委托人支付从事居间活动支出的必要费用。《民法典》第964条规定,中介人未促成合同成立的,不得请求支付报酬;但是,可以按照约定请求委托人支付从事中介活动支出的必要费用。

《民法典》对原《合同法》中的关于中介合同请求必要费用的部分进行了修改,主要修改有两点。第一点:原《合同法》中规定的是居间人可以"要求"委托人支付从事居间活动支出的必要费用;而《民法典》规定的是中介人可以“请求”委托人支付从事中介活动支出的必要费用。“请求”相比“要求”来说权利更大,“要求”只能要求委托人支付必要费用,而“请求”包括人民法院判决支付,权利更有保障。第二点:相比原《合同法》的规定,《民法典》强调了必要费用的数额应该有合同的约定,其表述为“可以按照约定请求委托人支付从事中介活动支出的必要费用”,这样即使在中介人没有促成合同成立的情况下,其必要费用的请求权因为有合同的约定,也能避免不必要的纠纷。

(3)新增“禁止跳单”规定

《民法典》第965条规定,委托人在接受中介人的服务后,利用中介人提供的交易机会或者媒介服务,绕开中介人直接订立合同的,应当向中介人支付报酬。这条规定是《民法典》中新增的关于中介合同的比较亮眼的规定,其主要目的是避免不诚信的行为出现。诚实信用原则一直是民法中的“帝王条款”,所有的民事活动都应当遵循诚实信用原则,在中介合同中加入“禁止跳单”的规定无疑能够有效减少类似情况的发生,同时可以表明,在中介活动中,无论是中介人还是委托人,诚实信用是必须要做到的,诚实信用原则始终贯穿民事活动的方方面面。

7. 中介合同的识别问题

(1)如何认定中介合同和服务合同

合同的性质应当根据当事人在合同中的真实意思表示来确定,在判定合同是服务合同还是中介合同时,应该从合同内容来审查。在合同中,约定目的是希望另一方引荐投资者进行投资,约定内容是当事方介绍潜在投资者及协助进行准备工作,即当事方主要为另一方提供获取融资机会的报告及媒介,履行在订约双方当事人之间斡旋而达成融资事宜的义务。此时,虽然合同中有“服务”字眼,但是当事方既不是融资交易的双方当事人的一方或者其代理人,也不直接参与融资双方当事人的谈判、商洽活动,其只是起到中介作用而已,因此应当认定为中介合同。事实上,中介合同从广义上而言属于服务合同的一种,在所涉合同完全符合中国合同法上规定的有名合同的情况下,应当根据有名合同予以定性。

(2)如何区分中介合同和财务顾问合同

财务顾问合同是由财务顾问向企业或个人提供相应的顾问意见并由对方支付价金的合同。中介合同是中介人向委托人报告订立合同的机会或者提供订立合同的媒介服务,委托人支付报酬的合同。因此,两者在受托人的义务方面是不同的,财务顾问的义务是提供财务意见,中介人的义务是提供订立合同的机会。如果合同约定,一方不仅承担向对方担任财务顾问的义务,还需协助对方成功与第三人达成交易,那么该合同兼具财务顾问合同和中介合同的性质,其应当为中介及财务顾问合同。当一方不能举证履行工作义务,也无法证明促成合同成立时,不得要求支付报酬。

(3)网络交易中,提供计算机服务的网站与交易双方之间是否构成中介合同

在网络交易中,网站作为互动式计算机服务的提供者,一方面,根据与网上拍卖人的约定(具体表现为网上拍卖人的网络注册行为),有偿为网上拍卖人提供商品及价格展示的信息平台,另一方面,根据与竞拍人的约定(具体表现为竞拍人的网络注册行为),为竞拍人提供出卖人及其商品的信息,并根据双方买卖的合意情况,确认双方交易是否成交。拍卖成交的,网站即向双方发送买卖成交确认书以及对方的个人联系方式等信息,并从拍卖人处收取相应的报酬。因此,网站与交易双方之间构成中介合同关系,网站负有合同法所规定的中介人的义务,如应当就有关订立合同的事项向合同双方如实报告,不得故意隐瞒与订立合同有关的重要事实或者提供虚假情况等。如果违反这些义务,网站应当承担相应的法律责任。

(二)相关法律法规政策

1.《民法典》第500条(原《合同法》第42条)、第577条(原《合同法》第107条)、第580~584条(原《合同法》第110~113条)、第961条(原《合同法》第424条)、第962条(原《合同法》第425条)、第964条(原《合同法》第427条)、第965条。

2.《仲裁法》第27条。

3.《中国广州仲裁委员会仲裁规则》第74条。

4.《深圳国际仲裁院仲裁规则》第64条。

5.《城市房地产管理法》第57条。

6.《城市房地产中介服务管理规定》(2001年修正,已失效)第2条。

7.《经纪人管理办法》(2004年,已失效)第2条。

8.《最高人民法院关于适用〈中华人民共和国合同法〉若干问题的解释(一)》第26条。

9.《最高人民法院关于审理商品房买卖合同纠纷案件适用法律若干问题的解释》第19条。

10.《斯德哥尔摩商会仲裁院仲裁规则》第44条。

11.《美国仲裁协会国际仲裁规则》(2009年版)第31条。

12.《伦敦国际仲裁院仲裁规则》第28条。

13.《联合国国际贸易法委员会仲裁规则》第38条、第40条。

14.《中国国际经济贸易仲裁委员会仲裁规则》第15条、第46条、第52条。

15.《新加坡国际仲裁中心仲裁规则》(2016年版)第37条。

16.《广东省高级人民法院全省民事审判工作会议纪要》(粤高法〔2012〕240号)第11条。

(三)思考与实践问题

1. 仲裁程序中提出反请求应满足哪些条件?

2. 仲裁程序中提出反请求需办理哪些手续?

3. 简述中介服务中违约责任认定的法律依据。

4. 委托人的什么行为属于“跳单”?

相关参考文献

陈喻伟、陈喆:《中介合同效力认定与解除的归责原则分析》,载《中国律师》2020年第9期。

冯国鸿:《关于仲裁审理房产中介居间合同纠纷案件中的若干法律问题的调研报告(上)》,载《仲裁研究》2011年第4期。

王蕾:《居间合同中委托人向第三人告知交易信息　并成功缔约应当认定为“跳单”》,载《江苏经济报》2020年12月30日,B03版。

冯国鸿:《关于仲裁审理房产中介居间合同纠纷案件中的若干法律问题的调研报告(下)》,载《仲裁研究》2012年第1期。

案例十六　甲公司与某保险公司保险合同理赔金纠纷仲裁案

保险合同是当前司法诉讼和仲裁领域中较为常见的民商事案件，本案通过对现实保险合同纠纷案例焦点问题的分析和对保险关系关键要素的梳理，准确把握工伤责任与民事侵权责任之间的联系与区别，扩展读者对保险合同领域法律风险防范内容的学习。

一、案例研判

（一）基本案情

2018 年 10 月 24 日，甲公司在某保险公司分别花费 2430 元以及 17,900 元为一辆搅拌车购买了机动车交通事故责任强制保险和机动车商业保险，某保险公司向甲公司出具了《机动车交通事故责任强制保险保险单》（以下简称《交强险保单》）和《机动车商业保险保险单》（以下简称《商业险保单》）。

根据《交强险保单》和《商业保险单》的约定，被保险人为甲公司，被保险机动车是一辆搅拌车；在被保险机动车发生交通事故时，某保险公司承担死亡伤残赔偿的限额是 11 万元，若该机动车在交通事故中没有责任，则某保险公司承担死亡伤残赔偿限额为 11,000 元；商业险承保的险种包括机动车损失保险、第三者责任保险以及车上人员责任险。保险期限自 2018 年 10 月 25 日 0 时起至 2019 年 10 月 24 日 24 时止；同时两份保单中都约定，若双方对保险合同或由该合同引发的其他问题产生争议，则提交 A 市仲裁委员会仲裁解决。

《交强险保单》背面还附有《机动车交通事故责任强制险保险条款》。该条款第 8 条约定：死亡伤残赔偿限额和无责任死亡伤残赔偿限额项下负责赔偿丧葬费、死亡补偿费、受害人亲属办理丧葬事宜支出的交通费用、残疾赔偿金、残疾辅助器具费、护理费、康复费、交通费、被扶养人生活费、住宿费、误工费、被保险人依据法院判决或调解承担的精神损害抚慰金。

2019 年 8 月 1 日 10 时左右,申请人的司机何某驾驶申请人所有的涉案车辆在甲公司搅拌站因操作不规范碰撞行人蔡某,造成蔡某受伤,随后蔡某经医院抢救无效后死亡。根据交警部门的事故责任认定,何某承担事故的全部责任,蔡某无责任。事故发生前,蔡某已在广州居住 1 年以上,且有固定收入。

2019 年 8 月 2 日,甲公司(甲方)与受害人蔡某的配偶、子女签订《赔偿协议书》,约定由甲方支付 140 万元给乙方,作为蔡某死亡的全部补偿,该补偿包括但不限于死亡补偿费、抚慰金、生活补助金、交通费等。赔偿第三者家属后,甲公司向某保险公司提出理赔申请,但双方对理赔金金额协商不成产生纠纷,甲公司遂向 A 市仲裁委员会提请仲裁,请求裁决某保险公司依照保险合同约定履行保险理赔金支付的义务。某保险公司抗辩称,本案保险标的是被保险人承担的人身损害赔偿责任,而非工伤赔偿责任;此外,蔡某是甲公司员工,不属于第三者责任险中的第三者,因此无须向甲公司支付理赔金。案件审理过程中,某保险公司发现此次案件的其中一名仲裁员是甲公司法定代表人的大学舍友,便提出回避申请。仲裁委员会主任受理了该申请,但某保险公司没有提供证据证明回避事由的存在,仲裁委员会主任审查后认为不存在被申请人提出的情形,遂作出不予回避的决定。

(二)焦点分析

1. 被害人发生的交通事故被认定为工伤,能否成为免除保险人保险责任的理由

我国原《合同法》第 60 条第 1 款规定,"当事人应当按照约定全面履行自己的义务"。首先,根据合同法理论,合同具有相对性,保险合同是基于保单形成的合同关系,投保人或被保险人有权依此主张权利,请求保险人承担保险责任;其次,《最高人民法院关于审理人身损害赔偿案件适用法律若干问题的解释》第 3 条规定:"依法应当参加工伤保险统筹的用人单位的劳动者,因工伤事故遭受人身损害,劳动者或者其近亲属向人民法院起诉请求用人单位承担民事赔偿责任的,告知其按《工伤保险条例》的规定处理。因用人单位以外的第三人侵权造成劳动者人身损害,赔偿权利人请求第三人承担民事赔偿责任的,人民法院应予支持。"该规则规定的是劳动者或者其近亲属与用人单位、赔偿权利人与侵权人之间的赔偿责任,并不能免除保险人的保险责任。两者虽然基于同一损害事实,但存在于两个不同的法律关系之中,互不排斥。基于工伤事故的发生,劳动者与用人单位之间形成工伤保险赔偿关系。而基于侵权事实的存在,受伤职工作为被侵权人,与侵权人之间形成侵权之债的法律关系。

受伤职工有权要求用人单位按工伤保险标准赔偿,也有权要求用人单位按人身损害标准赔偿承担民事侵权责任。本案中,蔡某配偶、子女与甲公司按人身损害民事赔偿标准签订了《赔偿协议书》。依据原《侵权责任法》的规定,在一般情况下,被保险人依法对第三者的赔偿责任本质是一种侵权责任;同时根据《保险法》第 65 条第 1 款"保险

人对责任保险的被保险人给第三者造成的损害,可以依照法律的规定或者合同的约定,直接向该第三者赔偿保险金”的规定,交强险是以被保险人对第三者依法应负的赔偿责任为保险标的的保险。第三者责任险是以被保险人使用被保险机动车对第三方造成损害后依法应负的侵权损害赔偿责任为承保标的的保险。甲公司在某保险公司购买了交强险和第三者责任险,因此其承担赔偿责任后,有权根据保险合同关系要求某保险公司在承保范围内进行理赔。依此,被害人发生事故被认定为工伤并不能成为免除保险人保险责任的理由。

2.受害人是否属于案涉保险合同的第三人

机动车商业险的基本险包括第三者责任险、车辆损失险、全车盗抢险、车上人员责任险共4个;附加险包括玻璃单独破碎险、车身划痕损失险、自燃损失险、不计免赔率特约条款等。其中,第三者责任险是以被保险人对第三者依法应负的赔偿责任为保险标的的保险。中国人民财产保险股份有限公司《机动车第三者责任保险条款》(以下简称《保险条款》)第4条规定:保险期限内,被保险人或其允许的合法驾驶人在使用被保险机动车过程中发生意外事故,致使第三者遭受人身伤亡或财产直接损失,依法应当由被保险人承担的损害赔偿责任,保险人依照本保险合同的约定,对于超过机动车交通事故责任强制保险各分项赔偿限额以上的部分负责赔偿。

本案中甲公司司机何某在搅拌站内因操作不规范碰撞了同为公司员工的蔡某。某保险公司抗辩称甲公司是交强险和第三者责任险的被保险人,而蔡某是甲公司的员工,也应被认定为被保险人,因此不属于第三者责任险中的第三者,某保险公司不承担第三者责任险范围内的赔偿责任。

根据合同相对性原则,订立合同并享有权利和承担义务的人为合同当事人,合同当事人以外的人为第三人。实践中机动车辆的所有人或者管理人既是机动车第三者责任险的投保人,也是机动车第三者责任险的被保险人。因此,学界通常认为机动车第三者责任险合同中的保险人是第一者,被保险人(投保人)是第二者,除保险人与被保险人之外的人都是机动车第三者责任险合同所指的第三者。但并不是所有保险人和被保险人(投保人)以外的人都会基于第三者责任险合同的存在而同保险人及被保险人发生联系,而是那些在意外事故中遭到保险机动车辆损害要求被保险人给予赔偿的人。对此,《保险条款》第3条明确规定本保险合同中的第三者是指因被保险机动车发生事故遭受人身伤亡或者财产损失的人,但不包括投保人、被保险人、保险人和保险事故发生时被保险机动车本车上的人员。依据我国《保险法》的相关规定,免除保险公司责任的条款必须以明示的方式在保险合同中约定,并向投保人作出提示说明,若不作出提示说明,则不能随意免除自身责任。交通事故受害者是被保险公司雇员的情形并不免除保险公司的保险责任。

因此,本案中,甲公司的员工蔡某属于第三者责任险中的“第三者”。甲公司向受害者蔡某承担人身损害赔偿责任后,有权在第三者责任险的保险范围内要求某保险公司支付理赔金。

3. 如何认定本案的侵权责任主体及人身损害赔偿数额

原《侵权责任法》第 6 条规定:“行为人因过错侵害他人民事权益,应当承担侵权责任。根据法律规定推定行为人有过错,行为人不能证明自己没有过错的,应当承担侵权责任。”[①]本案中甲公司的搅拌车司机何某操作搅拌车不规范撞倒蔡某,导致蔡某受伤,后经抢救无效死亡。若根据原《侵权责任法》第 6 条的规定,司机是对蔡某生命健康权造成损害的直接侵权人,则应由其承担侵权责任。但司机何某是甲公司的员工,且事发时正处于上班期间,司机何某驾驶搅拌车也是出于执行工作任务的需要,这符合原《侵权责任法》第 34 条第 1 款“用人单位的工作人员因执行工作任务造成他人损害的,由用人单位承担侵权责任”的法定情形。所以应该由用人单位即甲公司承担侵权责任。《民法典》第 1191 条第 1 款将该条修改为“用人单位的工作人员因执行工作任务造成他人损害的,由用人单位承担侵权责任。用人单位承担侵权责任后,可以向有故意或者重大过失的工作人员追偿”。本案若发生在《民法典》实施之后,则甲公司还可向有重大过失的何某追偿。

保险是分摊意外事故的一种财务安排,也是风险管理的一种方法。《最高人民法院关于审理道路交通事故损害赔偿案件适用法律若干问题的解释》第 13 条第 1 款规定:“同时投保机动车第三者责任强制保险(以下简称交强险)和第三者责任商业保险(以下简称商业三者险)的机动车发生交通事故造成损害,当事人同时起诉侵权人和保险公司的,人民法院应当依照民法典第一千二百一十三条的规定,确定赔偿责任。”具体到本案,甲公司于 2018 年在某保险公司为涉案搅拌车购买了机动车交通事故责任强制保险和机动车商业保险,何某在驾驶该搅拌车的过程中,因自身过错发生交通事故,则某保险公司应该在其承保的范围内,按照《最高人民法院关于审理道路交通事故损害赔偿案件适用法律若干问题的解释》第 13 条的规定予以赔偿。

原《侵权责任法》第 16 条规定,“侵害他人造成人身损害的,应当赔偿医疗费、护理费、交通费等为治疗和康复支出的合理费用,以及因误工减少的收入。造成残疾的,还应当赔偿残疾生活辅助具费和残疾赔偿金。造成死亡的,还应当赔偿丧葬费和死亡赔

---

① 此条现为《民法典》第 1165 条第 1 款,修改为:“行为人因过错侵害他人民事权益造成损害的,应当承担侵权责任。”

偿金”①。医疗费、交通费、误工费等应以实际损失计算，而具体的丧葬费和死亡赔偿金应按照《最高人民法院关于审理人身损害赔偿案件适用法律若干问题的解释》第 15 条“死亡赔偿金按照受诉法院所在地上一年度城镇居民人均可支配收入标准，按二十年计算”的规定以及第 14 条“丧葬费按照受诉法院所在地上一年度职工月平均工资标准，以六个月总额计算”的规定计算。本案中，受害者蔡某在事故发生前已经在广州市连续居住了 1 年以上，因此，其死亡赔偿金应该按照城镇居民的标准计算，且交通事故发生在 2019 年 8 月 1 日，应适用广东省 2019 年的赔偿标准。广东省高级人民法院于 2019 年 7 月 31 日发布《广东省 2019 年度人身损害赔偿计算标准》，该标准载明：(1)2018 年全省城镇居民人均可支配收入(一般地区)为 42,066 元；(2)2018 年全省国有单位在岗职工年平均工资(一般地区)为 106,579 元。

至此，本案对蔡某的人身损害赔偿金额应包括：(1)死亡赔偿金 841,320 元[以 2018 年全省城镇居民人均可支配收入(一般地区)42,066 元/年为标准，按 20 年计算，为 42,066 元/年 ×20 年 =841,320 元]；(2)丧葬费 53,289.50 元[以 2018 年全省国有单位在岗职工年平均工资(一般地区)106,579 元/年为标准，按 6 个月计算，为 106,579 元/年 ×0.5 年 =53,289.50 元]；(3)精神损害抚慰金仲裁庭酌定为 11,000 元；(4)误工费仲裁庭酌定为 1260 元；(5)交通费为 3000 元。

(三)案例评析

本案中某保险公司将“本案保险标的是被保险人承担的人身损害赔偿责任，而非工伤赔偿责任，以及周某是甲公司员工，不属于第三者责任险中的第三者”作为抗辩理由，那么受害者被认定为工伤是否能免除保险公司的保险责任？

在江苏省高级人民法院审理的孙某女、陈某庆等与许某东、江苏茉织华服饰集团有限公司等机动车交通事故责任纠纷案[(2020)苏民二再 119 号]中：茉织华公司员工许某东驾驶大型普通客车时，与驾驶电动自行车的茉织华公司员工曹某英剐蹭，致曹某英受到大型普通客车后轮挤压受伤，后经医院抢救无效死亡。肇事机动车辆为茉织华公司所有，且该车在太平洋财保盐城公司投有交强险和 100 万元不计免赔第三者责任商业险。事故后，受害者家属要求茉织华公司承担赔偿责任，太平洋财保盐城公司在交强险和 100 万元不计免赔第三者责任商业险范围内进行赔偿，茉织华公司向受害者赔偿 45 万余元后，也要求太平洋财保盐城公司支付理赔金，但太平洋财保盐城公司以此次事故属于工伤事故，应由茉织华公司承担工伤保险责任，按《工伤保险条例》处理为由

① 此条现为《民法典》第 1179 条：“侵害他人造成人身损害的，应当赔偿医疗费、护理费、交通费、营养费、住院伙食补助费等为治疗和康复支出的合理费用，以及因误工减少的收入。造成残疾的，还应当赔偿辅助器具费和残疾赔偿金；造成死亡的，还应当赔偿丧葬费和死亡赔偿金。”增加了“营养费、住院伙食补助费”的规定。

进行抗辩。

关于太平洋财保盐城公司所主张的认定工伤后应按《工伤保险条例》处理，其无须再支付人身损害赔偿金的问题，最高人民法院认为：工伤待遇请求权是《中华人民共和国社会保险法》（以下简称《社会保险法》）规定的劳动者发生工伤后，向社会保险机构请求工伤保险待遇的请求权，属于劳动法领域的请求权。而人身损害赔偿请求权是平等民事主体之间因侵权行为而产生的人身损害赔偿请求权。两者在权利义务主体的关系、请求权基础、权利性质等方面均有显著区别。就人身利益而言，两种请求权也不存在请求权选择性竞合的问题。在法律性质上因同一事故产生的两项请求权于人身利益的范围内可以并存。《最高人民法院关于审理人身损害赔偿案件适用法律若干问题的解释》第3条第1款规定："依法应当参加工伤保险统筹的用人单位的劳动者，因工伤事故遭受人身损害，劳动者或者其近亲属向人民法院起诉请求用人单位承担民事赔偿责任的，告知其按《工伤保险条例》的规定处理。"其主要目的在于避免用人单位因侵权行为（实际）承担损害赔偿责任。每一特定的法律制度都存在相应的合理边界，对保险公司的责任限制并不属于该规定保护的利益范围。该规定只强调用人单位免于实际支付相应的赔偿款，但无论是通过文义解释还是通过目的解释，均不能得出该规定意味着受害人的损害赔偿请求权已经消灭的结论，也非旨在免除其他民事主体的责任。

该案中，太平洋财保盐城公司以工伤事故应按《工伤保险条例》处理，其不应进行赔偿为由提出抗辩，但对受害者曹某英的人身损害赔偿额能被太平洋财保盐城公司的交强险和商业第三者责任险涵盖，用人单位即茉织华公司无须实际承担侵权损害赔偿责任，这符合《最高人民法院关于审理人身损害赔偿案件适用法律若干问题的解释》第3条的规范目的。太平洋财保盐城公司以该规定否认茉织华公司的侵权损害赔偿责任，进而主张免除其保险责任的抗辩理由不能成立，太平洋财保盐城公司应当在交强险和第三者责任险范围内赔偿申请人的损失。

关于案件审理阶段"某保险公司提出回避申请，仲裁委员会主任以某保险公司无证据证明回避情形存在为由作出不予回避决定"的问题，《仲裁法》明确规定了仲裁时应回避的情形以及回避的程序。根据《仲裁法》第34条，仲裁员有下列情形之一的，必须回避，当事人也有权提出回避申请：（1）是本案当事人或者当事人、代理人的近亲属；（2）与本案有利害关系；（3）与本案当事人、代理人有其他关系，可能影响公正仲裁的；（4）私自会见当事人、代理人，或者接受当事人、代理人的请客送礼的。

这4种情形与《民事诉讼法》第47条规定的审判员应当回避的情形基本相同。只不过《民事诉讼法》第47条的前3款规定还可扩展适用于书记员、翻译人员、鉴定人和勘验人。申请仲裁员回避是当事人享有的一项重要权利，也是保证仲裁员独立公正的重要保障。当事人应积极正当地行使这一权利。上述法律规定的利害关系在实践中包含的范围较广,如与当事人有直系血亲、三代以内旁系血亲及姻亲关系的,同班同学关系,较密切的师生关系,在庭审中表现出来的偏向等均有可能导致仲裁员被回避。而与本案当事人或其代理人有其他关系,可能影响公正仲裁的"其他关系"是指:(1)对于承办的案件事先提供过咨询的;(2)现任当事人的法律顾问或代理人,或曾任当事人的法律顾问且离任不满两年的;(3)兼职仲裁员与当事人或其代理人在同一单位工作,或曾在同一单位工作且离开不满两年的;(4)为本案当事人推荐、介绍代理人的;(5)担任过与本案有关联案件的证人、鉴定人、勘验人、辩护人和代理人的;(6)私自会见当事人或其代理人,或者接受当事人或其代理人的请客送礼的;(7)其他可能影响公正仲裁的情形。

本案中,某保险公司认为其中一名仲裁员与甲公司的法定代表人是大学舍友,存在利害关系,有权申请该仲裁员回避,但应提供证据予以证明。若无法证明回避事由的存在,则仲裁委员会主任可以驳回某保险公司的回避申请。但从仲裁员的职业道德和行为规范方面出发,该名可能存在利害关系的仲裁员应该主动回避,以维护仲裁员独立、公正、廉洁的正面形象,提高仲裁裁决的权威性。若该案件裁决作出后,某保险公司搜集到证据证明甲公司法定代表人与仲裁员系大学舍友,则可以仲裁庭的组成违反法定程序为由,向仲裁委员会所在地的中级人民法院申请撤销此次裁决。

除此之外,回避的提出时间和决定程序都应遵循法律规定。关于提出时间,《仲裁法》第35条规定:"当事人提出回避申请,应当说明理由,在首次开庭前提出。回避事由在首次开庭后知道的,可以在最后一次开庭终结前提出。"《中国广州仲裁委员会仲裁规则》第33条第3款、第4款还补充规定,"当事人申请仲裁员回避的,应当以书面形式向本会提出,说明回避的理由,并提供相关证据""当事人以仲裁员依照第三十二条规定所披露的事项为由要求仲裁员回避的,应当在知悉披露事项后五日内以书面形式向本会提出。逾期未申请回避的,不得以仲裁员已披露的事项为由申请该仲裁员回避"。本案中,某保险公司是在开庭后审理过程中发现甲公司与仲裁员可能存在的利害关系,其在开庭终结前提出回避申请,符合法律规定。

关于回避决定的作出,《仲裁法》第36条规定,"仲裁员是否回避,由仲裁委员会主任决定;仲裁委员会主任担任仲裁员时,由仲裁委员会集体决定"。本案中,仲裁委员会主任收到某保险公司的回避申请并进行审理后作出决定的行为是正确的。

二、法律实务操作

(一)重点难点问题

1. 保险的概念

保险是投保人根据合同约定,向保险人支付保险费,保险人对于合同约定的可能发生的事故因其发生所造成的财产损失承担赔偿保险金责任,或者被保险人死亡、伤残、疾病或者达到合同约定的年龄、期限等条件时承担给付保险金责任的商业保险行为。

从经济角度看,保险是分摊意外事故损失的一种财务安排;从法律角度看,保险是一种合同行为,是一方同意补偿另一方损失的一种合同安排;从社会角度看,保险是社会经济保障制度的重要组成部分,是社会生产和社会生活“精巧的稳定器”;从风险管理角度看,保险是风险管理的一种方法。

(1)保险合同涉及的主体

保险主体就是保险合同的主体,只包括投保人与保险人。被保险人、受益人、保单所有人,除非与投保人是同一人,否则都不是保险主体。

投保人是与保险人订立保险合同,并按照保险合同负有支付保险费义务的人。投保人可以是自然人也可以是法人,但必须具有民事行为能力。

保险人又称“承保人”,是与投保人订立保险合同,并承担赔偿或者给付保险金责任的保险公司。在中国有股份有限公司和国有独资公司两种形式。保险人是法人,公民个人不能作为保险人。

被保险人是根据保险合同,其财产利益或人身受保险合同保障,在保险事故发生后享有保险金请求权的人。投保人往往同时就是被保险人。

受益人是人身保险合同中由被保险人或者投保人指定的享有保险金请求权的人,投保人、被保险人可以为受益人。如果投保人或被保险人未指定受益人,则他的法定继承人为受益人。

保单所有人是拥有保险利益所有权的人,很多时候是投保人、受益人,也可以是保单受让人。

(2)保险合同涉及的概念

保险合同,是投保人与保险人约定保险权利义务的协议。

保险标的,即保险对象,人身保险的标的是被保险人的身体和生命,而广义的财产保险是以财产及其有关经济利益和损害赔偿责任为保险标的的保险,其中,财产损失保险的标的是被保险的财产,责任保险的标的是被保险人所要承担的经济赔偿责任,信用保险的标的是被保险人的信用导致的经济损失。

2. 保险法律关系的构成要件

保险合同是一项民事行为,而且是一项合同行为,因此,保险合同不仅受保险法的调整,还受民法和合同法的调整,保险合同的成立一定要符合民事法律行为的要件和合同的成立要件。《民法典》第471条规定:“当事人订立合同,可以采取要约、承诺方式或者其他方式。”《保险法》第13条第1款规定:“投保人提出保险要求,经保险人同意承保,保险合同成立。保险人应当及时向投保人签发保险单或者其他保险凭证。”

依照这些规定,构成保险法律关系,应当同时具备以下几个基本条件:(1)保险人必须是经中国保险监督管理机构批准设立,并依法登记注册的商业保险公司,包括直接保险公司和再保险公司;(2)投保人提出保险要求;(3)保险人同意承保;(4)保险人与投保人就合同的条款达成协议。

3. 工伤保险金与人身损害赔偿金的关系

(1)从法律的规范价值分析

工伤保险属于社会保险,是劳动者在工作中或在规定的特殊情况下,遭受意外伤害或患职业病导致人身伤害,劳动者或其遗属从国家和社会获得物质帮助的一种社会保险制度。劳动者的工伤保险待遇请求权源于我国公民的基本权利。国家尊重和保障人权,《中华人民共和国宪法》(以下简称《宪法》)第45条第1款规定:"中华人民共和国公民在年老、疾病或者丧失劳动能力的情况下,有从国家和社会获得物质帮助的权利。国家发展为公民享受这些权利所需要的社会保险、社会救济和医疗卫生事业。"可见,宪法赋予了公民获得社会保险的权利,这种宪法权利充分体现了国家对公民生命健康权益的高度尊重和重视,并具体体现在民法和社会法律规范中。宪法建构出一种基本的价值秩序:生命健康等人身权益具有优先的法律地位,其与财产权益不同,体现了人的尊严,是公民人格发展的基础,不能用金钱衡量。人身损害赔偿只是用财产赔偿的方式尽可能弥补侵权行为对受害人及其遗属造成的损失,恢复被侵权行为破坏的社会秩序,并非意味着生命健康等人身权益的物质化。《中华人民共和国安全生产法》(以下简称《安全生产法》)第56条、《中华人民共和国职业病防治法》(以下简称《职业病防治法》)第56条、《保险法》第46条等法律规定均贯彻和体现了宪法的这种价值秩序。因此,人身损害与财产损害存在显著区别,对人身损害的赔偿不受填平原则的限制,受害人不存在多重受偿的问题。

(2)从请求权的性质分析

工伤待遇请求权是《社会保险法》规定的劳动者发生工伤后,向社会保险机构请求工伤保险待遇的请求权,属于劳动法领域的请求权。其目的在于保障因工作遭受事故伤害或者患职业病的职工获得医疗救治和经济补偿,促进工伤预防和职业康复,分散用人单位的工伤风险。而人身损害赔偿请求权是平等民事主体之间因侵权行为产生的人身损害赔偿请求权,旨在矫正侵权行为导致的利益失衡状态,保护民事主体的人身财产权利。两者在权利义务主体的关系、请求权基础、权利性质等方面均有显著区别。

4. 人身损害赔偿标准

《民法典》第1179条规定,"侵害他人造成人身损害的,应当赔偿医疗费、护理费、交通费、营养费、住院伙食补助费等为治疗和康复支出的合理费用,以及因误工减少的收入。造成残疾的,还应当赔偿辅助器具费和残疾赔偿金;造成死亡的,还应当赔偿丧葬费和死亡赔偿金”。

(1)医疗费

具体医疗费的确定,根据《最高人民法院关于审理人身损害赔偿案件适用法律若干问题的解释》第6条:医疗费根据医疗机构出具的医药费、住院费等收款凭证,结合病历和诊断证明等相关证据确定。赔偿义务人对治疗的必要性和合理性有异议的,应当承担相应的举证责任。医疗费的赔偿数额,按照仲裁程序(一审法庭)辩论终结前实际发生的数额确定。器官功能恢复训练所必要的康复费、适当的整容费以及其他后续治疗费,赔偿权利人可以待实际发生后另行起诉。但根据医疗证明或者鉴定结论确定必然发生的费用,可以与已经发生的医疗费一并予以赔偿。

(2)误工费

具体误工费的确定,根据《最高人民法院关于审理人身损害赔偿案件适用法律若干问题的解释》第7条:误工费根据受害人的误工时间和收入状况确定。误工时间根据受害人接受治疗的医疗机构出具的证明确定。受害人因伤致残持续误工的,误工时间可以计算至定残日前一天。受害人有固定收入的,误工费按照实际减少的收入计算。受害人无固定收入的,按照其最近3年的平均收入计算;受害人不能举证证明其最近3年的平均收入状况的,可以参照受诉法院所在地相同或者相近行业上一年度职工的平均工资计算。

(3)护理费

具体护理费的确定,根据《最高人民法院关于审理人身损害赔偿案件适用法律若干问题的解释》第8条,即护理费根据护理人员的收入状况和护理人数、护理期限确定。护理人员有收入的,参照误工费的规定计算;护理人员没有收入或者雇佣护工的,参照当地护工从事同等级别护理的劳务报酬标准计算。护理人员原则上为1人,但医疗机构或者鉴定机构有明确意见的,可以参照确定护理人员人数。护理期限应计算至受害人恢复生活自理能力时止。受害人因残疾不能恢复生活自理能力的,可以根据其年龄、健康状况等因素确定合理的护理期限,但最长不超过20年。受害人定残后的护理,应当根据其护理依赖程度并结合配制残疾辅助器具的情况确定护理级别。

(4)交通费

具体的交通费根据《最高人民法院关于审理人身损害赔偿案件适用法律若干问题的解释》第9条的规定确定,“交通费根据受害人及其必要的陪护人员因就医或者转院治疗实际发生的费用计算。交通费应当以正式票据为凭;有关凭据应当与就医地点、时间、人数、次数相符合”。

(5)残疾赔偿金

具体残疾赔偿金的确定,根据《最高人民法院关于审理人身损害赔偿案件适用法律若干问题的解释》第 12 条:残疾赔偿金根据受害人丧失劳动能力程度或者伤残等级,按照受诉法院所在地上一年度城镇居民人均可支配收入标准,自定残之日起按 20 年计算。但 60 周岁以上的,年龄每增加 1 岁减少 1 年;75 周岁以上的,按 5 年计算。受害人因伤致残但实际收入没有减少,或者伤残等级较轻但造成职业妨害严重影响其劳动就业的,可以对残疾赔偿金作相应调整。

(6)丧葬费

具体丧葬费的确定,根据《最高人民法院关于审理人身损害赔偿案件适用法律若干问题的解释》第 14 条,"丧葬费按照受诉法院所在地上一年度职工月平均工资标准,以六个月总额计算"。

(7)死亡赔偿金

死亡赔偿金的确定,根据《最高人民法院关于审理人身损害赔偿案件适用法律若干问题的解释》第 15 条:"死亡赔偿金按照受诉法院所在地上一年度城镇居民人均可支配收入标准,按二十年计算。但六十周岁以上的,年龄每增加一岁减少一年;七十五周岁以上的,按五年计算。"同时,第 22 条第 1 款规定:"本解释所称'城镇居民人均可支配收入''城镇居民人均消费支出''职工平均工资',按照政府统计部门公布的各省、自治区、直辖市以及经济特区和计划单列市上一年度相关统计数据确定。"

"城镇居民"并不等同于"非农业人口"。"城镇居民"实际上是指城镇常住人口,即在城镇有固定的居所,在城镇居住,在城镇有固定的职业和稳定的收入及生活来源并且落户在城镇的人员;或者虽然未在城镇落户,但是已经在城镇居住、工作、生活并且达到一定期限的人员。所以,符合以上条件的人员均应被认定为"城镇居民"。是否属于"城镇居民"并不以或并不仅仅以户口或户籍为标志。"城镇居民"不仅包括户口登记为"非农业人口"的并且居住在城镇的人员;还包括居住在城市或小城镇的,户口登记为"自理口粮户口""蓝印户口""地方城镇居民户口""城中村"的人员以及虽然尚未在城镇落户,但是已在城镇居住、工作、生活并且达到一定期限的人员。2006 年 5 月 1 日,贵州省高级人民法院和贵州省公安厅联合下发了黔高法〔2006〕26 号文,其中第 34 条规定,"确定适用城镇或农村居民的赔偿标准时,一般应以受害人户籍登记地为原则,以经常居住地为例外。对于受害人户籍上虽登记为农村居民,但有证据证实发生交通事故时受害人已在城镇居住一年以上的,在计算赔偿数额时按城镇居民的标准对待"。山东省高级人民也以审判工作座谈会纪要的方式确定了"对于农村人口在城镇居住地至起诉时已连续居住一年以上的,可以按照城镇人口标准计算损害赔偿数额,对于实行城乡户口统一管理的地方,计算标准也可以统一适用城镇人口统计标准"。

中共中央、国务院提出改革人身损害赔偿制度以来,统一城乡居民赔偿标准的试点工作已在司法实践中展开。《民法典》第 1179 条、第 1180 条虽未明确提出同命同价的要求,但应理解为同命同价的死亡赔偿制度。《民法典》第1180条规定:“因同一侵权行为造成多人死亡的,可以以相同数额确定死亡赔偿金。”随着《民法典》的实施和试点工作经验的总结,我国交通事故死亡赔偿同命不同价的问题终将成为历史。

5. 精神损害抚慰金

(1)精神损害抚慰金请求依据

对基于侵权行为而提出精神损害赔偿的情形,我国《民法典》以及有关司法解释都作出了相应规定。《民法典》第1183条规定:“侵害自然人人身权益造成严重精神损害的,被侵权人有权请求精神损害赔偿。因故意或者重大过失侵害自然人具有人身意义的特定物造成严重精神损害的,被侵权人有权请求精神损害赔偿。”《最高人民法院关于确定民事侵权精神损害赔偿责任若干问题的解释》第1条规定:“因人身权益或者具有人身意义的特定物受到侵害,自然人或者其近亲属向人民法院提起诉讼请求精神损害赔偿的,人民法院应当依法予以受理。”《最高人民法院关于确定民事侵权精神损害赔偿责任若干问题的解释》(2001年版)第1条为:自然人因下列人格权利遭受非法侵害,向人民法院起诉请求赔偿精神损害的,人民法院应当依法予以受理:①生命权、健康权、身体权;②姓名权、肖像权、名誉权、荣誉权;③人格尊严权、人身自由权。违反社会公共利益、社会公德侵害他人隐私或者其他人格利益,受害人以侵权为由向人民法院起诉请求赔偿精神损害的,人民法院应当依法予以受理。

本案中蔡某因搅拌车司机何某的不规范操作而被撞倒受伤,后抢救无效死亡,受害者蔡某的家属可以基于《最高人民法院关于确定民事侵权精神损害赔偿责任若干问题的解释》第1条的规定向侵权人请求精神损害赔偿。此外,对于自然人死亡后,死者的精神性人格利益遭到侵害的,《最高人民法院关于确定民事侵权精神损害赔偿责任若干问题的解释》第3条作了具体规定:“死者的姓名、肖像、名誉、荣誉、隐私、遗体、遗骨等受到侵害,其近亲属向人民法院提起诉讼请求精神损害赔偿的,人民法院应当依法予以支持。”《最高人民法院关于确定民事侵权精神损害赔偿责任若干问题的解释》(2001年版)第3条还规定了提出请求权的范围:“自然人死亡后,其近亲属因下列侵权行为遭受精神痛苦,向人民法院起诉请求赔偿精神损害的,人民法院应当依法予以受理:(一)以侮辱、诽谤、贬损、丑化或者违反社会公共利益、社会公德的其他方式,侵害死者姓名、肖像、名誉、荣誉;(二)非法披露、利用死者隐私,或者以违反社会公共利益、社会公德的其他方式侵害死者隐私;(三)非法利用、损害遗体、遗骨,或者以违反社会公共利益、社会公德的其他方式侵害遗体、遗骨。”例如之前的“方志敏烈士名誉侵权案”,侵权人在网络上发布不实信息,诽谤方志敏名誉,方志敏的嫡孙方某清认为侵权人的行为造成了恶劣的社会影响,给方志敏烈士的亲属带来了精神伤害,便起诉要求侵权人公开道歉并赔偿精神损害抚慰金。

(2)精神损害抚慰金适用范围

根据《最高人民法院关于人民法院是否受理刑事案件被害人提起精神损害赔偿民事诉讼问题的批复》(法释〔2002〕17号,已失效)的精神,如果自然人的死亡是刑事犯罪行为引起的,无论是刑事附带民事诉讼还是刑事案件审结后另行提起的民事诉讼,对于精神损害赔偿,人民法院均不予受理。也就是说,精神损害必须是民事侵权行为引起的,这是我国法律目前对精神损害赔偿保护范围的规定。

(3)精神损害抚慰金请求权的让与或继承

精神损害抚慰金请求权原则上不能让与或继承,但赔偿义务人已经书面承诺给予金钱赔偿或者赔偿权利人已经向人民法院提起诉讼的除外。换句话说,受害人获得了赔偿义务人性质明确(精神损害赔偿)、数额具体的书面文件后,可以将其作为财产权让与他人,如果有继承的事由发生可以继承;或者受害人死亡前起诉精神损害赔偿可在生前转让,起诉后死亡的,其近亲属可以继承其精神损害赔偿请求权。司法实践中原来的诉讼中止,继承人参加诉讼;近亲属可以共同原告的身份申请参加诉讼或人民法院追加当事人。这样近亲属可能获得双重身份,既完成原来的诉讼,又提出自己新的诉讼请求,当然也包括近亲属自身的精神损害赔偿请求。

对于如何确定具体的精神损害赔偿数额,《最高人民法院关于确定民事侵权精神损害赔偿责任若干问题的解释》第5条规定,“精神损害的赔偿数额根据以下因素确定:(一)侵权人的过错程度,但是法律另有规定的除外;(二)侵权行为的目的、方式、场合等具体情节;(三)侵权行为所造成的后果;(四)侵权人的获利情况;(五)侵权人承担责任的经济能力;(六)受理诉讼法院所在地的平均生活水平”,删去了《最高人民法院关于确定民事侵权精神损害赔偿责任若干问题的解释》(2001年版)第10条第2款“法律、行政法规对残疾赔偿金、死亡赔偿金等有明确规定的,适用法律、行政法规的规定”的内容。

6. 对2021年修改后《最高人民法院关于审理人身损害赔偿案件适用法律若干问题的解释》第3条的理解

《最高人民法院关于审理人身损害赔偿案件适用法律若干问题的解释》第3条第1款规定:“依法应当参加工伤保险统筹的用人单位的劳动者,因工伤事故遭受人身损害,劳动者或者其近亲属向人民法院起诉请求用人单位承担民事赔偿责任的,告知其按《工伤保险条例》的规定处理。”

从规范目的分析,尽管在法律性质上,人身损害赔偿请求权和工伤保险待遇请求权并存不存在障碍,但这不代表受害人必然可以得到双重赔偿。法律如何处理两项请求权的关系,仍然取决于立法者采取何种立法政策。从比较法来看,世界各国在该问题上主要存在“择一选择模式”“取代模式”“兼得模式”“补充模式”等4种模式。其中,“取代模式”和“补充模式”是主流模式。除法律另有特殊规定外,我国采取的是“取代模式”,即以工伤保险取代侵权赔偿。劳动者遭受工伤事故后,只能请求工伤保险给付,而不能依侵权责任法的规定向用人单位请求损害赔偿。然而,任何一种立法模式必然有其特定的规范目的,包含特殊的制度利益。因此,对立法规范目的的探求和对制度利益的考察是准确理解和处理该类纠纷的关键。采取“取代模式”的主要原因在于,其有利于减轻用人单位责任、节约社会资源、协调劳资关系、维护社会稳定。在用人单位已经为劳动者缴纳了工伤保险费用的情况下,如果再让其承担侵权责任,将过分地增加用人单位的成本,这就违背了工伤保险创设的目的。

工伤保险的建立,在某种意义上是为了减轻雇主的责任并使其责任社会化。如果用人单位不仅要承担工伤保险费的缴纳义务,还可能因侵权行为支付损害赔偿,那么用人单位的工伤责任不仅没有因工伤保险制度的建立而减弱,反而进一步加重,这与创设工伤保险制度的目的严重背离。可见,《最高人民法院关于审理人身损害赔偿案件适用法律若干问题的解释》第3条规定的主要目的在于避免用人单位因侵权行为(实际)承担损害赔偿责任。

但由于我国工伤保险赔付标准低于民事赔偿标准,劳动者获得工伤赔偿后,仍可能就与民事赔偿标准不足的部分向人民法院起诉。对此,我国《安全生产法》第56条第2款规定:因生产安全事故受到损害的从业人员,除依法享有工伤保险外,依照有关民事法律尚有获得赔偿的权利的,有权提出赔偿要求。

可见,工伤赔偿后,劳动者依照民事法律尚有获得赔偿的权利的,人民法院应予以支持。

(二)相关法律法规政策

1.《宪法》第45条。

2.《民法典》第471条(原《合同法》第13条)、第509条(原《合同法》第60条)、第1165条(原《侵权责任法》第6条)、第1179条(原《侵权责任法》第16条)、第1180条、第1183条、第1191条(原《侵权责任法》第34条)、第1213条。

3.《仲裁法》第34条、第35条、第36条、第71条。

4.《保险法》第12条、第46条、第65条。

5.《民事诉讼法》第47条、第281条。

6.《安全生产法》第56条。

7.《职业病防治法》第56条。

8.《中国广州仲裁委员会仲裁规则》第33条。

9.《中国人民保险机动车辆第三者责任保险条款》第1条、第3条。

10.《最高人民法院关于审理人身损害赔偿案件适用法律若干问题的解释》(2012

年版)第12条、第29条。

11.《最高人民法院关于审理人身损害赔偿案件适用法律若干问题的解释》第3条、第6条、第7条、第8条、第9条、第12条、第14条、第15条、第22条。

12.《最高人民法院关于确定民事侵权精神损害赔偿责任若干问题的解释》(2001年版)第1条、第3条、第10条。

13.《最高人民法院关于确定民事侵权精神损害赔偿责任若干问题的解释》第1条、第3条、第5条。

14.《最高人民法院关于审理道路交通事故损害赔偿案件适用法律若干问题的解释》第13条。

15.《广东省高级人民法院关于印发〈广东省2019年度人身损害赔偿计算标准〉的通知》。

16.《贵州省高级人民法院、贵州省公安厅关于处理道路交通事故案件若干问题的指导意见(一)》第34条。

(三)思考与实践问题

1. 仲裁规则和仲裁法的关系如何?

2. 简述保险金额与保险价值的概念及二者的区别。

3. 回避制度的法定事由、方式和时限是什么?

4. 简述申请撤销仲裁裁决的情形。

相关参考文献

荆颖琼、刘晓辉:《被保险人与所有权人均为同一人的两车相撞是否属于机动车第三者责任险的赔付范围》,载《山东审判》2017年第2期。

马蒂、罗静:《交通事故人身损害赔偿竞合及其处理》,载《西南民族大学学报(人文社科版)》2020年第3期。

邢承木:《“统一城乡居民赔偿标准”标志时代进步》,载《人民法院报》2020年3月24日,第2版。

徐三桥:《仲裁员的披露与回避问题探讨》,载《商事仲裁与调解》2020年第3期。

案例十七　生物气化能源管理合同纠纷仲裁案

生物气化能源管理合同纠纷在诉讼和仲裁领域较为罕见，但其涉及的有关合同性质的认定和合同解除问题在民商事案件的诉讼和仲裁案件中十分普遍。本案还涉及政府政策改变对合同订立及履行的影响。本案的重点在于抓住涉案合同的核心。

一、案例研判

（一）基本案情

申请人某环保科技有限公司与被申请人某市生态工程股份有限公司于2016年11月18日签订了案涉《生物质气化能源管理合同》，约定申请人在被申请人处安装生物质气化设备并改造锅炉，被申请人使用申请人提供的蒸汽，申请人承包期限为2016年11月18日至2019年11月18日。

合同约定，办理政府相关手续时，申请人和被申请人任何一方造成的项目延误或终止，双方互不追究违约责任。环境影响评估（以下简称环评）及锅炉使用证办理由被申请人负责，申请人确保设计、供货和安装达到国家和行业相关标准。

申请人称其为被申请人改造的15吨锅炉顺利通过了环保局的测评。其后，在履行合同约定的10吨锅炉改造工程时，先是锅炉底座需要重新选址，然后申请人对锅炉的改造完成后，锅炉的使用证却一直办不下来，被申请人的环保测评也一直无法通过。

申请人请求解除双方签订的《生物质气化能源管理合同》，并裁决被申请人向申请人赔偿设备安装改造费用109万元，合同终止费200万元，律师费1万元。

被申请人答辩称，由于申请人严重违约，所以锅炉使用证无法办理以及案涉合同无法履行。第一，申请人改造的锅炉热效率未达到国家标准，导致无法办理锅炉使用证。改造后锅炉的热效率仅为72.45%，未达到规定的该类型锅炉热效率的限定值（80%）。第二，申请人改造的锅炉不符合国家和行业规定，导致无法办理锅炉使用证。根据某市大气质量提升计划等政策文件，“2013年起，新建、改建锅炉必须使用天然气或电等清洁能源（天然气管网未覆盖地区可采用柴油或液化石油气作为过渡燃料），否则不予办理特种设备使用登记证”。申请人改造的锅炉使用生物质能源，不符合使用天然气或电等清洁能源的要求。第三，申请人作为专业的生物质气化装置研发、生产、销售、安装单位，未尽到合理的注意义务。2017年2月13日，某市政府发布的《关于印发大气环境质量提升计划（2017年—2020年）的通知》已明确规定，“2017年底，全市燃气管网覆盖范围内柴油锅炉全部改用燃气或电，逐步淘汰生物质成型燃料及生物质气化锅炉”。申请人作为专业机构，应当关注相关政策的变化，并及时通知被申请人项目继续进行可能存在的风险。第四，申请人改造后的锅炉无法通过环评。申请人表示，仅能保证2016年12月26日至27日的检测通过，不能连续检测，连续检测会超标。另外，能否通过环评并非能否取得锅炉使用证的必要前提。

被申请人认为，己方在本案中已经尽到了涉案合同项下的义务，是申请人违约且未尽到合理的注意和通知义务，导致项目无法正常进行，请求驳回申请人的仲裁请求。

（二）焦点分析

本案涉及合同法相关问题。首先，要确定双方订立合同的性质，是供用热气合同还是承揽合同？其次，关于锅炉使用证未能办理导致合同无法履行的后果，应当归责于申请人还是被申请人？政府政策的变动对涉案合同的履行有哪些重大影响？申请人和被申请人是否存在违约行为？结合双方订立的合同和相关政策规定作如下梳理。

1. 关于双方订立合同性质的认定

本案属于供用热气合同纠纷，不属于承揽合同纠纷。根据《民法典》第770条第1款的规定：承揽合同是承揽人按照定作人的要求完成工作，交付工作成果，定作人支付报酬的合同。本案中，根据申请人与被申请人签订的《生物质气化能源管理合同》可知，生物质气化设备以及锅炉改造并非根据被申请人的要求定作，并且设备的所有权为申请人所享有。合同明确约定生物质气化设备为乙方（申请人）投资，可知申请人为了与被申请人达成蒸汽购买交易而将其作为出资的一部分。

《生物质气化能源管理合同》中明确约定了出售蒸汽的价格、支付方式、计量方式等，合同权利义务所指向的对象也是蒸汽。《民法典》第648条第1款规定，供用电合同是供电人向用电人供电，用电人支付电费的合同。第656条规定，供用水、供用气、供用热力合同，参照适用供用电合同的有关规定。本案的《生物质气化能源管理合同》符合供用热气合同的法律关系特点，故本案属于供用热气合同纠纷，而不是承揽合同纠纷。

2. 关于锅炉使用证由哪方办理的问题

申请人认为，涉案合同均清楚载明，办理锅炉使用证以及环评是被申请人的责任。被申请人应当承担锅炉使用证无法办理的责任。被申请人认为，锅炉使用证由甲方（被申请人）负责办理，即改造工程后的锅炉使用证由被申请人负责程序上的办理。

关于申请人提出的被申请人环评无法通过而导致锅炉使用证无法办理的理由，被申请人认为,环评并不是办理锅炉使用证的前置条件。根据某市特种设备监督检测部门公布的《锅炉法定检验业务办事指南》,办理锅炉使用证仅需要:特种设备施工告知(申报)受理回执,锅炉出厂资料,图纸,安装(修理、改造)合同,安装(修理、改造)施工工艺文件,安装(修理、改造)技术质量管理办法,安全管理人员、作业人员清单及有效证件的复印件,其他必需的检验报告和使用登记证书复印件,环评并不影响锅炉使用证的办理。即使被申请人办理了环评,也仍然会因为申请人改造的锅炉不符合国家政策和行业规定而无法正常办理锅炉使用证。

综上,被申请人对办理锅炉使用证仅承担程序上的办理义务,锅炉使用证能否办理成功的关键在于申请人负责改造的锅炉是否符合标准,是否符合国家政策的要求,因此能否成功办理锅炉使用证的实质重点在申请人一方。

3. 申请人与被申请人是否存在违约的问题

申请人认为,案涉《生物质气化能源管理合同》无法履行完全是被申请人导致的,是被申请人违约,被申请人应当向申请人支付终止费,并承担合同解除导致的其他损失,以及应当赔偿申请人因项目中止产生的损失。被申请人认为,其已经依照合同约定及时委托第三方办理锅炉使用证,已经履行了合同义务,是申请人严重违约导致锅炉使用证无法正常办理及涉案合同无法继续履行。

《民法典》第 533 条规定,合同成立以后客观情况发生了当事人在订立合同时无法预见的、非不可抗力造成的不属于商业风险的重大变化,继续履行合同对于一方当事人明显不公平或者不能实现合同目的,当事人请求人民法院变更或者解除合同的,人民法院应当根据公平原则,并结合案件的实际情况确定是否变更或者解除合同。本案中,政府政策发生了变化导致锅炉使用证无法办理,合同无法继续履行,因此可以适用涉案合同约定条款:"办理政府相关手续时,非甲乙任何一方责任所造成的项目延误或终止,双方互不追究违约责任。"由于某市政府的政策发生变动,要求逐步淘汰生物质成型燃料及生物质气化锅炉,申请人改造的锅炉明显不符合某市政府的规定,根本无法办理锅炉使用证,锅炉无法使用,后续的蒸汽买卖也就无从谈起。

本案中,因政府的政策变化使合同目的落空,合同应予以解除,依据涉案合同条款,不应追究双方的违约责任。

4. 关于涉案合同的解除问题

《生物质气化能源管理合同》的主要目的是蒸汽买卖,生物质气化炉仅是达成蒸汽购买交易的手段。但是由于种种原因,锅炉的建造没有完成,蒸汽的交易也就无从谈起,致使无法实现合同目的。《民法典》第 563 条第 1 款规定,有下列情形之一的,当事人可以解除合同:(1)因不可抗力致使不能实现合同目的;(2)在履行期限届满前,当事人一方明确表示或者以自己的行为表明不履行主要债务;(3)当事人一方迟延履行主要债务,经催告后在合理期限内仍未履行;(4)当事人一方迟延履行债务或者有其他违约行为致使不能实现合同目的;(5)法律规定的其他情形。据此,《生物质气化能源管理合同》因无法继续履行,应依法予以解除。

(三)案例评析

本案中,双方均确认《生物质气化能源管理合同》已无法继续履行,本案的核心争议是合同无法继续履行的原因。

根据《生物质气化能源管理合同》,申请人的核心义务是对被申请人的锅炉进行改造并提供一台生物质气化炉,相关设计、供货、安装均由申请人负责;被申请人的核心义务是锅炉改造成功后,向申请人购买该锅炉生产的蒸汽。据此可以认为,双方的合同目的是就该锅炉生产的蒸汽进行交易,锅炉改造是进行蒸汽交易的前提和手段。显然,为使《生物质气化能源管理合同》得以履行,改造后的锅炉必须能够合法地生产蒸汽。

本案中,《生物质气化能源管理合同》项下的生物质气改造不符合《某市大气质量提升计划》的要求,被申请人应停止生物质气改造并改用清洁能源。结合《某市大气质量提升计划》及《某市大气环境质量提升计划(2017—2020年)》的规定,2013年9月起,新建、改建锅炉必须使用天然气或电等清洁能源;2017年年底前,生物质气化锅炉应被逐步淘汰。双方于2016年11月18日签订《生物质气化能源管理合同》,约定采用生物质气化炉,该约定明显不符合上述文件的要求,其后果是政府相关部门不会允许改造后的锅炉投入生产。

在此情况下,如果要求双方继续履行合同,无异于要求被申请人违反政府相关文件,与政府相关部门的执法行为直接对抗。因此应认为《生物质气化能源管理合同》无法继续履行的原因是双方约定采用应被淘汰的生物质气化炉违反了政府的相关文件规定。

合同签订后,双方均积极履行合同义务,例如申请人完成了锅炉改造,被申请人委托有关公司办理锅炉使用许可证。但双方在《生物质气化能源管理合同》中约定了错误的标的,导致合同无法实际履行,在此情况下,认为任何一方违约导致合同无法履行都是不公平的。因此不宜认为任何一方违约,双方对合同无法履行这一结果均有过错,并且过错程度相同。

申请人作为生物质气化炉改造方案的设计者,被申请人作为锅炉的所有人和使用人,均应积极了解相关文件,了解锅炉清洁能源取代旧能源的趋势。双方均疏于及时获取重要信息,致使在《生物质气化能源管理合同》中约定了错误的标的,双方对此均有过错,且过错程度相同。

申请人认为,若被申请人在锅炉改造工程开工前先申请环评,则可以及时发现《生物质气化能源管理合同》的错误,申请人误以为被申请人已通过环评,遂实际进行了改造,被申请人的行为造成申请人的损失扩大。但是,即便假设在锅炉改造工程开工前必须先通过环评,假设被申请人未及时申办环评存在过错,但申请人在未核查环评的情况下就盲目开工,其行为亦有过错。因此申请人主张的环评事宜不影响双方的过错程度,双方过错程度相同。

由于合同无法继续履行,申请人已不可能获取约定的对价即蒸汽款,全部设备安装改造费用,包括"备用锅炉的烟气排放系统"的改造费用,均成为申请人的损失。然而,申请人的损失是双方共同过错造成的,且双方过错程度相同。根据《生物质气化能源管理合同》"非甲乙任何一方责任所造成的项目终止,双方互不追究违约责任"的约定。认定双方应自行承担各自损失。

二、法律实务操作

(一)重点难点问题

1. 承揽合同和供用热气合同的区分

(1)承揽合同的概念和特点

根据我国《民法典》的有关规定,承揽合同是承揽人按照定作人的要求完成工作,并交付工作成果,定作人给付报酬的合同。其中,完成工作并将工作成果交付给对方的一方当事人为承揽人,接受工作成果并向对方给付报酬的一方当事人为定作人。

由该界定不难理解承揽合同之目的在于满足定作人的个性化需求,因此承揽合同项下承揽人的主要义务也就十分明确,即包括完成承揽人要求之工作义务、交付工作成果之义务,其特点如下:

第一,承揽合同以完成一定的工作为标的。在承揽合同中,承揽人应当按照与定作人约定的标准和要求完成工作,但定作人的目的不是工作过程,而是工作成果。

第二,定作的标的物具有特定性。承揽合同是为了满足定作人的特殊要求,因而定作人对质量、规格、形状等的要求会使定作物特定化,以满足定作人的特殊需要,否则交付的成果就不合格。

第三,承揽人工作具有独立性。承揽人完成工作任务,不受定作人的指挥管理,独立承担完成合同约定的质量、数量、期限等责任,在交付工作成果之前,对标的物意外灭失或工作条件意外恶化风险所造成的损失承担责任。

第四,承揽合同具有一定人身性质。定作人一般是基于对承揽人能力、条件等信任的基础而和承揽人签订合同,所以承揽人一般必须以自己的设备、技术、劳力等完成工作并对工作成果的完成承担风险。承揽人不得擅自将承揽的工作交给第三人完成。但是如果经过定作人的同意,承揽人可以将承揽的主要工作交由第三人,但承揽人还是要对向定作人交付的成果负责。

第五，承揽合同是诺成合同、有偿合同、双务合同。

第六，承揽合同强调履行的协作性。

第七，承揽合同的双方是相互独立的责任主体。

(2)供用热气合同的概念和特点

当事人一方提供热气，另一方使用对方提供的热气，并为此签订的合同为供用热气合同。不同于《民法典》中规定的有名合同中的供用电、水、气、热力合同，本案的供用热气合同没有公益性质，合同双方主体也没有特殊性，属于无名合同。本案的供用热气合同属于转移财产的合同，买卖合同是转移财产的合同中的典型，根据无名合同参照有名合同的相关规定处理的原则，本案的供用热气合同可以参照买卖合同的有关规定。买卖合同是出卖人转移标的物的所有权于买受人，买受人支付价款的合同。

供用热气合同的特点如下：

第一，供用热气合同是有偿合同。供用热气合同的实质是以等价有偿方式转让热气所有权，即出卖人移转热气的所有权于买方，买方向出卖人支付价款。这是供用热气合同的基本特征，使其与赠与合同相区别。

第二，供用热气合同是双务合同。在买卖合同中，买方和卖方都享有一定的权利，承担一定的义务。而且其权利和义务存在对应关系，即买方的权利就是卖方的义务，买方的义务就是卖方的权利。

第三，供用热气合同是诺成合同。买卖合同只要双方当事人意思表示一致就可以成立，不需要交付标的物。

第四，供用热气合同是否要式由当事人自主决定。通常情况下，供用热气合同的成立、有效并不需要具备一定的形式，但法律另有规定者除外。

(3)承揽合同和供用热气合同的区别

①解除权的行使不同

在承揽合同中，定作人单方享有任意解除权，即使没有发生法定或约定的解除情形，定作人也可以不经承揽人的同意而单方面解除合同，而承揽人不享有单方解除权。在供用热气合同中，合同的双方当事人都不享有任意解除权，只有符合法定或约定的条件才可以解除合同。

②两类合同中人身性质所占比重不同

承揽合同具有很强的人身性质，定作人对承揽人具有较高的人身信赖利益，所以承揽人不经定作人同意一般不得私自将定作任务转由第三人完成。而供用热气合同中买卖双方对对方都没有那么高的人身信赖利益，提供热气的一方可以将供气的部分任务交由其他主体完成，只需要符合合同约定的供气标准即可。

③两者的履行要求不同

在承揽合同中,以完成一定的工作并交付工作成果为标的,即通常为一次性交付工作成果,验收合格后合同即履行完毕。在供用热气合同中,双方当事人在约定的期间内,提供热气的一方当事人不限次数地向使用热气的另一方当事人提供热气,使用热气的一方按合同约定使用对方提供的热气并支付价款。在本案中,提供热气的一方不以锅炉的制造完成为合同标的,锅炉的制作仅是合同履行的一部分,还需要保持后续能在约定期间内持续提供热气,供用热气才是最终的合同目的。

2. 国务院制定的其他行政规范性文件与地方政府制定的其他行政规范性文件的适用

(1)其他行政规范性文件的定义和特点

其他行政规范性文件是行政机关及被授权组织为实施法律和执行政策,在法定权限内制定的除行政法规和规章以外的决定、命令等普遍性行为规则的总称。

①制定主体

有权制定其他行政规范性文件的主体,只能是国家行政机关或者法律法规授权的组织。其他国家机关和各级党组织制定的红头文件,不是其他行政规范性文件。我国现行立法和司法解释对其他行政规范性文件的各种规定和调整不适用于这些红头文件。

②调整对象

其他行政规范性文件的调整对象是不特定的主体,包括行政机关和不特定的行政相对人,具有普遍约束力。

③适用效力

其他行政规范性文件能够被反复适用。根据最高人民法院的定义,其他行政规范性文件必须同时具备针对不特定的对象和能反复适用这两个特征。只符合一个条件的红头文件是具体行政行为,不是其他行政规范性文件,属于人民法院的受案范围。

(2)其他行政规范性文件在审判活动中的效力

《最高人民法院关于印发〈关于审理行政案件适用法律规范问题的座谈会纪要〉的通知》(法〔2004〕96 号)指出:行政审判实践中,经常涉及有关部门为指导法律执行或者实施行政措施而作出的具体应用解释和制定的其他规范性文件,主要是:国务院部门以及省、市、自治区和较大的市的人民政府或其主管部门对于具体应用法律、法规或规章作出的解释;县级以上人民政府及其主管部门制定发布的具有普遍约束力的决定、命令或其他规范性文件。行政机关往往将这些具体应用解释和其他规范性文件作为具体行政行为的直接依据。这些具体应用解释和规范性文件不是正式的法律渊源,对人民法院不具有法律规范意义上的约束力。但是,人民法院经审查认为被诉具体行政行为依据的具体应用解释和其他规范性文件合法、有效并合理、适当的,在认定被诉具体行政行为合法性时应承认其效力;人民法院可以在裁判理由中对具体应用解释和其他规范性文件是否合法、有效、合理或适当进行评述。

《最高人民法院关于裁判文书引用法律、法规等规范性法律文件的规定》(法释〔2009〕14 号)第 6 条规定:对于本规定第 3 条、第 4 条、第 5 条规定之外的规范性文件,根据审理案件的需要,经审查认定为合法有效的,可以作为裁判说理的依据。

《最高人民法院关于适用〈中华人民共和国行政诉讼法〉的解释》第 149 条更是明确规定:人民法院经审查认为行政行为所依据的规范性文件合法的,应当作为认定行政行为合法的依据;经审查认为规范性文件不合法的,不作为人民法院认定行政行为合法的依据,并在裁判理由中予以阐明。

(3)国务院制定的其他行政规范性文件与地方政府制定的其他行政规范性文件的关系

地方政府有制定其他行政规范性文件的权力,其制定的非立法性文件是在不超越其职权范围的前提下,针对国务院制定的有关非立法性文件的细化规定,地方文件可以比中央文件作出更严格、更具体的规定。地方机关在执行时,有地方规定的,应按当地的规定执行。

3. 情势变更与不可抗力的区分

(1)情势变更

情势变更是指在订立合同后,因某些不可归责于双方当事人的情势的发生,而使双方合意形成的合同基础动摇或丧失,若继续维持(履行)合同会对一方或双方造成显失公平的后果。因此,法律允许当事人先自行协商或者直接通过司法程序请求变更合同或解除合同。

《民法典》第 533 条在《最高人民法院关于适用〈中华人民共和国合同法〉若干问题的解释(二)》(法释〔2009〕5 号,已失效)第 26 条的基础上,对适用情势变更原则作出了更宽松的规定,把原司法解释条文中的"非不可抗力"删除了,在适用范围上不再排除不可抗力。

另外,要注意区分情势变更与一般商业风险。商业风险一般具有可预见性,即便当事人辩称其对于市场价格等从事商业活动固有的风险没有预见,也应当从客观事实出发,综合市场状况和其他市场主体的应对情况,判断当事人有预见的高度可能性,推定当事人已经预见。而且,对于诸如市场价格波动或其他履约必备的内容等商业风险,当事人作为市场经济的参与者,理应对此有所预见,如果声称没有预见并且对于合同履行不能,那么其存在一定的过失。然而,可以认定为"情势变更"的情况,最重要的一点就在于其不可预见性和不可归责性。由于这种性质,情势变更也无法通过事先采取措施进行防范,只能请求变更或解除合同以维护当事人的权益。

情势变更中的情势,既不同于不可抗力,也不同于商业风险,其是指国家政策、产业政策的变化,价格异常暴涨暴跌等事件。

(2)不可抗力

不可抗力是指不能预见、不能避免并且不能克服的客观情况。不可抗力包括某些自然现象(如自然灾害)和某些社会事件(如战争)。

其主要特征在于:第一,不可抗力属于客观情况。既不是自身的疏忽或者过错造成的,也不是第三人的过失或者过错造成的,它是独立于人的行为之外的事件。第二,具有不能预见性。在判断这个问题时,要结合现有的科技水平和一般人对于风险的认知能力进行判断。第三,具有不能避免且不能克服性。也就是说,在不可抗力事件发生后,当事人用尽所有办法都不能克服事件带来的影响并继续履行合同。另外,在发生不可抗力情形后,当事人负有及时通知相对人的义务,以尽可能减轻可能会带来的损失,否则需要对扩大损失的部分承担相应的赔偿责任。

(3)情势变更与不可抗力的区别

①适用范围不同。不可抗力的适用范围比较广泛,作为法定的免责事由,不仅适用于合同之债,还适用于侵权之债;但情势变更仅仅适用于合同领域。

②表现方式不同。不可抗力的主要表现方式为自然灾害和重大社会事件,比如台风、地震、战争等,一般人都能对此有所认知。而情势变更比较复杂,比如国家政策的变动或者价格的暴涨暴跌,并没有一个直观的评判标准,当事人也常常因此发生争议,需要由法院或者仲裁机构作出判断。

③可预见性和可避免性程度不同。不可抗力的发生通常是无法预见的,或者即使可以预见,也难以避免。比如凭借现代科技,仍然难以预测地震的发生。在情势变更的情况下,虽然当事人在订立合同时可能难以预见其发生,但也可能有程度较低的可预见性。

④履行障碍程度不同。通常情况下,不可抗力必然导致合同不能履行或部分不能履行。比如海啸的袭击导致货物毁损灭失或者道路不能通行而无法履行合同。而情势变更不一定会使合同完全不能履行,而是导致继续履行合同会对合同一方显失公平。

虽然不可抗力和情势变更之间存在区别,但在司法实践中,并不是时时刻刻都能准确区分并选择适用其中一个事由。正如《民法典》第533条对《最高人民法院关于适用〈中华人民共和国合同法〉若干问题的解释(二)》(法释〔2009〕5号,已失效)第26条的修正,将原司法解释条文中的"非不可抗力"删除,情势变更并非完全排斥不可抗力。无论是不可抗力还是情势变更,从法律后果上看,都会造成履行的障碍,司法实践中情况复杂,可能会在一个案件中糅杂不可抗力和情势变更的因素,使法官难以辨别究竟是以不可抗力为由解除合同还是情势变更导致继续履行合同会产生显失公平的后果。

(二)相关法律法规政策

1.《民法典》第533条、第562条、第563条、第565~567条、第595条、第596条、第610条、第770~783条。

2.《最高人民法院关于适用〈中华人民共和国合同法〉若干问题的解释(二)》(法释〔2009〕5号,已失效)第22条、第26条。

3.《深圳市大气环境质量提升计划》第3条第1款第2项。

4.《深圳市大气环境质量提升计划(2017—2020年)》第3条第5款第22项。

(三)思考与实践问题

1. 简述买卖合同的概念和特点。

2. 简述解除合同的条件。

3. 简述情势变更与不可抗力的区别。

相关参考文献

崔建远主编:《合同法》(第6版),法律出版社2016年版。

李晓钰:《合同解除制度研究》,中国法制出版社2018年版。

马怀德主编:《行政法学》(第3版),中国政法大学出版社2019年版。

王利明主编:《民法》(第8版),中国人民大学出版社2020年版。

王玉梅:《合同法》(第3版),中国政法大学出版社2019年版。

崔建远:《不可抗力条款及其解释》,载《环球法律评论》2019年第1期。

刘承韪:《民法典合同编的立法建议》,载《法学杂志》2019年第3期。

刘凯湘:《民法典合同解除制度评析与完善建议》,载《清华法学》2020年第3期。

吕双全:《情事变更原则法律效果的教义学构造》,载《法学》2019年11期。

石佳友、高郦梅:《违约方申请解除合同权:争议与回应》,载《比较法研究》2019年第6期。

孙良国:《违约方合同解除的理论争议、司法实践与路径设计》,载《法学》2019年第7期。

王利明:《情事变更制度若干问题探讨——兼评〈民法典合同编(草案)〉(二审稿)第323条》,载《法商研究》2019年第3期。

汪君:《行政规范性文件之民事司法适用》,载《法学家》2020年第1期。

朱虎:《解除权的行使和行使效果》,载《比较法研究》2020年第5期。

案例十八 某投资公司申请撤销仲裁裁决案

撤销仲裁裁决制度作为整个仲裁制度中的关键一环,是司法对仲裁进行监督的核心,也是最严厉的一种司法监督形式。撤销仲裁裁决制度对当事人来说属于最直接的司法救济程序,对仲裁机构来说有助于提高仲裁业务水平和仲裁权威,对国家而言具有推进法治建设、保障经贸安全的重要意义。

一、案例研判

(一)基本案情

2017年5月1日,实业公司A与投资公司B签订《办公设备采购协议》,约定投资公司B以200万元价款向实业公司A采购若干办公设备,并约定双方因履行该协议产生的任何纠纷,应向X市仲裁委员会申请仲裁。在履约过程中,投资公司B认为实业公司A交付的办公设备不符合质量要求,要求实业公司A进行更换。但实业公司A以投资公司B已经向其支付货款,应视为对货物质量的认可,双方合约已经圆满完成为由,拒绝予以退换。

2017年6月6日,实业公司A依据《办公设备采购协议》约定的仲裁条款,向X市仲裁委员会提交仲裁。X市仲裁委员会根据实业公司A递交的仲裁申请书及其与投资公司B签订的《办公设备采购协议》中的仲裁条款,受理了仲裁案件。仲裁案件受理后,X市仲裁委员会先后通过EMS快递方式向投资公司B工商注册地址送达答辩通知、仲裁申请书、证据材料、仲裁规则、仲裁员名册、申请人程序性文件、送达回证等文书,但由于原址查无此单位,两次送达均未妥投。

因投资公司B未能按期选定仲裁员,双方亦未按期共同选定首席仲裁员,X市仲裁委员会根据该仲裁委员会仲裁规则,指定A担任首席仲裁员,指定B担任仲裁员,与实业公司A选定的仲裁员C,于2017年8月31日共同组成仲裁庭,适用普通程序审理。

2017年9月1日,X市仲裁委员会通过公证送达方式,向投资公司B工商注册地址邮寄了组庭通知和开庭通知。

2017 年 9 月 18 日,X 市仲裁委员会通过公证送达方式,向投资公司 B 工商注册地址邮寄了重新组庭通知。

仲裁案件审理过程中,首席仲裁员 A 主动申请退出案件审理。X 市仲裁委员会重新指定 D 担任首席仲裁员。X 市仲裁委员会于 2017 年 9 月 27 日开庭审理了仲裁案件。投资公司 B 未到庭参加庭审,X 市仲裁委员会依据该仲裁委员会的仲裁规则进行了缺席审理。

2017 年 11 月 22 日,X 市仲裁委员会通过公证送达方式,向投资公司 B 工商注册地址邮寄了仲裁员声明书、仲裁庭函、实业公司 A 补充证据材料、代理词。

2018 年 1 月 11 日,X 市仲裁委员会通过公证送达方式,向投资公司 B 工商注册地址邮寄了仲裁裁决。

2018 年 2 月 4 日,X 市第三中级人民法院受理实业公司 A 关于案涉仲裁裁决的强制执行案件。

2019 年 5 月 9 日,投资公司 B 向 X 市第三中级人民法院递交撤销仲裁裁决申请书。理由是 X 市仲裁委员会在处理本案时违反法定程序,未尽到告知义务,致使投资公司 B 没有收到仲裁通知和仲裁裁决书等任何法定文书,对被申请仲裁的情况毫不知情,未能参加任何法定程序。本案中,投资公司 B 的住所已进行登记、公示,X 市仲裁委员会仅在受理之时向该住所邮寄过一次就轻易采信“查无此公司”的说法,未对该反馈进行任何核实就不再进行任何送达,尤其是之后对于仲裁庭的组成人员的变动、开庭的日期亦未进行任何形式的告知,这严重剥夺了投资公司 B 的仲裁权利。无法确定仲裁庭当庭是否核实证据原件,是否履行审理职责。

2019 年 5 月 31 日,X 市第三中级人民法院就本案作出裁定。

(二)焦点分析

1. 本案中,X 市仲裁委员会在仲裁过程中是否违反仲裁法定程序?

仲裁过程中,相关文件送达的方式有约定送达、直接送达与邮寄送达、留置送达、公证送达与证明送达、公告送达、委托送达等。

本案中,X 市仲裁委员会先后通过 EMS 快递方式向投资公司 B 工商注册地址送达答辩通知、仲裁申请书、证据材料、仲裁规则、仲裁员名册、申请人程序性文件、送达回证等文书,但由于原址查无此单位,两次送达均未妥投。

我国《仲裁法》第 58 条第 1 款第 3 项规定,当事人提出证据证明仲裁庭的组成或者仲裁的程序违反法定程序的,可以向仲裁委员会所在地的中级人民法院申请撤销裁决。X 市仲裁委《仲裁规则》第 71 条第 3 款规定:“经合理查询不能找到受送达人的营业地点、注册地、居住地、身份证载明地址、户籍地址、当事人约定的送达地址或者其他通讯地址而以邮寄、专递的方式或者能提供投递记录的其他任何方式投递给受送达人最后一个为人所知的营业地点、注册地、居住地、身份证载明地址、户籍地址、当事人约定的送达地址或者其他通讯地址,即视为已经送达。”

本案中,投资公司B认为X市仲裁委员会在仲裁进行中未尽到告知义务,致使投资公司B没有收到仲裁通知和仲裁裁决书等任何法定文书,对被申请仲裁的情况毫不知情,未能参加任何法定程序,因此以仲裁程序违反法定程序为由申请撤销仲裁裁决。投资公司B与实业公司A约定提交X市仲裁委员会仲裁并适用X市仲裁委员会仲裁规则,X市仲裁委员会经过合理查询仍未找到投资公司B实际能送达的送达地址,最后依据X市仲裁委员会《仲裁规则》第71条第3款之规定向投资公司B的注册地地址进行送达。该送达行为符合X市仲裁委员会《仲裁规则》,也没有违反《仲裁法》第58条第1款之规定,仲裁程序合法。

2. 本案中,投资公司B是否已经超过申请撤销仲裁裁决的时效?

我国《仲裁法》第59条规定:“当事人申请撤销裁决的,应当自收到裁决书之日起六个月内提出。”

本案中,X市仲裁委员会在2018年1月11日通过公证送达方式向投资公司B工商注册地址邮寄了仲裁裁决。投资公司B在2019年5月9日向X市第三中级人民法院递交撤销仲裁裁决申请书。单从时间上看,投资公司B申请撤销仲裁裁决的时间已经超过6个月的时效。结合前述内容,X市仲裁委员会向投资公司B注册地址送达裁决书的行为没有违反法定程序,仲裁裁决书已经于2018年1月11日送达投资公司B。投资公司B超过法定申请撤销仲裁裁决的时间,向人民法院申请撤销仲裁裁决的行为将得不到支持。

3. 倘若人民法院裁定撤销仲裁裁决,投资公司B不服裁定,可否请求人民法院再审?

《仲裁法》第9条第1款规定:“仲裁实行一裁终局的制度。裁决作出后,当事人就同一纠纷再申请仲裁或者向人民法院起诉的,仲裁委员会或者人民法院不予受理。”根据《最高人民法院关于当事人对人民法院撤销仲裁裁决的裁定不服申请再审人民法院是否受理问题的批复》(法释〔1999〕6号)、《最高人民法院关于人民法院裁定撤销仲裁裁决或驳回当事人申请后当事人能否上诉问题的批复》(法复〔1997〕5号)、《最高人民法院关于人民检察院对撤销仲裁裁决的民事裁定提起抗诉人民法院应如何处理问题的批复》(法释〔2000〕17号)、《最高人民法院关于人民检察院对不撤销仲裁裁决的民事裁定提出抗诉人民法院应否受理问题的批复》(法释〔2000〕46号)等文件的规定,对于法院撤销仲裁裁决的裁定,当事人无上诉权和申请再审权,检察院不能抗诉;对于法院驳回撤销申请和不撤销仲裁裁决的裁定,当事人无上诉权,检察院亦不得抗诉。另外,人民法院裁定不予执行仲裁裁决的,当事人也无申请再审权。这一系列批复表明,虽然

《仲裁法》和《民事诉讼法》规定了仲裁司法监督制度，但最高人民法院一贯持仲裁司法监督有限的态度，以保护当事人的意思自治，促进仲裁事业的发展。如果允许当事人对法院驳回申请撤销仲裁裁决的裁定申请再审，那么仲裁裁决随时有可能通过再审程序被撤销，效力无法确定，这就违背了"一裁终局"和仲裁司法监督有限的原则。

仲裁是当事人自治性解决纠纷的制度，其立法意旨在于充分尊重当事人的意思自治，简化程序，迅速、快捷地解决纠纷。根据《民事诉讼法》、《仲裁法》和有关司法解释，法院就仲裁所作出的各类裁定均不允许当事人上诉和申请再审。就驳回申请撤销仲裁裁决的裁定而言，最高人民法院明确规定，当事人不得上诉，人民检察院亦不得抗诉。

根据诉讼程序设置的一般原理，上诉审是针对未生效裁判的普通救济程序，再审是针对已生效裁判的特别救济程序，相对于上诉审程序而言，再审程序的启动应当更为慎重，对于法律未赋予上诉审救济的裁判，不应允许通过启动再审程序予以变更。允许一方当事人对驳回申请撤销仲裁裁决的裁定申请再审进入再审程序，必然导致程序的复杂化，纠纷长期不能根本解决，这违背当事人选择仲裁迅速解决纠纷的一致意思表示，也不符合诉讼程序设置的一般原理。

此外，仲裁权的来源是双方当事人一致达成的仲裁协议，当事人在达成仲裁协议时就应当具备尊重仲裁权并履行仲裁裁决的诚意，并预见仲裁裁决对其不利的后果。人民法院认为仲裁裁决不具备法定撤销的情形，裁定不撤销仲裁裁决，实质上是维护了仲裁裁决的效力，纠纷通过仲裁已经得以解决，当事人应当履行裁决内容，这也是"一裁终局"原则和诚实信用原则的必然要求。

（三）案例评析

当前，我国撤销仲裁裁决制度在法律、行政法规和司法解释中存在较多空白，有待完善。撤销主体、管辖权、撤销理由、撤销后的法律后果和救济等是实践中值得探讨、需要重点把握的关键方向。对于驳回撤销申请和不撤销仲裁裁决的裁定，当事人能否申请再审、人民法院能否启动再审、人民检察院是否可以提起抗诉，均是实践操作中值得关注的重要问题。

我国《仲裁法》第 59 条规定："当事人申请撤销裁决的，应当自收到裁决书之日起六个月内提出。"这就意味着，当事人申请撤销仲裁裁决，应当在收到裁决书的 6 个月内向有管辖权的人民法院提出申请，在收到裁决书 6 个月之后才提出撤裁申请的，不符合案件受理条件，人民法院应根据案件是否已经受理作出相应的处理：若未受理，则裁定不予受理；若已受理，则裁定驳回申请。根据《仲裁法》第 58 条的规定，当事人能够举证证明仲裁裁决存在没有仲裁协议、无权仲裁或程序违法等事由的，人民法院应当撤销相关仲裁裁决。《民事诉讼法》第 281 条也有类似规定。显然，《仲裁法》第 59 条是有关案件受理条件的规定，《仲裁法》第 58 条及《民事诉讼法》第 281 条规定了案件的裁判条件，当事人无法证明存在法定事由的，法院应当裁定驳回申请。

案件受理后，人民法院发现不符合案件受理条件的、申请人相关请求无法获得支持的，均应裁定驳回申请。《最高人民法院关于审理仲裁司法审查案件若干问题的规定》第20条规定："人民法院在仲裁司法审查案件中作出的裁定，除不予受理、驳回申请、管辖权异议的裁定外，一经送达即发生法律效力。当事人申请复议、提出上诉或者申请再审的，人民法院不予受理，但法律和司法解释另有规定的除外。"由此，实践中便有观点认为，根据前述规定，人民法院在实体审查后认为申请人请求无法获得支持，进而裁定驳回申请的，申请人可以向上一级法院提起上诉。实际上，这一观点难以成立。一方面，实务和学界通说均认为仲裁司法审查程序属于特别程序，一裁终局（审判监督程序除外）；另一方面，前述规定中的"驳回申请"应结合《最高人民法院关于审理仲裁司法审查案件若干问题的规定》第8条"人民法院立案后发现不符合受理条件的，裁定驳回申请……当事人对驳回申请的裁定不服的，可以提起上诉"的规定进行理解，显然，"驳回申请"是指案件受理后发现不符合受理条件的情形，并非实体审查后的驳回申请。

本案中，申请人提出撤销仲裁裁决请求时已经远远超出了裁决作出后6个月内的时限要求，不符合撤裁案件的受理条件，鉴于案件已经受理，人民法院最终裁定驳回申请人的申请，并无不当。不过，在此情形下，人民法院有无必要就送达程序是否违法这一事由进行进一步的实体审查，存在进一步的探讨空间。

二、法律实务操作

（一）重点难点问题

1. 申请撤销仲裁裁决主体

仲裁裁决撤销制度是一国法院对仲裁采取的最为严格的司法监督方式，亦可谓是整个仲裁制度中的关键一环。申请撤销仲裁裁决，是指由当事人向法院提出撤销仲裁裁决的申请，经法院审查确定符合应予撤销裁决的法定情形后，裁定予以撤销裁决的行为。

我国《仲裁法》第58条规定："当事人提出证据证明裁决有下列情形之一的，可以向仲裁委员会所在地的中级人民法院申请撤销裁决……人民法院认定该裁决违背社会公共利益的，应当裁定撤销。"提出撤销仲裁裁决申请的主体必须是仲裁当事人。仲裁当事人与仲裁裁决的结果有直接的利害关系，仲裁裁决也决定着当事人的合法权益是否得到了保护或者受到了侵害。因此，法律规定提出申请撤销仲裁裁决的主体是当事人，包括仲裁申请人和被申请人。当事人一方或者双方才有权利向法院申请撤销仲裁裁决，这是仲裁裁决撤销之诉得以启动的前提，即仲裁机构无裁决撤销的申请权，法院亦不能依职权启动裁决撤销程序。例外情况，如果一项裁决违反公共政策，法院应当依职权自行启动撤销程序。但对于仲裁申请人及被申请人以外与仲裁有利害关系的第三人能否申请撤销仲裁裁决，目前法律法规并未对此作出规定，司法实践中也无第三人申请撤销仲裁裁决被人民法院受理的情形。因此，对于第三人认为仲裁裁决侵犯其合法权益的，一般只能另案提起诉讼、仲裁或在仲裁裁决执行过程中提出案外人执行异议或依据《仲裁裁决执行规定》申请不予执行仲裁裁决。

人民法院受理当事人提出的撤销仲裁裁决申请后，应当依法组成合议庭，由合议庭决定是否作出撤销仲裁裁决的裁定，此类案件不得适用独任制，理由如下：(1)此类案件并非简单案件，撤销仲裁裁决的裁定一旦作出，不仅会使该仲裁裁决失去其法律效力，还意味着人民法院依法行使司法审判权否定了仲裁机构的仲裁裁决，而根据民事诉讼法有关规定，独任制只能适用于简单案件的审理。(2)此类型案件依法由中级人民法院管辖，而根据民事诉讼法有关规定，独任制只能适用于基层人民法院及其派出法庭，中级以上的人民法院不能适用独任制，只能适用合议制。

2. 审理撤销仲裁裁决主体及期限

当事人申请撤销仲裁裁决，必须向仲裁委员会所在地的中级人民法院提出。当事人申请撤销仲裁裁决的，应当自收到裁决书之日起 6 个月内提出。如果当事人在规定的期限内没有提出撤销仲裁裁决的申请，则表明他放弃了此项权利，双方当事人都应自觉履行裁决书中规定的各自的义务，否则，权利方当事人可以申请执行。

我国《仲裁法》第 58 条规定："当事人提出证据证明裁决有下列情形之一的，可以向仲裁委员会所在地的中级人民法院申请撤销裁决……"我国《仲裁法》第 59 条、第 60 条规定："当事人申请撤销裁决的，应当自收到裁决书之日起六个月内提出。人民法院应当在受理撤销裁决申请之日起两个月内作出撤销裁决或者驳回申请的裁定。"

3. 申请撤销仲裁裁决法定理由

(1)撤销国内仲裁裁决法定理由

①当事人可以适用理由

第一，没有仲裁协议的。没有仲裁协议指当事人没有达成仲裁协议，包括仲裁协议被认定无效或者被撤销的情形。但载有仲裁条款的合同变更、解除、终止或者无效，不影响仲裁协议的效力。同时，当事人在仲裁程序中未对仲裁协议的效力提出异议，在仲裁裁决作出后以仲裁协议无效为由主张撤销仲裁裁决的，人民法院也不予支持。

第二，裁决的事项不属于仲裁协议的范围或者仲裁委员会无权仲裁的。按照仲裁法有关司法解释，当事人以仲裁裁决事项超出仲裁协议范围为由申请撤销仲裁裁决，经审查属实的，人民法院应当撤销仲裁裁决中的超裁部分。但超裁部分与其他裁决事项不可分的，人民法院应当撤销仲裁裁决。

第三，仲裁庭的组成或者仲裁的程序违反法定程序的。实践中，仲裁程序违反法定程序的主要表现形式为:仲裁员依法应当回避而没有回避的;仲裁机构没有将仲裁庭的组成情况、开庭时间、地点等事项书面通知当事人的;仲裁庭开庭时当事人未能陈述、进行辩论的;裁决所依据的证据未经另一方当事人质证等情形。

第四,裁决所根据的证据是伪造的。

第五,对方当事人隐瞒了足以影响公正裁决的证据的。这里的“足以影响公正裁决的证据”是指直接关系仲裁裁决的最后结论有失公正的证据。其通常与仲裁案件所涉及的纷争焦点或重要情节有直接的关系,同时直接影响仲裁庭对案件事实的正确判断。通常当事人以有新证据为由申请撤销仲裁裁决的,人民法院不予支持,但属于作出仲裁裁决后新发现的证据且对仲裁裁决的公正性存在重大影响的除外。同时需要注意,司法实践中,人民法院一般会对该情形进行严格限制。例如,上海市第一中级人民法院在(2016)沪01民特629号民事裁定书中指出,“申请人在本案中并未明确对方具体隐瞒了哪些证据,而申请人所述的一些事实经过及其观点均已在仲裁过程中进行了陈述,申请人应当在仲裁审理中积极举证以证明其主张及相关事实情况,现申请人的主张未获仲裁庭支持的结果并不能在本案中以对方隐瞒证据为由予以改变”。

第六,仲裁员在仲裁该案时有索贿受贿、徇私舞弊、枉法裁决行为的。《刑法》第399条第5款规定:“依法承担仲裁职责的人员,在仲裁活动中故意违背事实和法律作枉法裁决,情节严重的,处三年以下有期徒刑或者拘役;情节特别严重的,处三年以上七年以下有期徒刑。”司法实践中,法院对仲裁员“枉法仲裁”的认定标准很高,即对于“违背事实和法律作出裁决的行为”需要提供证明仲裁员主客观枉法仲裁的充分证据。而对于仲裁员是否存在适用法律错误及认定的事实是否违反法律规定的情形,法院通常认为不属于其审理撤销仲裁裁决案件的审查范围而予以驳回。

②人民法院应当撤销的理由

人民法院认定该裁决违背社会公共利益的,应当裁定撤销。由于“社会公共利益”具有较大的不确定性,这实质上就赋予了人民法院在处理此类具体案件时一定的自由裁量权。现实中,违背社会公共利益的表现形式常见的有违背我国法律的基本制度与准则,违背社会和经济生活的基本原则等。同时需要注意,当事人申请撤销仲裁调解书的,人民法院不予受理。当事人仅以仲裁裁决结果错误或适用法律错误为由申请撤销仲裁裁决的,人民法院一般也不予受理。例如,浙江省温州市中级人民法院在(2016)浙03民特71号案件中指出,涉及仲裁庭对证据的采纳以及案件实体问题的处理,不属于《仲裁法》第58条规定的人民法院审理撤销仲裁裁决案件的审理范围。

(2)撤销涉外仲裁裁决法定理由

《仲裁法》第70条规定,当事人提出证据证明涉外仲裁裁决有《民事诉讼法》第281条第1款规定的情形之一的,经人民法院组成合议庭审查核实,裁定撤销,具体情形如下:①当事人在合同中没有订有仲裁条款或者事后没有达成书面仲裁协议的。②被申请人没有得到指定仲裁员或者进行仲裁程序的通知,或者由于其他不属于被申请人负责的原因未能陈述意见的。③仲裁庭的组成或者仲裁的程序与仲裁规则不符的。④裁决的事项不属于仲裁协议的范围或者仲裁机构无权仲裁的。⑤人民法院认定执行该裁决违背社会公共利益的,裁定不予执行。

4. 仲裁裁决撤销后之法律后果

(1)仲裁裁决撤销后原仲裁协议的效力问题

仲裁裁决的撤销与仲裁协议的效力之间并不存在必然的关系。

当前主要存在以下两种观点:第一种:仲裁属于一裁终局,原仲裁协议随仲裁裁决的撤销而失去效力,当事人可通过向法院提起诉讼来解决相关争议,如果当事人仍然希望采用仲裁的方式,则只能再次协商重新达成仲裁协议。我国《仲裁法》和《荷兰民事诉讼法典》是如此规定的。第二种:原仲裁协议的效力不受仲裁裁决撤销的影响,当事人间的争议仍应依照原先的仲裁协议解决。《瑞士联邦仲裁公约》和《德国民事诉讼法典》规定如此。《英国 1996 年仲裁法》第 68(3)(a)条规定,撤销仲裁裁决后,不影响原仲裁协议的有效性,当事人可以依照原仲裁协议继续提起仲裁。此外,此撤销也不会自动影响原审仲裁庭的组成。如果涉及仲裁庭在仲裁程序中的不当行为导致法院撤销仲裁裁决,那么原则上法院有权根据《英国 1996 年仲裁法》第 24 条的规定,在当事人提出替换仲裁员申请的情况下替换原有的仲裁庭组成人员。

(2)已撤销仲裁裁决的效力问题

理论上通常认为,仲裁裁决的撤销具有普遍效力,仲裁裁决在域内、域外都彻底失效。我国《仲裁法》规定了人民法院裁定撤销仲裁裁决的,应当裁定终结执行。针对域外仲裁裁决,根据 1987 年《最高人民法院关于执行我国加入的〈承认及执行外国仲裁裁决公约〉的通知》,我国对裁决地国法院撤销的外国裁决不予承认和执行。

5. 仲裁裁决撤销后之救济

(1)提起上诉

目前各国主要有两种做法:一是未经法院准许,不允许上诉,如英国;二是允许上诉,如法国和德国。

(2)重新仲裁

第一种,重新仲裁模式发生在法院撤销仲裁裁决的程序之中,即仲裁裁决还未被法院撤销之前。它是指,在当事人提出仲裁裁决撤销申请,经法院审查确定该裁决存在瑕疵,且该瑕疵可由仲裁庭重新裁决予以纠正时,即裁定中止撤销程序,发回仲裁庭进行重审。

第二种,重新仲裁模式是仲裁裁决被撤销后再由法院发回仲裁庭重新审理,是一种

“事后救济”,如《德国仲裁法》《美国联邦仲裁法》的相关规定。

我国没有确立撤销仲裁裁决裁定的上诉制度。最高人民法院就人民法院裁定撤销作出不能上诉、不予受理等问题发布了3个司法解释。从最高人民法院对仲裁裁决撤销案件的批复来看,对于撤销仲裁裁决的裁定,当事人不得上诉,检察机关不得抗诉,法院也不得进行再审。

我国《仲裁法》第61条规定了“重新仲裁”(第一种重新仲裁模式)。可以看到,该模式下的“重新仲裁”以当事人申请撤销裁决为前提,即当事人不能单独申请重新仲裁,法院也不能依职权主动要求重新仲裁,故而该模式不能作为一个独立的救济措施被单独采用。

(二)相关法律法规政策

1.《仲裁法》第9条、第58条、第59条。

2.《最高人民法院关于审理仲裁司法审查案件若干问题的规定》(法释〔2017〕22号)第7条、第8条、第20条。

3.《最高人民法院关于对驳回申请撤销仲裁裁决的裁定能否申请再审问题的复函》(〔2003〕民立他字第71号)。

4.《最高人民法院关于人民检察院对不撤销仲裁裁决的民事裁定提出抗诉人民法院应否受理问题的批复》(法释〔2000〕46号)。

5.《最高人民法院关于人民检察院对撤销仲裁裁决的民事裁定提起抗诉人民法院应如何处理问题的批复》(法释〔2000〕17号)。

6.《最高人民法院关于人民法院裁定撤销仲裁裁决或驳回当事人申请后当事人能否上诉问题的批复》(已失效)(法复〔1997〕5号)。

7.《最高人民法院关于当事人对人民法院撤销仲裁裁决的裁定不服申请再审人民法院是否受理问题的批复》(法释〔1999〕6号)。

(三)思考与实践问题

1. 简述申请国内撤销仲裁裁决的法定理由。

2. 如何理解《仲裁法》第58条规定的“违反法定程序”?

3. 能否对撤销仲裁裁决裁定书进行上诉?

相关参考文献

覃华平:《我国仲裁裁决撤销制度探析及立法完善之建议》,载《中国政法大学学报》2017年第2期。

宋建立编著:《涉外仲裁裁决司法审查:原理与实践》,法律出版社2016年版。

张春良、毛洁:《论违背“一裁终局”原则的仲裁裁决之撤销》,载《西南政法大学学报》2020 年第 6 期。

张卫平:《现行仲裁执行司法监督制度结构的反思与调整——兼论仲裁裁决不予执行制度》,载《现代法学》2020 年第 1 期。

后　记

2019年,华南师范大学法学院开设了法律硕士模拟仲裁的课程。为上好这门课程,授课教师花费大量的时间和精力为学生精心选取典型仲裁案例,以庭审模式展开教学。课前对学生进行分组,由学生分别担任仲裁员、当事人、办案秘书等角色,学生需在课前完成庭前准备工作,包括证据材料的整理,申请书、答辩书等法律文书的撰写等;在课堂进行正式开庭,由负责相关案例的学生主导开庭,其他学生结合案件信息和庭审材料自主选择支持其中一方观点参与庭审;庭审结束后,学生围绕案件内容各抒己见,并在老师的引导下针对案件的重点难点问题进行深入学习和讨论,老师对疏漏问题予以补充并进行点评,课后每位学生独立完成一份裁决书的撰写。编者将该课堂上的经典案例进行收集整理,编纂成书。这不仅是对课堂教学经验的总结,更是为今后从事此类教学的同仁提供一份具有价值的参考。

本书编写人员名单如下。案例一:叶志捷、余秋锐、张宝山;案例二:黎小益、江凯然、阮克英;案例三:马聪、李娜、陈晴、陈颖贞;案例四:马聪、卢宝怡、唐志勇;案例五:于群、马聪;案例六:芦正萌、李静、欧阳舒昀;案例七:刘恩豪、岳于博、王梦影;案例八:张平、谢锐萍、吴心儿;案例九:李庭槐、李潇、林燕;案例十:胡玮琪、唐志勇;案例十一:于群、叶昌艺、陈祉桦、胡睿璇、梁碧兰;案例十二:于群、林婕、唐志勇;案例十三:马聪、吴媛、唐志勇;案例十四:苏世锋、王龙、熊慧;案例十五:张平、马聪;案例十六:于群、叶昌艺、党宇、范晓雪;案例十七:郝东海、李庭槐、罗滔、宋俊铭;案例十八:于群、马聪、王博男、唐志勇;案例十九:马聪、蔡茹茵、唐志勇;案例二十:钟卓君、莫雪、吴雪蕾;案例二十一:马聪、严丽敏、黄俊霖;案例二十二:张平、陈祉桦、胡睿璇、梁碧兰。由马聪、于群完成统稿。

在本书编纂过程中,除主编、副主编外,来自法律实务界的律师、法官、检察官,政府职能部门的工作人员,以及华南师范大学法学院在校研究生均付出辛勤努力,在此,向他们表示最诚挚的感谢。受实践经验和能力所限,本书难免存在疏漏之处,敬请各位读者提出宝贵意见和建议。